博士文库

珠江三角洲
都市经济区的空间组织

**Zhujiang Sanjiaozhou
Dushi Jingjiqu de Kongjian Zuzhi**

王开泳◎著

知识产权出版社
全国百佳图书出版单位

图书在版编目（CIP）数据

珠江三角洲都市经济区的空间组织/王开泳著 . —北京：知识产权出版社，2016.3
ISBN 978-7-5130-3745-7

Ⅰ.①珠⋯ Ⅱ.①王⋯ Ⅲ.①珠江三角洲—城市经济—区域经济发展—研究
Ⅳ.①F127.65

中国版本图书馆 CIP 数据核字（2015）第 236373 号

内容提要

地域功能和空间管治是我国政府和学术界关注的新领域。研究都市经济区的空间组织是建立区域空间治理体系的重要支撑。本书以发育成熟的珠江三角洲地区为例，系统介绍都市经济区的内涵、特征、空间布局、演化过程与演化机理，深化对都市经济区空间组织的系统理解和认识。

值得一提的是，本书综合运用遥感和 ArcGis 等空间判读和分析方法，较为精确地划分了珠江三角洲的地域类型，并对每种地域类型的空间分布与空间相互关系进行了系统梳理和总结，指出了都市经济区空间开发中存在的突出问题；结合我国主体功能区规划和城市群发展的要求，以加强空间治理、落实地域功能分工、提高集约利用水平为目标，在政策制定、空间管治和优化提升等方面提出相应的对策与建议。

本书可为区域与城市规划、城市管理、城市地理等专业从业者，和科研院所研究者、政府部门决策者，提供参考和借鉴。

责任编辑：安耀东

珠江三角洲都市经济区的空间组织

王开泳　著

出版发行：知识产权出版社 有限责任公司	网　　址：http://www.ipph.cn
电　话：010-82004826	http://www.laichushu.com
社　址：北京市海淀区西外太平庄 55 号	邮　编：100081
责编电话：010-82000860 转 8534	责编邮箱：an569@qq.com
发行电话：010-82000860 转 8101/8029	发行传真：010-82000893/82003279
印　刷：北京中献拓方科技发展有限公司	经　销：各大网上书店、新华书店及相关专业书店
开　本：720mm×1000mm　1/16	印　张：18.5
版　次：2016 年 3 月第 1 版	印　次：2016 年 3 月第 1 次印刷
字　数：317 千字	定　价：65.00 元

ISBN 978-7-5130-3745-7

序　言

在我国城镇化进程中，珠江三角洲城镇化与城镇发展路径，一直扮演着探索者的角色。同样，它在近 30 年国内外城市地理学术研究领域中，也一直成为备受关注的研究热点。

我国学者对城市密集地区的研究，始于 90 年代。我所胡序威先生开展了专题研究，并邀请全国各地的中青年城市地理学者承担了城市地理学领域的第一个国家自然科学基金重点项目，并出版了《城镇密集地区集聚与扩散机理研究》。此后，城市密集地区的研究呈现井喷式的发展，相关的学位论文，期刊论文和专著不断涌现。

随着 GIS 分析方法在城市地理学中的广泛应用，探讨城镇密集地区内部地域类型与空间分布格局变化提供了可能。在国家主体功能区框架下，珠江三角洲地区正属于优化开发地区范畴。在优化的发展背景下，这类地区内部会地域类型是如何发展变化？集聚的空间效应会怎样体现？这些地域类型如何分类和判读？对于这些问题的思考，就成为王开泳博士这本论著的出发点和选题依据。

关于都市经济区的概念和内涵，是在《全国国土规划前期研究》编制过程中，由陆大道院士提出并让我对它的内涵、条件进行了比较严格的界定。在这本专著中也引用了这个定义。根据这个概念界定，珠江三角洲是发育较为成熟、较为典型的都市经济区。2006 这一年，我带着作者又全程参加了由樊杰研究员主持的《广东省国土规划研究》课题调研，对珠三角地区又有了进一步认识。我们认为，珠三角地区的发展面临空间利用过于粗放和多方面的发展瓶颈，迫切需要转变发展思路。因此，比较准确地掌握该地区的地域类型及其空间分布状况，有针对性地提出发展思路，就成为这本专著重点思考的一个科学问题。

作为导师，深知这个选题的难度，具有较大的挑战性。王开泳博士能够沉得住气，花费大量时间和精力，进行基础信息的采集和矢量化工作，进行相应的分析与解释。总体来看，基本达到了预期效果。难能可贵的是，王开泳博士能够在一个研究领域继续深入研究下去，博士论文进行了珠三角都市经济区空间格局的研究，在读博士后期间，继续从事演化过程和机理以及生态环境效应方面的研究，由此将地理学经典的格局—过程—机理研究融为一体，形成了本书完整的理论体系。更可喜的是，王开泳博士结合博士论文选题，先后获得了中国博士后基金面上资助、特别资助以及国家自然科学基金青年项目资助。

这本专著的面世，作为导师，我由衷地感到高兴。它见证了王开泳在博士、博士后期间学习和工作的成长过程。这其中，浸透了他太多的心血，成为他学术成长路上一段重要的、不可或缺的阶段。

科学无止境。我经常对学生讲，一个好的博士论文选题至少可以支撑他未来5—10年持续研究，这本专著的选题充分证明了这一点。对于正在读博或今后可能读博的读者应该有很多参考。

2015 年 11 月 28 日于天地科学园区

目　录

第一章　绪论

第一节　中国城镇化发展轨迹

城镇化问题是国家、政府部门和学者共同关注的核心问题。我国正处于城镇化快速发展时期，城镇化的快速推进对我国的社会经济结构、人口结构、城乡结构、产业结构、就业结构等产生深远影响，不同专业领域的学者也从各自的角度对城镇化问题做了大量的分析和研究。随着工业化和城镇化的发展，城乡经济社会结构和生产方式的差别也越来越大，城镇经济社会管理的独有特点和特殊要求也就越来越突出。大量的实践表明，我国各级城镇的快速发展对传统的区域经济格局已经产生巨大冲击，如何保持区域经济发展格局与城镇化进程相适应，促进城镇化持续健康发展，是当前面临的一个重要问题。

一、新中国成立以来中国城镇化的发展历程

新中国成立之初，我国的城镇化水平仅有 10.6%（见图 1-1）。随后的 15 年基本处于停滞时期，到 1978 年仅有 17.92%。改革开放以来，我国城镇化进程不断加快，到 1985 年达到了 23.71%，到 1995 年达到了 29.04%。随后进入了加速发展时期，从城镇化水平 29.92%（1997 年）增长到 2010 年的 49.68%（第六次全国人口普查公报数据），增长 20%仅用了 13 年的时间，年均增长速度为 1.5 个百分点。截至 2013 年底，我国（大陆）的总人口约为 13.6 亿，其中城镇人口约为 7.3 亿，城镇化水平为 53.73%，已有一半多的人口居住在城市，目前正处于城镇化快速推进、城乡变革明显的时期。

以改革开放为分界点，我国城镇化大致经历了缓慢起步阶段和加速发展阶段。新中国成立到改革开放前，城镇化进展缓慢。新中国成立初期城镇化水平

只有 10.64％，经历了三年恢复和"一五"时期平稳发展、大起大落的"大跃进"与调整时期，到 1962 年达到 17.33％，属于城镇化较快发展的一个时期。伴随着上山下乡运动"三线"建设，"文化大革命"的十年处于城镇化的停滞甚至倒退阶段。到 1978 年我国城镇化水平只提高到 17.92％，设市城市由 132 个增至 193 个，仅增加 61 个。这与我国选择的重化工业道路、城市发展政策以及城镇化水平起点低等因素有关。改革开放以来至 20 世纪末城市化进程进入加速发展阶段。1978—2000 年，城镇化水平由 17.92％上升到36.22％，年均增速 0.83％，设市城市由 193 个增至 663 个。这个时期明确了以经济建设为中心的工作重心的转变，将我国工业化战略由重化工业化转变为符合我国经济发展阶段的以轻纺工业为重点的工业化战略，大力实施了以城市中心带动区域发展战略以及向沿海倾斜的区域发展战略。沿海大城市成为城市建设重点，同时沿海地区涌现出众多的中小城市和小城镇。21 世纪以来，城镇化进入快速发展阶段，2000—2013 年，城镇化率由 36.22％提高至 53.73％，年均增加 1.35 个百分点，城镇人口增加到 7.3 亿，城镇建设重点是区位条件较好的建制镇、大城市附近的新城区，同时经历着小城镇规模扩展和城镇群发展，城镇规模扩大、城镇之间联系程度不断增强，城镇群的空间形态和城市分工协作的格局逐渐显现。

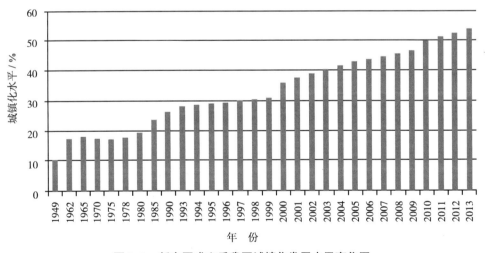

图 1-1　新中国成立后我国城镇化发展水平变化图

二、中国城镇化发展特征

1. 城镇化速度波动性较大，受政策影响大

我国城镇化发展进程几经波折，在不同时期的城镇化水平差异较大。"文革"时期倡导的上山下乡运动，属于特殊的"逆城镇化"阶段，10多年间城镇化水平停滞不前。而城镇化水平出现大的发展跨越，基本上和几次人口普查的时间相一致，这与每次人口普查时城镇人口的统计口径不同直接相关。特别是第五次人口普查的结果，由于包括了在城市居住半年以上的在城镇工作的农民工，使我国的城镇化水平直接由1998年的30.4％增加到1999年的34.78％，增加了4.38个百分点。2010年开展的第六次人口普查显示，我国的城镇化水平由2009年的46.59％增加到2010年的49.68％，增加了3.1个百分点。党的十八大以后，稳步推进新型城镇化作为新时期的主要任务，重点提升城镇化质量，城镇化速度有所减低，基本上每年提高0.8个百分点左右。

2. 城镇化水平的区域差异显著

我国城镇化水平稳步推进，地区间存在较强的区域差异性，东部及东北地区城镇化水平较高，中西部的城镇化水平较低。近年来，城镇化水平的提高幅度基本均衡，中西部略快于东部，但各大区域水平差异依然明显（见表1-1）。东部地区的城镇化水平在1990年至2012年的22年间，上升了32.46个百分点，达到52.78％，高于全国平均水平值52.57％，也高于中部地区的50.78％和西部地区的50.76％。东北地区的城镇化水平位于较高水平，近年来增速下降。西部地区大城市首位度较大、中小城市发展不足，以及东西部城镇化发展不平衡。政策因素、经济因素对城镇化水平提升有积极影响，特别是经济因素对不同区域间城镇化水平差异有显著影响，随着中西部一系列经济发展战略的实施，特别是在国家新型城镇化规划（2014—2020）中提出的未来五六年时间将推进中西部地区1亿人的就地转移，由此将大幅度提高中西部地区的城镇化水平，到"十三五"末，四大地区之间的差距将逐步缩小。在国家推进新型城镇化过程中，将更加注重城镇化水平落后地区的经济发展，促进不同区域之间大中小城市的协调发展；注重产业发展与城镇化的协同演进以及城乡之间、城市内部之间二元差距等问题的解决，这些新思路与新措施的推进必将重塑未来区域城镇化协调发展的新格局。

表 1-1　中国四大地区城镇化水平发展情况　　　　　　　%

年份	东部地区	中部地区	西部地区	东北地区	全国
1964	20.32	12.98	14.21	39.44	18.39
1982	22.24	16.01	16.61	40.89	20.55
1990	30.14	20.43	20.79	47.51	26.23
2000	45.34	29.73	28.73	52.14	36.89
2005	45.30	43.14	43.18	43.02	42.99
2010	50.95	48.91	48.94	48.69	49.95
2012	52.78	50.78	50.76	50.49	52.57

注：东部地区包括北京、天津、河北、上海、江苏、浙江、福建、山东、广东和海南；中部地区包括山西、安徽、江西、河南、湖北和湖南；西部地区包括内蒙古、广西、重庆、四川、贵州、云南、西藏、陕西、甘肃、青海、宁夏和新疆；东北部地区包括辽宁、吉林和黑龙江。

3. 城镇化的规模扩张有所减缓，越来越注重城镇化的质量提升

2000 年至 2010 年，中国人口城镇化率由 36.22% 增加至 49.68%，每年平均 1.35 个百分点。与此同时，中国城市也进入了快速的空间扩张时期。一方面，城市建成区迅猛增长、新区新城的建设如火如荼。《中国城市统计年鉴》数据表明，10 年间全国地级及以上城市市辖区平均城镇建设用地面积由 61.68km² 上升至 110.68km²，年均增长高达 6%。另一方面，城市政区扩张活跃，以撤县设区为典型的行政区划调整蔓延开来，10 年间全国地级及以上城市市辖区平均行政面积由 1677.66km² 上升至 2190.15km²，年均增长近 3%。随着城镇化步伐的加快，我国部分城市的规模过度扩张，过于追求城镇化速度和土地的城镇化，人口城镇化相对滞后，特别是广大进城务工的农民工没有真正实现市民化，存在城镇化率高估的现象。城镇化规模扩张过度导致一系列问题的出现，如：大城市建设用地过度扩张、资源环境压力加大；资源向大城市高度集聚，小城市（镇）发育不足；土地资源利用粗放，人均建设用地高于国家标准；地方违规设置、盲目扩大城市规模；城镇扩张、农村居住用地没有减少，空心村现象严重；土地征用与开发利益难以协调，农村集体建设用地流转不规范；城镇人口比重不断上升，但是城镇居民的素质、消费行为、思想观念却发展滞后。因此，按照新型城镇化的要求，今后将转变发展思路，越来越重视发展质量，将农民的市民化和享受均等的公共服务作为下阶段城镇化的重要任务。

党的十八大报告明确提出了"提高城镇化质量"的要求，中国新型城镇化建设也强调土地集约节约利用，严格控制建设用地增量，按照"以大城市为依托，以中小城市为重点，逐步形成辐射作用大的城市群，促进大中小城市和小城镇协调发展"的要求，推动城镇化发展由速度扩张向质量提升转型。中国改革开放30年，已经积累了相当丰厚的物质基础，城市经济实力极大提升、城市基础设施初具规模、城市服务功能显著增强。因此，伴随着城市社会经济发展整体转型将越来越重视城镇化的质量提升，通过技术和产业提升转型、增加附加值来提升城市发展品质，通过稳步推进农民市民化，加强城市基础设施建设和公共服务设施建设来提升城镇化的质量和水平。

4. 城市等级规模结构不合理，区域分布不均衡

随着城镇化进程的加快，城市数量也不断增多，特别是改革开放以后，进入快速增加的阶段。城市数量从1978年的193个增加到1985年的324个，再到1995年的640个。1998年以后，随着县改市审批的冻结和部分发达的县级市改区，城市数量有所减少，到2013年共有658个城市（见表1-2）。

表1-2　新中国成立后我国城镇化与城市发展简表

年份	直辖市/个	地级市/个	县级市/个	市辖区/个	城市合计/个	城镇总人口/万人
1949	12	54	66	275	132	5765
1962	2	81	111	356	194	11659
1965	2	76	90	—	168	13045
1970	3	79	95	—	177	14424
1975	3	96	86	—	185	16030
1978	3	98	92	488	193	17245
1980	3	107	113	511	223	19140
1985	3	162	159	620	324	25094
1990	3	185	279	651	467	30191
1993	3	196	371	669	570	33351
1994	3	206	413	697	619	34301
1995	3	210	427	706	640	35174
1996	3	218	445	717	666	35950

年份	直辖市/个	地级市/个	县级市/个	市辖区/个	城市合计/个	城镇总人口/万人
1997	4	222	442	728	668	36989
1998	4	227	437	737	668	37942
1999	4	259	400	749	663	38892
2000	4	259	400	787	663	45844
2001	4	265	393	808	662	48064
2002	4	275	381	830	660	50212
2003	4	282	374	845	660	52376
2004	4	283	374	852	661	54283
2005	4	283	374	852	661	56212
2006	4	283	369	856	656	57706
2007	4	283	368	856	655	59379
2008	4	283	368	856	655	60667
2009	4	283	367	855	654	62186
2010	4	283	370	853	657	66978
2011	4	284	369	857	657	69079
2012	4	285	368	860	657	71182
2013	4	286	368	872	658	73111

资料来源:根据历年中华人民共和国行政区划简册和中国统计年鉴相关数据整理。

我国城镇体系等规模结构,直辖市数量偏少、地级市数量适中、县级市数量太少,而且分布不均衡,是城市体系中最薄弱的部分。从 1997 年开始冻结设市工作,最近 16 年来我国城市的数量不增反降。从城市的区域分布看,东部地区所占比重较大,共 245 个(其中地级市 96 个);中部地区次之,共 236 个(其中地级市 103 个);西部地区城市数量最少,共 173 个(其中地级市 87 个)。根据第六次人口普查的数据,我国 1000 万以上人口的城市已有 6 个,500 万—1000万的有 10 个,300 万—500 万的有 21 个,100 万—300 万的有 103 个,50 万—100 万的有 138 个,50 万以下的有 380 个(见表 1-3)。总的来看,城镇规模结构不合理,50 万以下的中小城市数量偏少,与资源环境承载能力不匹配。东部一些城镇密集地区资源环境约束趋紧,中西部资源环境承载能力较强地区的城镇化潜力有待挖掘，设市数量有待增加；中小城市发展滞后、缺乏活力，集聚产业和人口不足，潜力没有得到充分发挥。

表1-3 改革开放以来我国城市数量和规模结构变化 个

城市数量与规模结构	1978 年	2010 年
城市数量	193	658
1000 万以上人口城市	0	6
500 万—1000 万人口城市	2	10
300 万—500 万人口城市	2	21
100 万—300 万人口城市	25	103
50 万—100 万人口城市	35	138
建制镇	2173	19410

资料来源：国家新型城镇化规划（2014—2020）［EB/OL］．（2014 – 03 – 17）［2014 – 04 – 05］．http://news. xinhuanet. com/house/bj/2014-03-17/c_126274610. htm.

注：2010 年数据根据第六次全国人口普查数据整理。

从城市的区域分布看，东部地区所占比重较大，中部地区次之，西部地区城市最小（见表1-4）。从城市的发展情况看，主要以大城市和特大城市发展较快，经济总量更大，经济效率更高。相对而言，中小城市发展较慢，并缺少活力。从城镇化的地域差异看，东部地区的城镇化进程在加速发展，已经形成了几个重要的城市群或城市带，中西部地区的城镇化速度相对较慢。

表1-4 全国东、中、西部城市分布区域差异统计表

年份	全国城市个数/个	东北地区		东部地区		中部地区		西部地区	
		城市数/个	比重/%	城市数/个	比重/%	城市数/个	比重/%	城市数/个	比重%
1981	233	34	14.6	63	27.0	71	30.5	65	27.9
1985	324	45	13. 9	85	26.2	89	27.5	105	32.4
1990	467	67	14.3	149	31.9	129	27.6	122	26.1
1995	640	87	13.6	243	38.0	158	24.7	152	23.8
2000	663	90	13.6	245	37.0	168	25.3	160	24.1

年份	全国城市个数/个	东北地区		东部地区		中部地区		西部地区	
		城市数/个	比重/%	城市数/个	比重/%	城市数/个	比重/%	城市数/个	比重%
2005	661	90	13.6	232	35.0	168	25.4	171	25.9
2010	657	90	13.7	231	35.2	169	25.7	167	25.4
2013	658	90	13.7	226	34.3	168	25.5	174	26.5

资料来源:《中国统计年鉴》(1981,1986,1991,1996,2001,2006),中华人民共和国行政区划简册(2011)。

注:东北地区包括吉林省、黑龙江省、辽宁省;东部地区包括北京市、天津市、上海市、河北省、江苏省、浙江省、福建省、山东省、广东省、海南省;中部地区包括山西省、安徽省、江西省、河南省、湖北省、湖南省;其他省为西部地区。

5. 城镇群成为城镇化的主体形态,人口集聚态势越来越明显

改革开放以来,我国城镇数量和规模不断扩大,城市群形态更加明显(见图1-2),城市群已经成为拉动我国经济快速增长和参与国际经济合作与竞争的主要平台。我国"十一五"规划纲要就已经明确"要把城市群作为推进城镇化的主体形态","十二五"规划再次提出"以大城市为依托,以中小城市为重点,逐步形成辐射作用大的城市群,促进大中小城市和小城镇协调发展"。在国家的新型城镇化规划中,再次明确将城市群作为未来城镇化发展格局的主体形态。目前我国已经形成了10个城市群:京津冀、长三角、珠三角三个国家级城市群;7个已经形成一定规模的城市群分别是辽中南、山东半岛、海峡西岸、中原、长江中游、关中、川渝城市群。按照发改委的目标,下一步京津冀、长江三角洲和珠江三角洲城市群将向世界级城市群发展,在更高层次参与国际合作和竞争,另外再打造哈长、呼包鄂榆、太原、宁夏沿黄、江淮、北部湾、黔中、滇中、兰西、乌昌石等10个区域性城市群。上述已经形成的10个城市群并非全部集中于沿海,其中东部地区5个,东北地区1个,中部地区2个,西部地区2个。这10个城市群面积占全国陆地总面积的10%,人口占全国人口的39.44%,GDP占全国的67.68%。

城镇群作为城镇化的主体形态,城镇群之间及内部人口流动规模庞大,人口流入和流出均呈集中趋势,人口流入集中特征尤为明显。城镇群流动人口分布呈现"极化"和"属地化"特征,东部城镇群和所在经济区内城镇群是主要人口流入区域。东部城镇群大规模的人口流入与流出并存,且绝大部分流入

人口来自城镇群覆盖省份以外。城镇群的空间结构正由单中心向多中心转变，大城市周边中小城市不断崛起，人口集聚态势越来越明显，使城镇群发展走向均衡和稳定。

城市群名称（城市数量）	城市群总GDP	中心城市GDP
超大型城市群		
京津冀（37）	10.8%	7.9%
上海（19）	10.8%	6.2%
山东半岛（67）	9.0%	2.1%
杭州（38）	6.7%	1.6%
广州（24）	6.6%	2.6%
南京（27）	4.8%	1.8%
深圳（2）	4.3%	2.9%
大型城市群		
辽中南	4.3%	2.4%
厦门-福州（42）	4.2%	1.4%
长江中下游（42）	4.0%	1.8%
中原（40）	3.8%	0.7%
长春-哈尔滨（36）	3.6%	1.6%
成都（29）	3.2%	1.6%
合肥（29）	2.8%	0.8%
长株潭（28）	2.2%	0.8%
关中（15）	1.9%	1.2%
重庆（6）	1.8%	1.5%
小型城市群		
南宁（28）	1.8%	0.3%
南昌（22）	1.7%	0.6%
太原（19）	1.4%	0.5%
呼和浩特（10）	1.3%	0.4%
昆明（16）	1.1%	0.5%

图1-2　我国城镇群空间分布示意图

资料来源：安宏宇，狄维瑞，马思默.麦肯锡研究：中国的城市群分析［EB/OL］.http://wenku.baidu.com/link？url＝43lHxLUQHwzfW zbg5TxNFONe9kKR－oV93gyUdJdgWfl8qPgwf1a3vZj8djYT_a4VndyQR-TR3sVLc6dmgqNB0R-F3pDKTxhZ8KGz0 AraWma.

6. 开发区建设成为推进城镇化的重要载体

截至2012年底，中国国家级经济技术开发区达到132个，国家级高新技术开发区111个，其他各级各类开发区已达1500多个，包括经济技术开发区、高新技术开发区、高科技工业园、保税区以及各类产业工业园。开发区一般是管委会体制，有财政人事等权力，但没有人大、政协、法院、检察院等机构，独立于行政区划体制之外。开发区已经成为我国经济发展重要动力和对外开放的主要载体。随着开发区的空间规模不断扩大，各种经济功能区彼此相邻甚至互相掺杂，经济功能区与行政区的分工交叉、功能重叠、机构重复设置，各功能区、行政区的政策不统一，流动人口管理难、社会治安混乱、环境污染严重等一系列问题出现。开发区作为政府派出机构，已经难以履行整个区域的社会管理职能，新时期如何规范和引导开发区的持续健康发展，探讨适合社会经济发展要求的行政管理体制成为今后重点考虑的问题之一。

三、中国城镇化发展态势

展望未来，我国的城镇化进程将出现一系列新问题，呈现出一些新的发展趋势。

1. 人口和产业集聚趋势不断加强，城镇化发展的地区差异仍比较突出

经济发展是城镇化的第一推动力，城镇化水平和速度与这个地区的经济发展水平直接相关。我国的三大地域区域经济发展不平衡，导致城镇化的水平也存在很大的差异。东部沿海地区是我国的经济发达地区，城镇化水平很高，一般都达到了60％以上。未来沿海地区的城镇化的速度仍将保持较快的速度，人口和产业集聚的趋势不断增强，同时由于行政分割，各个城市之间、城市与外围地区之间的矛盾也不断加大，已成为我国城市群的整体协调发展的重要限制性因素。相对而言，中西部地区的城镇化水平仍然较低，进程较缓慢，缺少经济实力雄厚的大城市，中小城市发育水平低，还没有形成完善的城镇体系。由于历史原因以及技术资金的约束，中西部地区的发展活力不足，今后仍需要国家的政策倾向，大力扶持中西部地区各个城市的快速发展。

2. 沿海地区以大都市区为中心的产业和空间集聚明显，城市集聚区在区域经济发展中的地位进一步凸现

我国东部沿海地区经济发达，经济实力雄厚，城镇化的速度很快。未来一段时间内，东部地区仍将成为我国经济发展的发动机，在我国城镇化进程中扮演重要角色。由于经济发展的惯性作用，沿海地区以都市区为中心的产业和空间集聚越来越明显，像珠江三角洲、闽南三角洲、长江三角洲、环渤海地区、辽中南地区、山东半岛等城市密集区正在以区内的特大城市为中心，形成大的都市连绵区，区域经济一体化的趋势不断加强。城市向郊区的蔓延是通过"兼并"或"合并"的形式进行的。在大都市区政府分治的模式下，各单个城市政府一般难以经济有效地提供各种基础设施和服务，加重了政府的负担，很难统一规划建设，越来越成为大都市区发展的障碍。各大城市向都市区的发展是一个总体趋势，但我国目前对大都市区和都市连绵区的研究尚少，对其行政区划体制和运作机制的研究更显不足，如何构建联系密切、运作高效的大都市区经济体制和行政

管理体制，是将来一段时间内需要重视和解决的一个主要问题。

3. 以开发区为代表的产业集聚区不断发展壮大，行政管理体制亟待完善

开发区凭借优越的政策优势和资源优势，产业经济获得持续快速的大发展，在未来一段时期内，以开发区为主体的产业集聚区仍然是中国经济发展的重要引擎。随着产业规模的不断壮大，开发区不仅成为城市重要的经济隆起点，也逐渐形成较大的人口集聚区，流动人口多带来社会治安混乱的问题，同时也出现较突出的环境污染问题。开发区作为政府的派出机构，对开发区繁重的社会管理职能越来越力不从心，需要开发区管委会逐步完成一级完全政府的机构设置转变。如何理顺各种开发区和新的产业区的行政管理体制，也逐渐成为政府操作层面上需要解决的问题。

4. 经济发达地区乡村小城镇发展迅速，半城镇化现象及由此带来区域管理问题突出

在经济发达地区，中小城市也获得快速稳定的发展，经济总量较大，城镇化水平比较高。许多城镇已经成为第二、三产业为主导的工业城市，但由于行政建制的约束，仍然是城镇或县的建制，已经远远不能适应城镇经济发展的需要。在民营经济发达的珠江三角洲地区，如东莞市的虎门镇和厚街镇，2009 年常住人口分别超过了 50 万和 30 万，已经达到大、中等城市的规模，但仍然实行镇—村的建制，给经济社会发展和各种配套设施建设和管理带来很大困难。江浙一带、山东沿海一些城镇也存在类似的问题，已经严重阻碍了我国城镇化的健康发展。经济发达地区出现了许多的半城镇化现象，表现为以下特征：大量外来人口涌入；经济增长迅猛；非农化发展快、程度高，但集聚低；非农建设用地扩展迅猛，但空间分布破碎零散；仍然实行各自为政的农业管理体制，不利于人口和产业的空间集聚和基础设施的共建共享等。

5. 许多城市的快速发展，导致自身城市建设用地不足，要求空间扩张的需求日益强烈

随着城镇化进程的加快，城市人口不断增多，城市用地规模也不断扩大，原有的城市用地越来越不能满足城市快速发展的需要，城市空间的扩张越来越大。同时城市中心区与外围地区的经济联系也日益密切，迫切需要重新整合城市与周边地区的行政体制关系，保证城市未来发展有充分的扩展空间，以利于资源的高效利用、产业的优化配置、基础设施的整体配套。从福建省的实例来看，改革开

放以来泉州市中心城经济和人口有了很大发展，而土地面积没有扩大，以致当前中心城区经济和人口密度过高。从未来城市可用地分析，中心城可用地只剩约20km²，与城市发展需要用地相差甚大，只有通过扩大市辖区范围，才能满足城市发展用地的需求。

6. 不同城市缺少分工协作，各自为政的现象日趋突出，行政区边缘管理薄弱，发展混乱

由于我国特定的历史和体制背景，行政区的经济功能十分突出。在追求自身利益最大化的动机驱使下，各个城市政府对经济的不合理干预行为比较严重，使得行政区界限成为区域经济联系和发展的巨大障碍。在行政区的边缘地带，双方的政府都不予以重视和开发，基础设施建设和交通建设不配套，污染严重的一些企业便容易在管理薄弱的行政区边缘地带落户，脏、乱、差的情况非常严重，建设和管理特别混乱。要解决这些行政区边缘的问题，必须变革行政管理体制，加强区域的空间管理和协调，通过有效的区域空间管理，统一解决区域发展中出现的各类问题。

第二节　我国国土空间管理格局的演化态势与发展格局

一、我国国土空间管理格局演化态势及其面临的挑战

1. 城镇化速度加快，城镇化水平快速提高——人口城镇化的挑战

改革开放以来，我国城乡人口的自由流动不断加快，城镇化进程快速发展。改革开放30多年来，城镇人口已经由1978年的1.72亿增长为2013年的7.31亿，城镇化水平由17.92%上升为53.73%，年均增长1个百分点，城镇化进程十分迅速。城镇化水平的快速提高，给城市的发展带来了很大的活力，同时也产生了交通拥挤、住房不足、城市负荷过大，资源承载力不足等一系列城市问题。

城镇化水平的快速提高，使城市发展规模越来越大，但没有引起城市数量的增多。从图1-3可以看出，新中国成立以来，我国的城市数量变化经历了三个阶段：第一阶段是新中国成立后到1980年，城市数量基本没有变动；第二阶段是1981年到1997年，这个阶段县级城市的数量快速发展，地级市的数量有一定的

增长；第三阶段是 1997 年至今，县级市数量不增反减，地级市数量基本保持稳定。这主要是由于设市审批的冻结和（县级）市改（市辖）区造成的。凭借优越的区位优势和良好的发展基础，沿海地区的城镇化速度更快，人口和产业的空间集聚态势越来越明显，都市经济区和人口产业集聚区不断发育，开始形成以特大城市为中心的、多层次的、功能互补的规模庞大的城市群。截至 2007 年底，珠江三角洲地区的城镇化水平已达到 82%，空间发展集中连片，基本呈现连绵成片的城市景观。

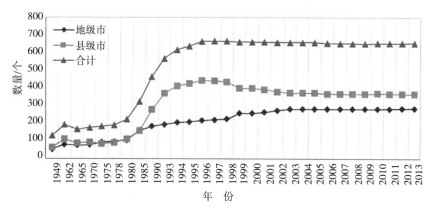

图 1-3 新中国成立以来地级市和县级市的数量变化图

目前，我国已进入城镇化快速发展的新时期。据专家预测，今后 10—15 年，城镇化水平年均增加 0.8 到 1 个百分点。也就是说，每年将新增加 1000 万到 1300 万的城镇人口。如此庞大的城镇人口规模将如何分布？目前的 658 个城市已经不堪重负，考虑到有限的资源环境承载力，不可能再容纳太多的城镇人口，因此，快速的城镇化进程给我国的国土空间格局和城市发展带来新的挑战。

2. 城市建成区扩展迅速，空间发展混乱无序——土地集约利用的挑战

伴随着快速的城镇化进程，城市自身的规模也不断扩大，城市建成区面积增长也十分迅速。全国各地区城市建成区面积从 1984 年的（295 个城市）8842km² 增长到 2012 年的 35633km²（658 个城市），城市数量翻了一番，而建成区面积翻了两番。近年来，北京、上海、天津、哈尔滨、武汉、南京、广州等特大城市周围的若干县区，均已建设成为城市新区。

由于缺少有效的空间管制，城市扩展呈现无序蔓延的发展态势，大城市"无

限"扩大，呈"摊大饼"式圈层扩展，空间发展混乱无序。全国各地兴起的开发区建设、大学城建设造成了新时期的"圈地运动"，吞噬了万顷良田，国土空间开发集聚与粗放并存，土地浪费十分严重。面对国家18亿亩保有耕地的红线和最严格的土地保护政策，如何引导我国城市的健康有序发展成为亟待探讨和解决的重要问题。

3. 区域差距不断拉大，社会矛盾突出——构建和谐社会的挑战

社会主义市场经济体制的不断完善，加快了各种生产要素的自由流动和空间集聚。人口和产业的空间集聚态势越来越明显，区域差距不断拉大。截至2012年底，东部地区9.5%的国土面积上，承载了38.2%的人口和51.3%的经济总量，人口和产业的集聚特征比较明显，并且与1992年的相应指标比较，东部地区增长最快。就人均GDP而言，东部地区20年内增长了28倍，而其他三个地区一般增长了17—22倍（见表1-5）。这说明区域差距不断拉大，国土空间发展不平衡的问题越来越突出。

区域差距的拉大造成了各地区发展的不平衡，由于经济发展缓慢，常常造成就业机会不足、公共服务设施不配套、社会服务与社会保障措施不到位的情况，由此也产生了很多的社会矛盾，给我国构建和谐社会带来了很大挑战。由于资源禀赋和发展基础的巨大差异，区域之间的经济发展差距很难缩小，但通过投资倾斜和政策配套，完全可以扶持落后地区的发展，逐步缩小社会发展差距，实现公共服务均等化，为构建和谐社会创造良好发展环境。

表1-5 我国四大区域社会经济指标变化比较表

主要指标		东部地区		中部地区		西部地区		东北地区	
		1992年	2012年	1992年	2012年	1992年	2012年	1992年	2012年
土地面积/%		9.5	9.5	10.7	10.7	71.5	71.5	8.2	8.2
总人口/%		34.1	38.2	28.7	26.7	28.5	27.0	8.7	8.1
地区GDP/%		48.7	51.3	20.6	20.2	19.5	19.8	11.2	8.8
人均GDP/元		2066	57722	1477	32427	1402	31357	2627	46014
居民可支配收入/元	城镇	2390	29622	1772	20697	1926	20600	1758	20759
	农村	1027	10817	654	7435	622	6027	932	8846

4. 空间管理乏力，空间资源意识薄弱——主体功能区划的挑战

长期以来，我国政府集中精力抓经济建设，主要通过制定宏观的经济调控政策促进各地经济的快速发展，而对于空间管理长期缺位，一直没有制定相关的空间发展政策，空间意识淡薄。在新的形势下，政府职能正在发生积极转变，逐渐由管理型政府转变为服务型政府，对经济的直接管理将不断减弱，而对于区域的宏观调控力度将不断加强，也就是说，空间管理和优化调控将成为政府的一项新的重要职能。

为了抑制各地高度膨胀的发展冲动，科学理性地认识各地的发展优势，制定差别化的区域政策，我国政府在"十一五"规划中明确提出了实施主体功能区划的发展思路，希望通过各个地区不同的主体功能定位，引导不同的地区形成规范有序的发展格局。全国和省区两级主体功能区划的实施，都力图突破原有的行政管理体制，而按照不同地区的主体功能定位进行空间引导和优化调控，由此也给现行的行政区划格局带来了新的挑战。

二、我国国土空间管理的新格局

1. 我国国土开发的总体格局

我国各地区支撑经济建设的资源系统和生态基础大不相同，对外对内联系条件和区位条件因地而异，经济社会发展水平和经济技术基础差距很大。因此，各地区在全国经济、社会、资源、生态系统中所履行的功能应当是不同的，发展战略和发展政策应当是有所差异的。从发达国家的经验看，规范的市场作用和健全的法制约束，有助于各地区在扬长避短的基本原则下，通过实现自身的功能价值，而获得持续发展的机会和效果。因此，推进形成主体功能区将是构筑我国未来国土利用空间格局的重要基础。

未来我国国土开发利用空间格局变动的主要趋势是：人口产业的集疏过程和功能的区域分异过程。由此形成了空间人口产业的集疏格局和主体功能区格局。人口的集疏过程是人口产业的空间集疏格局形成的主导过程。其中，人口和产业集聚的区域，在未来15年的中国经济发展中，将进一步发挥重要的作用。而我国未来国土开发空间结构的基本形态，将由"发展轴—集聚区—其他类型区"组成（见表1-6、图1-4）。

表 1-6　我国空间结构形态的构成

名称	层、级	名称与类型	集疏过程	主体功能	区域分布
发展轴	一级	经济带	集聚	优化开发	沿海、长江
	二级	开发轴	集聚	重点开发	东北轴：哈大 西北轴：陇海—兰新 西南轴：西安—成都— 　　　昆明—南宁 南北轴：京广
集聚区	一级	都市经济区	集聚	优化开发	京津、长江三角洲、珠江三角洲、辽中南、成渝、长江中游
	二级	人口-产业集聚区	集聚	重点开发	山东半岛、海峡西岸、哈（尔滨）大（庆）齐（齐哈尔）、长（春）吉（林）、长（沙）株（洲）（湘）潭、郑（州）洛（阳）、北部湾沿岸、关中、天山北麓、呼包鄂
其他类型区	第一层次	重点扶持区 边境区域 食物保障区 矿产资源重点开发区 生态保障区	集聚 疏散	重点开发 限制开发	
	第二层次	禁止开发区 反功能区	疏散 集疏	禁止开发 根据具体类型确定	

资料来源：全国国土规划前期预研究报告。

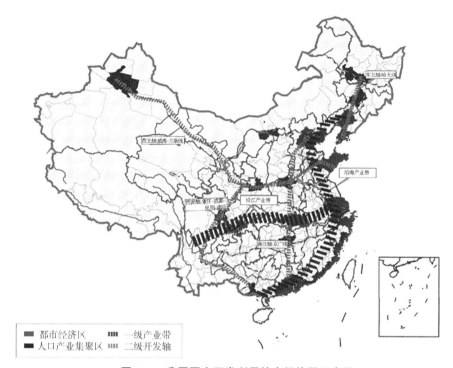

图1-4 我国国土开发利用的空间格局示意图

资料来源:全国国土规划前期预研究报告。

2. 发展轴

(1) 一级发展轴。

发展轴是人口、城市和产业集聚形成的带状区域。按照发育阶段、集聚规模及其对全国经济空间组织发挥的作用程度,可以分为一级轴和二级轴。一级轴被称为经济带,至少贯穿2个都市经济区,包括沿海和长江两个经济带,形成"T"字型的结构。经济带主要以优化整合、提升改造为发展重点。二级轴被称为开发轴,则至少贯穿2个人口-产业集聚区或都市经济区,以重点开发为主体功能。其中,以海岸地带和长江沿岸作为今后几十年我国国土开发和经济布局的一级发展轴线。

(2) 开发轴。

目前,我国正在形成的开发轴有4条:京广开发轴、东北开发轴、西北开发轴和西南开发轴 (见表1-7)。

表1-7 我国国土利用空间结构的开发轴

名　称	主要作用	构　成
京广开发轴	承接沿海经济重心向内陆推移以及都市经济区辐射的载体，有望发展成为继沿海、长江经济带之后的第三条经济带，加快沿线人口-产业密集区和中部经济发展的通道	两端：京津、珠三角都市经济区 贯穿：长江中游都市经济区、郑洛汴、长株潭人口-产业集聚区 通道：京广铁路和客运专线、京港高速公路
东北开发轴	沿海经济带和关内经济核心地带是京广开发轴的延伸，辽宁中南部都市经济区辐射带动的主要区域，东北地区的经济发展的主干骨架和率先实现现代化的区域，东北亚经济合作的走廊	两端：辽宁中南部都市经济区、哈大齐人口-产业集聚带 贯穿：长吉人口-产业集聚带 通道：哈大铁路及客运专用线、哈大高速公路
西北开发轴	发挥东部地区对中西部地区辐射带动的主要通道，沟通欧亚经济联系走廊，实施西部大开发战略的重点地带，我国北方地区横贯东西的人口、产业、城市密集地带	两端：天山北麓、关中人口-产业密集带 拓展地带：呼包鄂、郑洛人口-产业集聚带 通道：陇海铁路、连霍高速公路
西南开发轴	发挥东部地区和成渝都市经济区对西部地区辐射带动的主要通道，沟通西部南北向联系、成为继沿海、京广之后我国的第三条经济隆起带的主要区域	两端：成渝都市经济区、北部湾沿岸人口-产业集聚区 拓展地带：关中人口-产业集聚带 长远延伸：呼包鄂人口-产业集聚带

资料来源：全国国土规划前期预研究报告。

3. 集聚区

集聚区是人口、城市和产业密集分布的区域。按照发育阶段、集聚规模、在全球经济体系中的地位以及在全国经济空间组织中发挥的作用等，集聚区可分为两类：都市经济区与人口-产业集聚区。都市经济区具有国际意义，体现国家竞争能力，并直接参与国际竞争，是国家综合竞争力的重要组成部分，也是引导国家实现全面发展的核心地区。人口-产业集聚区具有国家发展战略意义，承担国家大区域经济发展的职能，是我国区域级发展的重要地区。

（1）都市经济区。

都市经济区的主体功能，是我国参与国际竞争的核心区域，在我国国土开发利用的总体格局中，具有很强的控制力和影响力。改革开放以来，这类区域在经济社会发展取得巨大成就的同时，资源和环境问题日益突出，发展需求和资源供给之间的矛盾冲突不断加剧，生态质量整体恶化。都市经济区内部人口和城市分布不尽合理，盲目的快速城市化和城市间缺乏协调发展，削弱了区域的整体竞争能力。区域基础设施共建程度和共享程度低，体制和机制建设远远不能满足都市经济区现代区域管理的要求。今后，要以提升参与经济全球化的能力为主体功能塑造的基本导向，建立高密度、节约型、高效率的区域经济社会运行系统和空间格局。为此，都市经济区应首先成为国家创新体系和现代服务业网络系统中的主要节点和支撑区域，工业发展应以先进制造业和高技术产业为主导（见表1-8）。以区域整体观念审视单个城市的发展取向和规划，城市化和工业化切实走资源节约和环境友好型的道路。把营造发达的区域基础设施体系和资源环境保障系统，作为进一步加大都市经济区人口和经济集聚的根本举措。加大对外开放力度，尽快实现对外贸易和利用外资结构上的根本转变。

表1-8　我国都市经济区一览

名称	市县数	面积/万 km²	总人口/万人	GDP/亿元
京津都市经济区	48	6.3	3965.6	6183.3
长江三角洲都市经济区	73	9.8	7640.2	15033.6
珠江三角洲都市经济区	35	5.6	2760.4	7673.2
辽中南都市经济区	28	5.4	2417.2	3787.5
成渝都市经济区	42	6.6	4402.0	3476.9
武汉都市经济区	26	3.9	2689.1	2708.5
总计/平均	252/42	37.6/6.3	23874.5/3979.1	38863.0/6477.2

资料来源：全国国土规划前期预研究报告。

（2）人口-产业集聚区。

人口-产业集聚区是未来我国人口和产业进一步集聚的重点区域，在组织大区域经济、支撑全国整体实力进一步抬升中，发挥着重要作用。改革开放以来，这类区域在所处的大区或省内中，都是经济最具活力、人口和产业经济持续快速增长的地区，大多形成了优势产业群（见表1-9）。目前，资源环境承载能力依然较强，尽管同都市经济区的发展条件、前景不处于一个层次，区域发展的自然条件、区位因素、经济基础、竞争能力和前景等都有一定的差距，但整体上发展不足，工业化和城镇化水平不高，区域比较优势还没有充分得到发挥，仍有很大的发展余地和潜力。今后，要进一步强化处于龙头地位的中心城市对区域经济的组织协调、辐射带动功能，推进城镇化健康发展，在积极吸纳外来人口过程中，注重提高城镇化质量。着力发展优势产业，立足区域合作，加强产业配套能力，形成产业发展集群。特别要注重传统产业的改造，在技术提升过程中培育新的经济增长点。重视发挥人口产业进一步集聚过程中区域规划的合理引导与约束作用，避免重蹈都市经济区在大开发过程中出现的资源浪费、环境污染的覆辙。

表 1-9　我国人口-产业集聚区一览

名称	市县数	面积/万 km²	总人口/万人	GDP/亿元
海峡西岸人口-产业集聚带	45	4.7	3641.3	4702.6
哈（尔滨）齐（齐哈尔）人口-产业集聚带	12	4.3	1067.2	2036.1
长（春）吉（林）人口-产业集聚区	11	2.9	1052.3	1165.8
山东半岛人口-产业集聚区	38	6.1	3478.8	4932.2
长（沙）珠（洲）（湘）潭人口-产业集聚区	11	1.9	993.1	1092.2
郑（州）洛（阳）人口-产业集聚区	31	2.7	2132.9	1891.8
北部湾沿岸人口-产业集聚区	7	1.8	544.1	460.2
关中人口-产业集聚区（带）	24	1.8	1565.2	1154.1
天山北麓人口-产业集聚带	14	2.3	430.9	734.9
呼包鄂人口-产业集聚区	8	2.7	363.5	151.3
总计/平均	424/38.5	64.6/5.9	33064.3/3005.8	39269.6/3570.0

资料来源：全国国土规划前期预研究报告。

4. 其他类型区

其他类型区是指在国土开发利用中具有战略功能的类型区，包括应扶持的欠发达（贫困与相对贫困）地区、陆域边境地区、食物与矿物和能源安全保障地区、生态保障地区，以及自然文化遗产保护地区等类型地区。由于不同类型地区的空间尺度差异很大，加之不同类型区之间以及同"集聚区"之间的关系具有不同特点，因此，有必要将"其他类型区"在国土利用空间结构组织中划分为两个层次。禁止开发区、反功能区（大的功能区内部存在的与大功能区主体功能不同的其他功能区）为第二个层次，该层次在功能定位、发展导向和区域政策方面，属于优先级。

在充分认识经济全球化和国家管理体制转型对塑造我国国土开发格局影响的基础上，高度重视国土的自然本底和开发利用现状赋予不同地域的功能要求，科学把握人口空间流动和产业发展布局的基本趋势，把构建高效、节约型、疏密有致的国土利用格局作为核心内容，是实现增强国家可持续发展能力和整体竞争力的重要途径。

第三节　都市经济区的崛起与重要地位

一、都市经济区是发达地区城镇化发展的高级形态

在全球城镇化水平提高的过程中，大都市连绵带与城市群的快速扩张是一个具有普遍意义的趋势。1950 年全球超过 100 万人口的城市约 50 个，1982 年达到 278 个，1992 年达到 230 个，2008 年达到 420 个。在两代人的时间里，墨西哥城从 1950 年的 310 万人增长到 1999 年的 1790 万人，圣保罗从 280 万人增加到 1750 万人，首尔从 100 万人增加到 1000 万人。1975 年，全世界仅有纽约、东京和墨西哥城 3 个人口超过千万的超级大城市，目前已经有 20 多个，全球排名前 25 位的超大城市承载了全球一半的财富创造。据联合国预测，到 2050 年全球城市人口的比例将超过 75％。与此同时，未来全球最大的 40 个超级大都市区仅占地球极少的面积，却有 18％的人口在其中生活，这些人将参与全球 66％的经济活动和大约 85％的技术革新（周民良，2010）。由此可见，都市经济区是发达地区城镇化发展的高级形态，都市经济区在全球区域发展格局中占据越来越重要的作用。

二、中国都市经济区的重要地位

我国发育比较成熟的都市经济区主要分布于珠江三角洲、长江三角洲和京津冀北地区。这三大都市经济区以4.7%的土地面积，承载了我国40%以上的经济总量和人口（见表1–10），是全国经济发展的引擎，具有很强的控制力和影响力，在全国经济格局中占有重要地位，引领我国经济的持续快速发展。

表1–10 我国主要的都市经济区基本情况表

名称	面 积/	总人口/	GDP/	比重（全国＝100%）	
	km²	万人	亿元	面积/%	GDP/%
京津冀北	184369.5	10615	52500	1.9	10.11
长江三角洲	105165.8	15709	108765	1.1	20.96
珠江三角洲	65433.7	5611	47850	0.7	9.22

长期以来，国家只重视经济要素的调控，忽视了空间的管理和调控。在国家"十一五"规划中提出划分主体功能区，以加强和规范国家的空间管理政策和财政转移政策。目前业已启动并开展的全国主体功能区划工作，其中的"优化开发地区"是经济实力雄厚、城镇化水平高、经济联系紧密的地区，也就是都市经济区。尽管三大都市经济区的经济社会取得持续快速的发展，但资源和环境问题日益突出，发展需求和资源供给之间的矛盾冲突不断加剧，生态质量整体恶化。随着城市土地的快速扩展，工业区无序布局，粗放的土地利用不可持续，都市经济区的空间管理亟待加强。但目前来看，对于都市经济区内部的地域构成还不清楚，急需寻求科学的判读方法，掌握都市经济区的发展现状，有针对性地加强空间管理和空间调控。

第四节 内容设计与研究框架

一、主要内容

本研究以"珠江三角洲都市经济区的空间组织"为题，选择珠江三角洲都市经济区为主要案例，探讨都市经济区的形成过程、空间格局、空间演化机理以及地域功能与空间结构变化对生态环境的影响。概括起来，研究内容包括以下几个方面。

（1）探讨都市经济区相关概念的演进与辨析，全面综述都市经济区地域功能演化方面的国内外研究进展。与都市经济区相关的概念比较多，如城市群、城市经济区、都市圈、都市带、都市连绵区、巨型城市区等。本研究尝试从概念提出的背景、概念的内涵及应用领域等方面进行系统深入的分析和整理，厘清相关概念的区别与联系；系统回顾和评价近 20 年来国内外的相关研究成果，为本研究提供理论铺垫和分析思路。

（2）深入分析珠江三角洲都市经济区地域功能演化的阶段性特征，系统总结珠江三角洲都市经济区的形成过程。本项目拟利用珠江三角洲 1980 年、1990 年、2000 年和 2007 年的 TM/ETM 影像以及土地利用数据进行遥感解译，并结合社会经济统计数据进行 GIS 空间分析，比较不同发展阶段地域功能的变化以及空间格局的主要特征。

（3）综合运用 GIS 和数理统计方法，对珠江三角洲都市经济区的地域类型与空间分布格局进行空间判读，探索都市经济区地域类型的划分方法，识别都市经济区的各种地域类型，明确各种地域类型的内涵；研究都市经济区内部各种地域类型的基本特征；研究都市经济区各种地域类型的空间关系，解读都市经济区的地域空间结构。

（4）全面解读珠江三角洲都市经济区地域功能演化的影响因素。本研究试图从城镇化进程与地域功能演化、产业转移与地域功能转换、人口流动与地域功能变化、区位条件变化与地域功能重组、区域政策与地域功能变化等方面深入分析珠江三角洲空间演化的影响因素。

（5）分析珠江三角洲都市经济区地域功能演化的生态环境效应。建设用地的快速扩张与农用地的急剧减少是同步发生的两个过程，地域功能的快速变化引起都市经济区地域空间格局的急剧变化，由此也引起区域生态安全格局的变化，对区域生态环境带来了诸多影响。一般说来，在不同的发展阶段、不同的地域功能对生态环境的影响程度不同。通过本项研究，试图总结在不同的演化阶段生态环境的区域响应，探讨都市经济区的空间演化对区域生态安全格局的影响。

（6）探讨珠江三角洲都市经济区地域功能结构的形成演化机理，分析其空间演化态势。在珠江三角洲都市经济区地域功能的演化过程和空间格局研究的基础上，进一步深入分析都市经济区地域功能演化的作用机理，拟重点从经济驱动力、社会驱动力、自然驱动力、交通引导与区位重塑、空间需求与供给、结构与功能转换等方面展开探讨。

（7）分析珠江三角洲都市经济区地域演化过程中存在的问题，提出优化调控的对策与建议。针对都市经济区空间演化中存在的主要问题，树立科学的空间观，贯彻主体功能区划的原则与思路，重视都市经济区的空间安全，以区域空间结构和功能结构的有序化和提高空间运行效率为导向，进行地域主体功能分区，探讨相应的空间调控和优化对策，保障珠江三角洲的生态安全，优化区域空间格局，促进珠江三角洲都市经济区形成合理的地域功能结构和实现区域可持续发展。

二、研究方法

1. RS 及 GIS 方法

地理学研究的基本问题之一是"哪里有什么"。RS（遥感）和 GIS（地理信息系统）分析方法，为研究区域空间形态与空间结构问题提供了新的方法。本研究拟突破传统的界定方法，引入遥感影像分析方法，从形态学和景观学的角度研究都市经济区内部由哪些地域类型构成，不同的地域类型是怎么分布的，彼此的空间关系如何。同时运用 GIS 的空间分析功能，分析都市经济区内部各种地域类型的空间关系，在此基础上总结都市经济区的地域空间结构。

现代遥感和 GIS 技术使进行空间结构的研究成为可能。本研究利用高分辨率的 TM 遥感影像和 Google Earth 数字影像，运用 ENVI 和 ArcGIS 等空间分析软件进行空间解译和类型判读，增加了科学性和时效性，能够客观地反映出都市经济区各种地域类型的实际分布情况，另外还运用了 PhotoShop 和 CorelDraw 等软件进行了辅助制图，图文并茂，增加了直观性和可读性。

2. 定性与定量相结合

从文献综述到都市经济区的基本理论，先进行总体的概述和定性分析。再根据统计数据对都市经济区的结构特征进行定量分析。结合对珠江三角洲遥感影像资料的解译，运用 ArcGIS 的空间分析功能，定量分析各种地域类型之间的空间关系。定量分析与定性论述相结合，解析都市经济区的发展特征和空间组织过程。

3. 室内研究与野外调查相结合

珠江三角洲是我国发育比较成熟的都市经济区,以此为案例开展都市经济区地域类型的研究具有较强的典型性和代表性。运用综合分析与典型案例分析方法,首先根据珠江三角洲都市经济区的遥感影像资料进行室内判读,初步把握其基本格局,然后再进行实地调研和验证。2006 年,作者参与广东省国土规划的编制,在珠江三角洲进行了半个多月的实地调研,在室内处理好影像结果后,为了验证图像处理的准确率,又进行了近十天的实地探勘和样本点验证,基本保证了研究数据的科学性和可信性。

4. 归纳比较法

通过解译珠江三角洲不同时段的遥感影像,运用比较法分析各个阶段地域功能演化的异同点,揭示不同阶段影响地域功能演化的主要因素,探讨都市经济区地域功能的形成演化机理。进一步抽象和归纳都市经济区的形成演化过程,总结地域功能的演化模式,指导其他都市经济区空间结构的合理有序发展。

5. 多视角多理论综合研究

运用经济地理学、城市地理学和空间经济学等学科的理论,对都市经济区的空间结构与空间组织、演化机理进行深入探讨。"问题导向与目标导向相结合,格局研究与机理研究相结合",主要指系统总结都市经济区的成长过程,发现都市经济区形成过程中存在的主要问题,同时以构建都市经济区合理的空间结构为目标,研究都市经济区的形成机理及调控途径。

三、技术路线与研究框架

遥感具有感测范围大、综合、宏观、信息量大、获取信息快、更新周期短、动态监测的特点,而 ArcGIS 具有强大的空间分析功能。本书应用遥感技术和 GIS 技术,从陆地卫星获得不同时期的遥感图像,通过遥感图像解译,得到珠江三角洲都市经济区 1980 年、1990 年、2000 年和 2007 年 4 个时段的土地利用格局和生态景观格局,获取不同功能地域类型的遥感矢量数据。结合社会经济数据的空间分析,用所解译出来的矢量数据制作不同时期的珠江三角洲都市经济区功能地域的空间分布图,借鉴地域分异理论、景观生态学理论、因地制宜和空间结构的有序法则等战略思想,利用计量地理学中多元回归和聚类分析方法,从时间序列和空间序列两个角度探讨珠江三角洲都市经济区近 40 年来的地域功能演化过程。

具体的研究视角如图 1-5 所示。

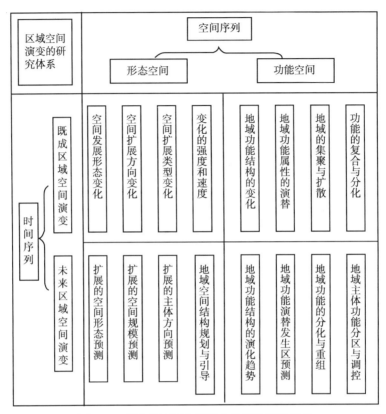

图 1-5 都市经济区空间演化特征的研究视角

以国内外相关文献的整理和综述为前期准备，以遥感影像及相关社会、经济、生态环境的统计数据的分析为依据，以讨论都市经济区地域功能的演化过程及演化特征为基础，以总结都市经济区地域功能演化的影响因素及其生态环境效应为突破口，以归纳总结都市经济区空间演化的作用机理为重点，以优化调控都市经济区区域空间结构的合理有序化发展为落脚点，系统深入地讨论珠江三角洲都市经济区地域功能的演化过程、空间格局及演化机理、三位一体，进一步预测珠江三角洲地域功能结构的演化趋势。通过地域主体功能分区进行空间的引导和调控，为新时期加强区域空间管理和优化组织提供有力的参考依据（见图 1-6）。

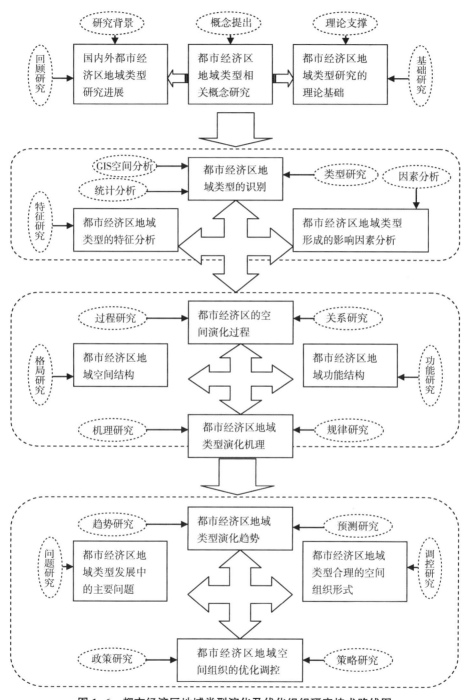

图 1-6 都市经济区地域类型演化及优化组织研究技术路线图

四、数据资料来源与处理方法

1. 数据主要来源

由于本研究拟立足于地域功能演变的角度探讨珠三角都市经济区的发展演化过程，因此需要的支撑数据较多。作者先后向中科院资源环境科学数据中心、中科院地球系统科学共享网络和广东省国土规划课题组找到了一系列相应的数据，有力地支撑了本研究，具体的数据情况见表 1-11、表 1-12、表 1-13。

表 1-11　从中国科学院资源环境科学数据中心获得的支撑数据列表

数据名	比例尺	数据格式	数据时间	GIS 数据	数据量
TM/ETM 原始数据	30×30M		1980、1995、2000 年		5.31GB
TM 影像数据库	30×30M	IMG，GEOTIFF	1996 年	三期合成影像	837MB
珠三角土地利用图	1：10 万	ARC/INFO，COVERAGE	1995—1996 年	分幅图件	210MB
土地利用属性数据库		ARC/INFO-INFO 格式	1992、1995 年	分县分类土地利用属性数据	89KB
珠三角人口、社会经济空间数据库	1km 栅格	ARC/INFO-GRID 格式	2000—2002 年	1995、2000 年	2.75MB
珠三角 1km 土地覆盖图	1km 栅格	ARC/INFO-GRID 格式	1995—1996 年	含分县的数据的	168KB
珠三角土地利用动态变化数据	1km 栅格	ARC/INFO GRID	1990—2000 年		162MB
珠三角土壤侵蚀数据库	1km 栅格	ARC/INFO GRID			
modis 植被指数数据库	1km 栅格	ARC/INFO GRID			17.4MB
农田光温生产潜力数据	1km 栅格	ARC/INFO GRID	二期：80 年代末，2000 年		520KB

表 1-12　从中国科学院地球系统科学数据共享平台获得的支撑数据列表

数据名	比例尺	数据格式	建库时间	GIS 数据	数据量
珠三角土地覆被数据	1：25 万	ARC/INFO COVERAGE	80 年代，2005 年两期		188MB
TM 影像数据库	30×30M	IMG，GEOTIFF	2008—2009 年	合成影像	1.41GB
珠三角土地利用数据库（分县）		Excel	1986 年	珠三角分县各地类数据	43KB

表 1-13　从广东省国土规划课题组获得的支撑数据列表

数据名	比例尺	数据格式	建库时间	数据量
珠三角行政区划及交通图	1：25 万	ARC/INFO	2007 年	29.3MB
广东省土地利用现状图	1：25 万	ARC/INFO	2008 年	1.67GB
珠三角土壤侵蚀数据	1：25 万	ARC/INFO，Word	2002 年	63MB
珠三角坡度图	1：25 万	ARC/INFO	2000 年	424MB

2. 数据处理流程与处理方法

由于从数据中心获取的基础影像较丰富，给数据的分析处理带来了一定的便利。其中，1980 年和 2005 年的珠三角土地利用图已处理好，直接按照本书界定的地域功能进行分类提取即可。1980、1995、2000、2008 年四个时间段提供的是 TM/ETM 原始数据，需要经过复杂的图像处理流程，方能解译出这几个时间段的土地利用矢量分析图。

首先，配合中国行政区划 1：100 万基础地理数据确定研究范围和辅助遥感图像预处理。卫星影像图经波谱融合、辐射增强、几何校正、遥感解释、专题输出、叠置分析等技术处理，得到不同时期珠江三角洲都市经济区不同地域类型的规模、形态及空间分布等信息，结合统计数据以及生态环境相关资料，组成本研究的基础数据。

图像处理流程大致可以分为以下几个阶段（见图 1-7）：①遥感图像前期处理阶段。包括图像辐射纠正、几何纠正、图像匹配等。该过程是整个土地利用研究的关键所在，图像几何纠正和图像匹配的精度直接影响着图像分类精度和改变监测处理精度，而且这种影响是不可弥补的。②遥感图像分类处理阶段。本研究主要采用监督分类和决策树分类相结合的方法进行土地利用类型解译。③改变监测处理阶段。本书利用图像差分、分类后比较法对图像分类进行二次校正。

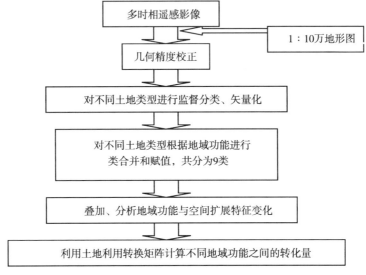

图1-7　遥感影像解译与处理基本流程

解译好不同时段的土地利用矢量图之后，就可以按照本书的地域功能分类分别提取9种主要的地域类型，分别建立相应的图层，并通过ArcGIS空间分析功能进行土地利用转换矩阵的运算和统计分析。

第二章 都市经济区空间组织的概念体系

第一节 都市经济区的概念及其界定

一、都市经济区概念演进

近几十年全球化生产与贸易的快速发展促进了新的国际劳动分工发展。全球尺度分工体系的形成和深化，使得人流、物流、资本流及信息流在各城市节点的流动日趋频繁，促进了城镇化进程、城市空间形态和区域城镇体系的变化，新的城市空间组织正在形成并表现出新的模式。自法国地理学家戈特曼（1957）提出大都市带（megalopolis）的概念后，我国学者周一星（1989）提出都市连绵区（metropolitan interlocking region，MIR）的概念，而美国学者斯科特（2001）又提出全球城市区域（global city-region）的概念，这些概念的出现反映了巨型城市空间的崛起已成为当今世界城镇化的一个显著特点（李健等，2006）。其后，周一星提出，中国的农村城镇化过程即是麦吉的desakota概念（周一星，1995）。大城市向周边扩展形成了包括中心城市的都市区，若干个都市区连在一起形成了更大的desakota zone。从机制上来看，周认为这种地域类似于西方的大都市带（日本称"都市圈"）。即交通条件的改善，使得都市区间的相互作用更为密切，也使都市区与处于交通走廊的农村地区通过功能联系的改善促进了城乡的互动关系。对中国的若干个都市区联成一体的泛都市，即上述的desakota zone，他称之为都市连绵区，以区别于西方的都市带概念。1992年，姚士谋采用城市群（urban agglomerations）的概念，首先判断我国已经形成了五大城市群，即沪宁杭、京津唐、珠三角、辽宁中部和四川盆地城市群（姚士谋，1992）。这一研究基于早期的地域组合理论，属于松散的城市等级组合概念，停留于形态认识。这一研究引起了国内学者对大型城市群形成的极大关注。2000年，胡序威先生组织各地专家研究出版的《中国沿海城镇密集地区空间集聚与扩散研究》是目前有关 EMR（extended metropolitan region，都市经济区）类型区最综合的著作（胡序威等，2000）。书中系统阐述了戈特曼的大都市带理论，认为珠三角、长三角、京津唐和沈大都市连绵区与之相似。同时，书中提到的有关都市连绵区的形成条件比周一星提出的有了进一步的深化和改进，还进一步强调了对外口岸是其核心特征之一，是与城市群、大都市带和 desakota 区别之所在，也决定了都市连绵区的非遍在特征，暗示了经济全球化是 MIR 形成具有定性意义的动力。这与书中的理论基础，即 MIR 等同于大都市带，强调各都市区之间的交互作用等均相矛盾。其他众多的研究也支持了 EMR 理论，说明 EMR 动力在于全球地方化力量，而这一区域类型已是 20 世纪 80 年代以来国家间竞争的核心所在。

对于都市经济区的概念，最早见于西部大开发的前期研究。在中国科学院西部开发课题组出版的《西部开发重点区域规划前期研究》（刘卫东等，2003）一书中，根据一定的具体原则确定了西部地区主要中心城市的功能定位与发展方向，在广泛实地调查和深入分析的基础上，认为西部开发应重点培育三大都市经济区和七个城市群的基本思路。研究表明，以具有某种竞争优势的核心大城市为依托、具有密切内部垂直产业分工的都市经济区，是全球化趋势下最具有竞争力的一种空间组织方式。都市经济区作为一种主体功能地域，作为今后全国国土开发的优化开发地区，是在近两年开展的全国国土规划前期研究中突出强调的，在四大主体功能区中把都市经济区确定为优化开发地区的主要承载体。

二、都市经济区的概念与内涵

都市经济区是经济全球化背景下国家区域经济组织的重要形式。借鉴中国科学院地理科学与资源研究所陈田研究员在《全国国土规划前期研究》中所给的定义，都市经济区的概念：有一个或若干个特大、超大城市，以及与其有紧密联系、具有一体化倾向的城镇化地域。其核心区与周围地区存在极为密切的垂直产业联系。核心区（城市）一般都是一个国家或大区域的金融中心、交通通信枢纽、人才聚集地和进入国际市场最便捷的通道；而土地需求强度较高的制造业和仓储等行业则扩散和聚集在核心区的周围，形成庞大的城乡交错带。由于规模效益与集聚效益的高度结合，大都市经济区往往是国家或区域的经济核心区和增长极，是最具活力和竞争力的地区，也是国家和区域承接全球化影响的重要"门户"。

三、都市经济区的界定标准

具有全国或跨省影响的大都市经济区界定标准是：①至少拥有一个 200 万人口以上的核心城市；②核心城市为中心的 2 小时经济圈范围内；③区内城镇化水平超过 65%；核心城市外围以市、县为单元的城镇化水平超过 50%；④基本组成单元集中连片；⑤区域范围应达到 2 万 km² 以上。

四、都市经济区的等级划分

（1）一级都市经济区。具有国际意义，体现国家竞争能力，并直接参与国际竞争，是国家综合竞争力的重要组成部分，也是引导国家实现全面发展的核心地区，包括长江三角洲、珠江三角洲和京津冀北大都市区。

（2）二级都市经济区。具有国家发展战略意义，承担国家大区域经济发展的职能，是我国区域级发展的重要地区，包括沈大都市区、武汉都市区、成渝都市区、山东半岛都市区、闽东南都市区。

（3）三级都市经济区。具有省级经济发展战略意义的核心区域，承担省际间经济空间联系的职能。包括哈大齐都市区、长吉都市区、济南都市区、石邯都市区、太原都市区、中原都市区、长株潭都市区。

都市经济区的发展重点，一是增强核心地区的辐射功能和国际竞争力，通过对核心地区内城镇间的产业优势互补，基础设施共建共享，区域经济社会发展与人口、资源、环境的空间协调和整合，以增强其市场竞争力和辐射影响力；二是加强核心地区对其外围经济腹地城镇和产业发展的辐射、带动和促进作用，同时通过与经济腹地的区域合作，保障和提升大都市经济区的资源环境承载能力。

第二节　都市经济区相关概念的演进与辨析

一、经济区、城市经济区与都市经济区的辨析

为了更好地认识区域经济问题，制定区域发展方针与政策，加强不同区域的管理，对于经济区的研究浩如烟海。经济区是商品经济发展过程中形成的地域经济单元，是商品生产社会化和劳动地域分工的产物，并伴随着社会化大生产和劳动地域分工的纵深发展而形成不同的规模与层次。它具有均质性或同类性、经济

管理的易于实施性、动态性和经济联系紧密与经济结构协调、互补性等特点。经济区不同于行政区和自然地理区就在于它是建立在劳动地域分工基础上的，拥有体现区域优势的地区专业化（金祥荣等，2002）。与具有区域特色的综合发展相结合的产业结构有具有较强凝聚力和辐射力的中心城市（群）及与其紧密联系的腹地范围所组成的不同等级、各具特色的网络型地域经济体。

经济区的形成与发展是客观存在的，是商品经济发展到一定阶段的产物，随着社会主义市场经济体制的完善，劳动地域分工和地区专业化的不断加强，在我国区域经济中各种类型的经济区逐步形成和发展（陈平，2002）。对经济区理论的深化，并按照经济区间的差异性及区内的独特性实施不同的经济发展战略和区域发展政策显得尤为重要。根据区划的目的和任务，经济区类型划分如图 2-1 所示。

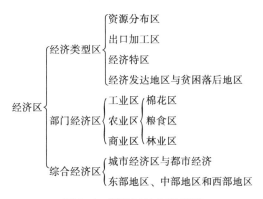

图 2-1　经济区的主要类型

通常所说的经济区主要是指综合经济区，本书中所提的都市经济区和城市经济区都是综合经济区的范畴。城市经济区的概念应该是都市经济区的原形。周一星认为，城市经济区是以中心城市或城市密集区为依托，在城市与其腹地之间经济联系的基础上形成的，它是具有对内、外经济联系同向性特征的枢纽区，核心、腹地、经济联系、联系通道是城市经济区构成的四大要素（周一星等，2003）。城市经济区是综合经济区的一种类型，同样具有经济区的基本特征，它与一般综合经济区的不同仅在于城市经济区更加重视中心城市在经济区形成中的关键作用和城镇间的相互影响，更加强调中心城市这一区位实体对其他区位实体的支配地位。都市经济区的概念是以陆大道院士为首的中科院课题组在《西部开发重点区域规划前期研究》中提出的（刘卫东等，2003）。该报告指出，所谓都市经济区，是指由一个或若干个特大、超大城市以及与其有紧密联系、具有一体化倾向的城镇化地域。它强调核心区与周围地区密切的垂直产业联系和分工协作，强调"门户城市"的集聚和辐射带动以及空间的功能分化。都市经济区突出了在经济全球化背景下区域的主体功能和空间形态，迎合了国家发展的战略需求，因此在新的形势下也成为本书的研究对象。

二、都市经济区与城市群、都市区、都市圈、都市带的辨析

近年来，国内学者纷纷对城市群、大都市区、大都市圈、大都市带、都市经济区进行了广泛的研究，发表了大量论著。但对这些基本概念的空间内涵，缺乏统一认识和标准，在研究中的应用非常混乱。而明确这些相关概念的内涵与外延，是界定都市经济区概念并探讨相关问题的前提。中国城市规划学会区域规划与城市经济学术委员会早在2002年的学术研讨会上就当前若干流行的含混概念达成了共识：为了与国际接轨，应把都市区和都市圈的概念区分开（晏群，2006）。

姚士谋先生较早地进行了城市群的系统研究，但对城市群的界定缺少定量的指标，规模大小不定，缺少判定标准。周一星、魏心镇等人认为，都市区更关注密切社会经济联系和非农业经济为主的地域组合，属于城市的功能地域概念（周一星等，2001）。它主要不是一级行政机构，而是一种协调机构，用来协调不同市县的城市问题的解决。宁越敏认为，大都市区是城市功能区的概念，总体构成了核心-边缘结构（宁越敏，2003）。都市圈也是近来研究应用较多的一大热点。国外都市圈的提法主要集中在日本，发源于日本学者对东京都市圈的研究（石水照雄，富田和晓，山田浩之等）。20世纪50年代日本行政管理厅对都市圈的最初定义是：以一日为周期，可以接受城市某一方面功能服务的地域范围，中心城市的人口规模须在10万人以上。后来又把中心城市在100万人以上，通勤率大于本地人口的15％，叫"大都市圈"。近年来，国内学者对都市圈的研究成果也较多（顾朝林，2002）。都市连绵区的概念是周一星在1986年讨论中国城市概念和城镇人口统计口径时首先提出来的。都市连绵区是中国的经济核心区，相当于中国特色的大都市带（史育龙，1997）。

根据以上对都市经济区相关概念的介绍，结合对国内外研究结果的总结和理解，我们可以对上述几个概念进行一个系统的分析比较，具体内容见表2-1。从以上可以看出，与都市经济区相关的概念比较多，但彼此的内涵和研究范围

还是有区别的。从一般意义上讲，大都市区和大都市经济区指的是功能地域的内涵，更强调紧密的经济联系，应该是一种经济区的概念；而城市群和大都市带是对城镇空间分布形态的一种客观表述，是一种空间的概念或地理的概念。都市圈的概念可以近似理解为都市经济区，是指以大中城市为中心的直接吸引范围。

表2-1　城市群、都市圈、大都市带与都市经济区的联系与区别

概念	城市群	都市圈	大都市带	都市经济区
英文表示	urban agglomer-erations（UA）	metropolitan circle（MC）	metropolitan belt（MB）	extended metro-politan region（EMR）
主要内涵	由不同规模、不同职能的城市或城镇组成的城镇群体区域	地域相邻、互无隶属关系的若干个大都市区组成的跨省市城市经济区	由数个地域相邻大都市圈横向连接、连绵不断的巨大带状城镇走廊	由一个或若干个特大、超大城市，以及与其紧密联系、具有一体化倾向的城镇化地域
提出背景	关注城市分布较密集的地区	基于日常生活圈和通勤圈的界定	城市区域化，连绵成片的形态描述	迎合主体功能区划，加强空间管理
地域空间结构	结构特征不明显	单核心或多核心；圈层结构	多核心；带状结构	单核心或多核心；圈层结构
地域面积（平均）	可大可小	10000—100000km²	100000km²以上	20000km²以上
半径（平均）	可大可小	100—200km，1小时或2小时经济圈	300—500km	300km以上，2小时经济圈
发育程度	不明显	发育较成熟	发育成熟阶段	处于较成熟阶段
动力机制	区位优势和资源禀赋	集聚与扩散并举，近域横向扩散明显	以扩散为主	形成紧密的垂直联系和地域分工
逻辑关系	各城市间较为松散，是大都市区、圈、带的最基本要素	两个或以上大都市区的聚合体；是大都市带的组成单元大都市圈的有机聚合整体	在国内，周一星称之为都市连绵区	由若干个联系紧密、具有垂直产业联系的都市区组成

续表

概念	城市群	都市圈	大都市带	都市经济区
组织管理特征	小规模和低层次的城镇群，协调管理的需求和难度较小	跨省级或地市级行政界限，互动合作、协调难度大	跨越数个大都市圈范围横向分工与合作，更要国家调控	跨越范围很广，需要宏观调控其地域分工和空间整合
示意图				

资料来源:陶希东. 跨省区域治理:中国跨省都市圈经济整合的新思路[J]. 地理科学,2005(25):529-536.

从以上关于城市群、都市区、都市圈、大都市带、都市连绵区、都市经济区等概念的内涵和比较来看，各个概念之间存在着紧密的联系，有一些交叉，但内涵上仍然有明显的差别，也有不同的应用领域（见表2-2）。从研究角度来看，城市群、大都市带、都市连绵区三个概念是从城市的空间分布形态上来定义和识别的，是一种纯地理学的概念；而都市区、都市圈和都市经济区三个概念是城市的功能地域概念，更强调地域城市内部的经济联系，除了地理学的内涵外，还具有一定的经济学含义。从空间范围上来，都市区的范围最小，相当于城市的功能地域概念，在都市区内中心城市和周边地区（郊区县）的经济联系非常密切，非农化程度非常高，基本上属于城镇化的区域；都市圈、大都市带、都市连绵区和都市经济区的地域范围较大，可能包括若干个都市区，在区域内部有多个核心城市，而且区域存在一定范围的农业区域，是指的经济关联和影响较密切的区域；城市群的范围可大可小，可以指城镇化水平很高，发育非常成熟的区域，也可以指城镇化水平不高，城市分布密度较大，经济发展水平较低的区域。正由于城市群的内涵比较宽泛，导致目前关于城市群的研究非常泛滥，也非常混乱。

表2-2 都市经济区相关概念的分析与比较

研究角度	概念归属	关注点
空间形态	城市群、大都市带、都市连绵区	强调空间形态，地理学的视角
功能地域	都市区、都市圈和都市经济区	强调功能联系，具有地理学和经济学内涵

研究角度	概念归属	关注点
空间范围	都市区的空间范围最小	相当于城市的功能地域
	都市圈、大都市带、都市连绵区和都市经济区的范围较大	包括一部分农村地域
	城市群范围可大可小	内涵宽泛，研究混乱

基于以上分析，我们可以把这几个概念的应用领域作一个初步的划分。都市区是城市的功能地域概念，一般指经济联系紧密的核心城市和外围的郊区，这一点比较好区分。对于城市群，由于它是从城市的空间分布形态上划分的，又没有统一的空间衡量尺度，今后在进行城市分布形态的时候可以用这个概念，但一些城市规模较小，发育程度较低的地区不适宜用城市群来命名。鉴于都市圈、大都市带、都市连绵区、都市经济区四个概念的内涵相近，而且很大程度上是因为对戈特曼所提出的 megalopolis 不同翻译造成的，我们有必要进行概念的统一。都市连绵区作为中国的经济核心区，相当于中国特色的大都市带（megalopolis），这二者是基本一致的。如果用当前功能地域类型来看，统一用都市经济区比较合适，也有利于和全国国土规划、功能区划相衔接。至于都市圈，也是指城市的功能地域，但在国际上应用较少，并没有得到广泛的认可。之所以本书采用并倡议推广都市经济区的概念，一是为了衔接我国当前的国土规划和功能区划，更好地与国家现实的重大需求相结合；二是因为都市经济区是一个严谨的科学概念，具有明确的空间尺度和等级划分；三是都市经济区的概念具有中国特色，准确表达了当前发达的城市密集区的发展态势和经济联系，并充分说明了其在大区域中所承担的功能。

第三节　地域功能、地域类型与主体功能区划

一、地域功能的概念

地域功能是指一定地域在更大的地域范围内，在自然资源和生态环境系统中，在人类生产活动和生活活动中所履行的职能和发挥的作用，把承载一定功能的地域称为功能区。功能区的合理组织被认为是实现区域有序发展的重要途径

（樊杰，2007）。地域功能演变是指在一定地域范围内不同发展阶段地域功能的发展变化。地域功能是地理学因地制宜思想在区域发展中的落实，是影响区域发展质量、区域发展水平和区域空间结构的内在因素。目前，正在组织开展的全国主体功能区划和各省区的主体功能区划，正是在地域功能思想的指导下。

二、地域类型的基本内涵

地域空间的表现特征类型就是通常意义上的地域类型，它是类型学（typology）研究的基本内容。莫尼欧（R. Moneo）对地域类型下的定义是："类型可以简单地定义为描述一群对象具有相同的内部形式与形态结构，它既不是空间图解，也不是系列的平均，它是基于组群对象内含的固有结构的相似性之上的"（段进，2006）。显然他强调了地域类型结构形态的相似性，地域类型是地域空间对外界环境的适应形式。一般说，同一功能型的地域类型，在空间形态特征上具有相似性。因此在本书中，地域类型的内涵，是指以某项重要功能为主的连片地域。都市经济区内部地域类型，是指在某个都市经济区范围内，具有某项重要功能的集中连片的地域。由于不同的地域类型承担不同的功能，因此不同地域类型的空间尺度和划分标准应该是不同的。但总体上要符合功能区的思想，符合地域空间组织的基本原理。

三、主体功能区划的内涵解读

国家"十一五"规划纲要明确提出：根据资源，环境承载能力、现有开发密度和发展潜力，统筹考虑未来我国人口分布、经济布局、国土利用和城镇化格局，将国土空间划分为优化开发、重点开发、限制开发和禁止开发四类主体功能区。对四类主体功能区界定为：优化开发区域是指国土开发密度已经较高、资源环境承载能力开始减弱的区域。重点开发区域是指资源环境承载能力较强、经济和人口集聚条件较好的区域。限制开发区域是指资源环境承载能力较弱、大规模集聚经济和人口条件不够好并关系到全国或较大区域范围生态安全的区域。禁止开发区域是指依法设立的各类自然保护区域。

主体功能区划是一个包含划分原则、标准、层级、单元、方案等多方面内容的理论和方法体系，主要具有以下几个方面的特征。①基础性特征。主体功能区划是基于国土空间的资源禀赋、环境容量、现有开发强度、未来发展潜力等因素对于国土空间开发的分工定位和布局，是宏观层面制定国民经济和社会发展战略和规划的基础，也是微观层面进行项目布局、城镇建设和人口分布的基础。②综合性特征。主体功能区划既要考虑资源环境承载能力等自然要素，又要考虑现有开发密度、发展潜力等经济要素，同时还要考虑已有的行政辖区的存在，是对于自然、经济、社会、文化等因素的综合考虑。③战略性特征。主体功能区划事关国土空间的长远发展布局，区域的主体功能定位在长时期内应保持稳定，因而是一个一经确定就会长期发挥作用的战略性方案。

四、主体功能区划与地域功能分区

城市功能区，城市中各种活动之间发生空间竞争，导致同类活动在空间上高度聚集，就形成了功能区。如住宅区、商业区、工业区等。其特点是基本呈现出连片分布的空间形态，但功能区之间无明确界线。城市功能区的形成，主要由于以下三个方面的原因：一是城市活动占用一定的土地；二是城市土地相对有限；三是各地块交通通达性、地价不同。由于以上三个因素的共同作用，引发了城市内部发生经济空间活动的竞争，并由此导致了同类经济活动空间上高度集聚，因此形成了城市（建成区内部）的地域功能分区。

地域功能分区是在主体功能区划和城市功能分区的基础上提出的，主要是在一定的地域尺度上对功能相似的区域进行的区划安排。它的空间尺度一般是整个县域或市域，主体功能区划主要是全国和省域尺度，而城市功能分区主要指城市建成区内部的分区，主要应用于城市总体规划的城区规划分区。随着全国和省域主体功能区划工作的推进，主体功能区的思想逐渐深入人心，并越来越多地应用于县市的发展战略规划和空间规划中，规范整个县域的空间开发次序，形成功能互补、合理有序的空间结构。

基于地域功能分区的主体功能区的基本内涵包括如下几点。①主体功能区是根据区域发展基础、资源环境承载能力以及在不同层次区域中的战略地位等，对区域发展理念、方向和模式加以确定的类型区，突出区域发展的总体要求。②主体功能区不同于一般功能区，如工业区、农业区、商业区等，也不同于一些特殊功能区，如自然保护区、防洪泄洪区、各类开发区等，是超越一般功能和特殊功能基础之上的功能定位，但又不排斥一般功能和特殊功能的存在和发挥。③主体功能区可以从不同空间尺度进行划分，如果仅分为"优化开发、重点开发、限制开发和禁止开发"四种类型，适用于全国和省级等规模较大的行政单元。按照空间管理的要求和能力，既可以有以市、县为基本单元，也可以乡、镇为基本单元进行主体功能区划分，但一般不称之为主体功能区划，称之为地域功能分区比较合适，类型也相对多样，一般8—10种类型才能较好地区分和覆盖全县域或市域的空间单元。④主体功能区的类型、边界和范围在较长时期内应保持稳定，但可以随着区域发展基础、资源环境承载能力以及在不同层次区域中的战略地位等因素发生变化而调整。现阶段允许一些地方根据自身实际情况对于主体功能区类型划分做一些不同的探索。⑤主体功能区中的"开发"主要是指大规模工业化和城镇化人类活动。优化开发是指在加快经济社会发展的同时，更加注重经济增长的方式、质量和效益，实现又好又快的发展。重点开发并不是指所有方面都要重点开发，而是指重点开发那些维护区域主体功能的开发活动。限制开发是指为了维护区域生态功能而进行的保护性开发，对开发的内容、方式和强度进行约束。禁止开发也不是指禁止所有的开发活动，而是指禁止那些与区域主体功能定位不符合的开发活动。

第四节　都市经济区空间组织的基本内涵与内容建构

一、都市经济区空间组织的基本内涵

空间结构是社会经济客体在空间中的相互作用及所形成的空间集聚程度和集聚状态。空间结构特征是区域发展状态的重要指示器。社会经济的空间结构如同地区的产业结构，是区域发展状态本质反映的一个重要方面，是从空间分布、空间组织角度考察、辨认区域发展状态和区域社会经济有机体的罗盘（陆大道，2001）。区域发展状态是否健康，与外部的关系及内部各部分的组织是否有序，有活力的因素是否被置于有利位置（空间区位、结构区位）等，是分析区域发展水平与活力的重要的判断标准。

二、都市经济区空间组织研究的内容建构

二战以后，世界各国的经济得到复苏和快速发展，伴随着交通技术的发展和人口的增多，城市的规模和范围不断扩大，许多大城市彼此相连，区域之间、城市之间、城乡之间的经济要素流动不断加强，出现一些城乡一体化的区域。传统的将城市和农村割离研究的"二分法"已经不适应新形势的要求，特别是20世纪90年代以来，国内外关于城镇密集地区的相关研究逐渐增多，从多个角度进行了阐述。从

Ginsburg（1991）的"分散的大都市"（the dispersed metropolis），到 McGee 的"城乡融合区"，再到 Scott 的 global city-region，都反映出众多学者对城市区域化、连绵化发展的强烈关注。欧洲空间规划的实施（段进，2006），表明了西方发达国家的规划理论和实践越来越重视空间发展的整体性和协调性，规划体系重新以物质空间规划为主要内容。欧洲空间规划的提出主要是作为协调国家之间以及国家与地方之间的关系、平衡区域利益的政策性工具和战略性手段，解决区域空间整体和协调性发展的问题。

反观我国区域空间规划的理论和实践，目前仍处于起步阶段。中国进入了快速城镇化发展阶段，新的地域类型不断出现，区域空间结构急剧变化。要进行区域空间结构的优化和调控，必须首先认识区域的地域构成和空间分布。在新的形势下，空间规划越来越受到国家和各级政府的重视，近年来相继启动了《新一轮全国国土规划前期研究》和《全国主体功能区划》工作，其目的就是加强政府的空间管理和空间调控，引导空间的有序化发展，科学合理的空间组织可以促进社会经济发展。都市经济区作为今后优化开发的主体功能区，亟须优化空间结构，提高空间效率。本书以都市经济区为研究对象，其核心理念就是把高度城镇化的地区看作一个发展域面，突破原来的城镇体系研究，更客观更深入地研究都市经济区的区域空间形态以及空间相互关系，为今后都市经济区的空间管理提供理论支撑和实践指导。

第三章 都市经济区空间组织相关研究概述

第一节 国外都市经济区空间组织的相关研究进展

一、研究热点逐渐由城市内部转向城市区域

18世纪下半叶以来的工业革命给世界各国的社会经济发展带来巨大冲击，一些工业城市获得了突飞猛进的发展。城市的规模不断扩大，城市与城市，城市与区域之间的联系越来越密切。英国学者E.霍华德提出了著名的"花园城市模式"，开辟了城市和区域作为整体研究的先河（E. Howrd，1898）。芬兰规划师E.沙里宁运用"有机疏散"理论成功设计了大赫尔辛基的规划方案，开拓了城市区域的研究（E. Sarinen，1918）。德国地理学家克里斯泰勒提出了著名的中心地理论，系统地研究了区域的城市规模等级结构，并提出区域城市分布的六边形组织结构模式（W. Christaller，1933）。美国芝加哥大学借助生态学方法，总结单个城市的地域空间结构，先后提出了"同心圆"模式（W. 伯吉斯）、"扇形"模式（H. 霍伊特）和"多核心"模式（D. 哈里斯和E.L. 乌尔曼）。二战后，"区域城市模式"（Russwurm，1957）和大都市结构模式（Muller，1981）先后被提出并进行了一些大城市的实证研究。以上这些研究主要集中于单个城市的地域空间结构，但开始重视从区域的视角去研究城市的发展和城市地域空间结构，也考虑到了区域间要素的流动。

二战后，西方国家经济开始复苏并持续增长，伴随着快速轨道交通的发展，城市之间人口流动加快，城市间的经济活动和经济联系不断加强，随着城镇化进程的加快和城市空间的扩张，一些发达地区出现了集中连片的空间发展格局。1950年O. 邓肯（O. Duncan）在其著作《大都市和区域》中首先明确提出了"城市体系"（urban system）一词并阐述了城市体系研究的实际意义

（姚士谋，1992）。1957年戈特曼（1957）在考察了美国东北海岸城市密集地区三个世纪以来的发展后，提出了崭新的城镇群空间发展概念——megalopolis，他认为在这一巨大的城镇化地域内，地区支配空间经济形式已不再仅仅是单一的大城市或都市区，而是集聚了若干都市区，并在人口和经济活动等方面密切联系而形成的一个巨大整体。自从戈特曼提出大都市带以来，城市密集地区的研究越来越引起国内外学术界的重视。巨型大都会区（ecumenopolis）（Doxiadis，1970）、超级都市区（mega-urban region，MR）（McGee T. G.，1991）、巨型城市区（mega-city region，MCR）（Ginsburg N.，1991）、大都市伸展区（Allen Scott，2001）等概念先后被提出，在国内也提出了都市连绵区的概念（周一星，1989）。

二、对都市区新出现的地域类型从不同角度进行了界定和研究

随着全球化进程的加快，各种生产要素在区域间自由流动性加快，人口和经济活动的快速分散化对城市和区域空间结构产生了深远的影响，出现了大都市区的分散化过程（Fujita N.，2005），由此也形成了多种不同的地域类型。布莱恩特等（1982）考察了"城市乡村"（city's countryside）地区变化的动力，研究了与"区域性城市"结构有关的城市周围乡村地区的地域类型。在充分考察了东南亚的城镇化发展态势后，麦吉（1985）提出了"城乡融合区"（desakota）的概念，用以揭示大都市周边由于经济和产业的空间扩展而形成的新的地域类型。同时，边缘城市开始出现，并出现了区域多核心的现象（Garreau J.，1991；Keil R.，1994）。大都市内部的联系不断加强，正在成为相互依赖而非层级关系的功能区域（Fuiji et al.，1995）。欧洲学者关注城市功能的转移，发现了低级服务功能从高层次中心城市城市向低级中心城市的转移（Davies L.，1997）。可见，从功能分工和转移的角度研究都市经济区的地域类型成为国外学者的一个新视角和新趋势。

三、都市经济区空间组织的理论解释与方法探讨

空间组织与空间结构研究始终是经济地理学研究的核心内容之一。空间组织是指人类为实现自身的发展目标而实施的一系列空间建构行动及其所产生的空间关联关系；空间结构是空间组织的结果（金凤君，2007）。都市经济区具有一定的空间结构，是由不同等级的城市组成了有机联系的城市体系。在每一个区域的

城市体系中，各级城市之间发生着紧密的经济联系和空间相互作用。1957年美国地理学者 E. 乌尔曼提出用空间相互作用理论，研究大都市区内外各级城市之间的空间相互作用机制。结合 W. 罗斯托的经济发展阶段理论，弗里德曼（1964）提出了经济发展与空间演化相关模式，反映都市经济区的发展阶段与演化过程。瑞典的哈格斯特朗（1968）提出了现代空间扩散理论，用以解释城市经济和技术空间扩散原理。随后以此理论为基础提出了都市经济区的空间演化过程模式（Haggett P，1977）。希腊学者预测世界城市发展将形成连片巨型大都市区（Doxiadis，1970）。随后又总结出了区域都市连绵区内城市群体相互联系的7种类型（Rondinelli D. A.，1985）。日本学者富田禾晓从批发、服务业的区位入手，对东京、阪神、名古屋三大都市圈结构变化做了对比研究，认为集中分布相对减少，多中心成为普遍现象。接着，他在1995年以都市空间为经，结构演变为纬，对日本的大都市圈作了深入研究。城市地理学家森川洋（1993）改变了以往日本都市圈之间没有联系指标的状况，利用干线公路车流量普查资料，结合人口迁移指标对全国的大都市圈连绵地域做了新的划分，提出地域轴的概念，并对各种等级、类型的大都市圈的空间特征做了分析。都市经济区地域空间结构与空间组织的研究也成为国外学者关注的一大热点。

加拿大地理学家 T. G. 麦吉经过多年的研究认为，在亚洲某些发展中国家和地区，如印度尼西亚的爪哇、泰国、印度、中国大陆和中国台湾的核心区域出现了与西方大都市带类似而发展背景又完全不同的新的地域类型。麦吉（1989）借用印尼语 desa-kota（desa 即乡村，kota 即城市）来表示这些高强度、高频率的城乡间的相互作用，混合的农业和非农业活动，淡化了城乡差别的"城乡融合区域"。按照他的观点，城乡一体化是"特殊区域的增长过程，这种区域的农业和非农业活动的特征是商品和人频繁的相互作用"。后来麦吉（1995）又进一步把它发展成为类似大都市带的超级都市区概念。其范围包括两个或两个以上由发达的交通联系起来的核心城市，当天可通勤的城市外围区及核心城市之间的 desa-kota 区域。

以上研究表明，亚洲都市经济区的地域类型、特征和发展模式在国与国之间、一国不同地区之间是不同的。正如麦吉（1989）所言："城镇化"这一概念要放到广义的国家"空间经济"转变模式中来具体分析，并应强调考察一个地方与其周围地区相互作用的情况变化，尤其是应该注意产生这种经济活动地域的内部空间经济的相互作用关系。由于各种客观因素的限制，中国的城镇密集区无论从规模上还是经济发展实力上看，都与国外存在着一定差距，但对其发展过程的研究与引导却是必需的。对于发育比较成熟的都市经济区，更应该加强研究，充分认识其地域构成和发育程度，有针对性地加以空间管理和调控。

四、都市经济区相关研究的新动向

随着经济全球化进程的加快，城市的国际化趋势也越来越明显。国外的学者逐渐重视都市区内核心城市的研究。重点研究这些"门户城市"在区域中的职能，与其他城市的空间联系，以及将来的演化趋势。世界城市的形成成为研究的热点，并提出了关于世界城市的假说（Friedmann J. et al.，1982，1986）。在全球化背景下，大城市和特大城市的作用越来越受到重视，今后将是"大城市的世界"（Hall P.，1998）。随后，世界城市的理论和实证研究成为研究的一大热点（Sassen S.，1991；Shachar A.，1994）。

20 世纪 80 年代以后，西方国家的产业结构和全球的经济组织结构发生了巨大的变化：管理的高层次集聚、生产的低层次扩散、控制和服务的等级体系扩散构成了信息经济社会（后工业社会）的总体特征。经济全球化重组着世界的城市体系，并形成了一些世界城市和城市密集区。城市密集区空间结构正由复杂的网络取代传统城镇体系的单一等级概念，因此，城市的作用不仅取决于其规模和经济功能，而且也取决于其作为复合网络连接点的作用（Fortune，1996）。在全球经济一体化情况下，大都市带的集约化土地利用、高效率的经济活动和人口、商品和信息流动关联非常密切（Barch，1997）。韩国学者以首尔都市经济区周边1990 年代以来新建的五个新城为例，发现五个新城区对首尔都市经济区将长时间内有依赖和各种联系，但这五个新城已经成为大都市郊区零售业的中心（Lee C. M. 等，2005）。运用更长时间尺度的大都市统计区的综合数据，马哥夫验证了 1983 年布鲁克纳和范斯勒对形成城镇化地域决定因素（人口、收入、交通成本，农业土地价值）的经验估计，同时证明了经济因素是战后美国都市经济区在空间尺度上变化的主要原因（McGrath D. T.，2005）。为了应对城市增长、规划和经济发展的挑战，基于参与性的、包容性的和联盟的管治模式的"新城市区域主义"开始盛行（Andrew E. G. et al.，2006）。都市区的扩展已经受到全球各个发展区域政策制定者、土地保护者和城乡社区的普遍关注。

第二节 国内都市经济区空间组织的相关研究进展

一、都市经济区相关概念不断涌现

近几十年全球化生产与贸易的快速发展促进了新的国际劳动分工发展。全球范围内分工体系的形成和深化，使得人流、物流、资本流及信息流在各城市节点的流动日趋频繁，促进了城镇化进程、城市空间形态和区域城镇体系的变化，新的城市空间组织正在形成并表现出新的模式。自法国地理学家戈特曼（1957）提出大都市带的概念后，我国学者周一星（1989）提出都市连绵区的概念，而美国学者斯科特（2001）又提出 global city-region 的概念，这些概念的出现反映了巨型城市空间的崛起已成为当今世界城镇化的一个显著特点（李健等，2006）。其后，周一星提出，中国的农村城镇化过程即是麦吉的 desa kota 概念（周一星，1995）。大城市向周边扩展形成了包括中心城市的都市区，若干个都市区连在一起形成了更大的 desa kota zone。从机制上来看，周认为这种地域类似于西方的大都市带（日本称都市圈）。即交通条件的改善，使得都市区间的相互作用更为密切，也使都市区与处于交通走廊的农村地区通过功能联系的改善促进了城乡的互动关系。对中国的若干个都市区联成一体的泛都市，即上述的 desa kota zone，他称之为都市连绵区，以区别于西方的都市带概念。1992 年，姚士谋（1992）采用城市群概念，首先判断我国已经形成了五大城市群，即沪宁杭、京津唐、珠三角、辽宁中部和四川盆地城市群。这一研究基于早期的地域组合理论，属于松散的城市等级组合概念。这一研究引起了国内学者对大型城市群形成的极大关注。2000 年，胡序威先生组织各地专家研究出版的《中国沿海城镇密集地区空间集聚与扩散研究》是目前国内有关都市经济区研究最综合的著作。

对于都市经济区的概念，最早见于西部大开发的前期研究。在中国科学院西部开发课题组出版的《西部开发重点区域规划前期研究》（刘卫东等，2003）一书中，根据一定的具体原则确定了西部地区主要中心城市的功能定位与发展方向，在广泛实地调查和深入分析的基础上，认为西部开发应重点培育三大都市经济区和七个城市群的基本思路。研究表明，以具有某种竞争优势的核心大城市为依托、具有密切内部垂直产业分工的都市经济区，是全球化趋势下最具有竞争力的一种空间组织方式。都市经济区作为一种主体功能地域，作为今后全国国土开发的优化开发地区，是在近两年开展的全国国土规划前期研究中突出强调的，在四大主体功能区中把都市经济区确定为优化开发地区的主要承载体。

二、地域类型、地域功能成为都市经济区相关研究的重点

1. 地域类型的相关研究

国内外对于地域类型的研究主要集中于农业、土地利用、旅游地及传染病等方面。综合地理区划既反映自然环境和自然资源条件，又刻画出区域社会经济的发展状态和趋势。应以宏观的地域分异规律为背景，结合区域发展状态与趋势的评价构建综合地理区划的框架。从多个方面采用可比的量化指标，划分区域发展状态的地域类型，进而拟订综合地理区划的方案。与综合地理区划有关的各类指标可以归纳为自然因素和人文因素两大类，以此反映综合地理区域分异的主要特征（郑度等，1999）。综合 3 项指标的划分标准，将中国某地区 HIV 感染流行程度划分出高流行地域、次高流行地域、中度流行地域和低流行地域 4 个 HIV 感染地域类型，并探讨了这 4 个地域类型的特点和成因（骆华松，1999）。运用旅游地生命周期理论，根据各旅游业地域所处的发展阶段及其特征，可以将滇西北各旅游片区划分为起步型、成长型、成熟型 3 个发展类型。怒江旅游片区属起步型，迪庆、丽江两个旅游片区属成长型，大理旅游片区属成熟型（白廷斌，2000）。

区域自然资源是由各资源要素及其运动过程所形成的复杂系统。通过构建综合评价指标体系，应用系统分析方法，可以将甘肃省自然资源的空间组合类型分为 4 种，即河西整体优越型，陇中、陇东工业资源主导型，陇南农业资源主导型，甘南旅游资源主导型（仇方道等，2003）。通过计算自然资源的综合优势度和组合指数，划分了东北区资源地域类型，并分析了地域类型的区域成长模式（王荣成，1999）。受垂直地域分异规律及民族、经济、文化、社会的形成发展过程制约，在甘川青交接区域大致形成了牧业经济地域、林业经济地域、旅游经济地域、农业经济地域、生态保护地域、民族城镇经济地域等经济地域类型（石培基，2000）。选用主导因素法，选用耕地年变化率和人均耕地变化率两个要素作为一级指标，划分了广东省耕地资源变化的三种地域类型（孙贤国，1999）。采用灰色关联判别分析模型，选取了 4 个判别指标，划分了江苏省耕地资源利用的

5 等地域类型（徐梦洁等，2002）。

在级差地租作用下，城市发展呈现同心圆模式的圈层空间结构，即城市中心为零售业所租赁，然后为专业性服务业、工业及批发业。可以根据行业门类人口的结构，划分区域的核心地域、外围地域以及边缘地域等空间结构，并判断出各区域的经济结构，如旅游区、工业区，甚至是商务中心区等（Champion 等，1996）。英国地理学者惠特利西（D. Whittlesey）提出了各类区域又可再归并为两大类，即均质区和枢纽（节点）区（张军涛等，2000）。均质区具有相对单一的面貌，其特征在区内各部分都同样表现出来；枢纽区的形成取决于内部结构或组织的协调，这种结构包括一个或者多个聚焦点（即中心）以及环绕聚焦点的区域（于涛方，2004）。

由此可见，已有的对地域类型的划分研究主要从形态描述或生产门类的角度展开的，还有一些是从宏观角度划分的，从主体功能的角度划分地域类型的研究还比较少，这也为本书的深入研究提供了空间。本书拟通过判别都市经济区的（功能）地域类型的空间分布，分析各种地域类型的空间关系与空间分布规律，以加强区域的空间管理和功能整合。

2. 地域功能的相关研究

20 世纪初，在美国崛起的人文区位学派芝加哥学派不仅关注城市社会学的研究，还从人口与地域空间的互动关系入手，探讨了城市发展的动态过程。美国地理学者 E. 乌尔曼（1957）提出用空间相互作用理论，研究大都市区内外各级城市之间的空间相互作用机制。结合 W. 罗斯托的经济发展阶段理论，弗里德曼（1964）提出了经济发展与空间演化相关模式，反映都市经济区的发展阶段与演化过程。瑞典的哈格斯特朗（1968）提出了现代空间扩散理论，用以解释城市经济和技术空间扩散原理。随后以此理论为基础提出了都市经济区的空间演化过程模式（Haggett P，1977）。希腊学者预测世界城市发展将形成连片巨型大都市区（Doxiadis，1970）。随后又总结出了区域都市连绵区内城市群体相互联系的 7 种类型（Rondinelli D. A.，1985）。日本学者富田禾晓从批发、服务业的区位入手，对东京、阪神、名古屋三大都市圈结构变化做了对比研究，认为集中分布相对减少，多中心成为普遍现象。富田禾晓（1995）以都市空间为经，结构演变为纬，对日本的大都市圈作了深入研究。城市地理学家森川洋（1993）改变了以往日本都市圈之间没有联系指标的状况，利用干线公路车流量普查资料，结合人口迁移指标对全国的大都市圈连绵地域做了新的划分，提出地域轴的概念，并对各种等级、类型的大都市圈的空间特征做了分析。在新城市主义背景下，琼斯（2000）以墨西哥城为例，研究了大都市边缘区的空间演化问题。伴随着城镇化的快速发展，都市经济区的空间演化对生态环境产生了多方面的影响，引起国内外学者（L. V. Zuquette，J. Q. S. Colares，O. J. Pejon，2002；Weijun Shen，Jianguo Wu，Nancy B. Grimm，Diane Hope，2008）的关注。

地域功能自身经历着发育和成长的演变过程。如城市发育为具备一定影响力和控制力的都市集聚区时，地域功能就应当从数量增长主导、重点开发的类型，转换为质量提高主导、优化开发的类型。功能区的合理组织被认为是实现区域有序发展的重要途径（樊杰，2007）。在确定地域主体功能时，要遵循全面协调可持续发展的新理念。科学发展观落实到地域主体功能区划上，核心目标是明确区域的主导优势功能（朱传耿，2007）。地域主体功能区划以主体功能突出、地域优势互补、区域共进共荣为目的，在可持续发展理论的指导下，以科学的评价体系，对地域单元自然本底要素和社会经济要素进行准确的功能定位，使地域主体功能更明确、更细化（王振波，2007）。地域分异理论和协调发展理论是综合区划工作最基本的理论，在区划研究中始终贯彻协调发展理论，对于区域生态、社会、经济协调发展有着非常重要的作用（王丽，2005）。主体功能区划中的"开发"主要是指大规模工业化和城镇化人类活动（高国力，2007），主体功能区划的提出，是为了服务于特定功能类型区因地制宜的发展和合理空间格局的构建，逐步形成主体功能清晰、发展导向明确、开发秩序规范，经济发展与人口、资源环境相协调的区域发展格局。但长期以来，对于影响我国区域发展格局形成和演变的自然、人文因素综合研究比较薄弱，影响区域发展的要素构成及各类地学要素对于区域发展在时间维度和空间尺度的综合作用机理不明确，难以客观地揭示区域发展格局形成与演化的规律，直接影响到对区域主体功能区划的科学性和合理性（李雯燕，米文宝，2008）。由此可见，都市经济区地域功能的演化及其主体功能区划的研究越来越受到重视。区域空间结构演化的记录不仅可以反映到地区或大区域的社会经济统计数据上面，更反映到自然地理时间和空间信息上。该信息仅靠常规的地面调查是难以收集到的。20世纪90年代以来，随着遥感技术和GIS技术的迅速发展快速获得大范围空间信息成为可能。应用遥感和GIS技术研究土地利用变化和区域空间结构演变成为地理科学研究的热门领域（郑定，1994；Zhou，1998；Carlon，1999；王良健等，2000；陈佑启等，2000；朱光良，

2001；王思远等，2002；樊凤雷等，2007；王开泳等，2008），为地域功能演变的研究提供了新思路和新方法。

三、空间结构与空间组织成为都市经济区研究的主体内容

空间结构作为区域发展状态的指示器，是指社会经济客体在空间中相互作用及所形成的空间集聚程度和集聚状态，是第二次世界大战以后古典区位论走向综合化的产物（陆大道，1995），区域和城市空间组织研究成为多个学科共同的热点。区域发展的经济空间结构，是探讨由经济发展不平衡所导致的区域差异。由于空间结构研究更侧重于区域形成机理、空间分布特征的规律性分析，所以自古典区位论开始，空间结构逐步成为区域研究中的一个重要研究侧面，目前已成为地理学的四大流派（生态学派、景观学派、区域学派和空间学派）之一。近年来，以点-轴理论为代表，区域机理研究与空间结构研究已成为中国人文地理学的热点研究领域（陆玉麒，2002）。城市群地域结构是城市群发展程度、阶段与过程的空间反映，其变化取决于一定区域社会生产力的发展（朱英明，2002）。

对于这种连绵形态的地域空间结构，不少的学者进行了归纳和总结。弗雷德曼的核心-边缘模型最初曾被用于解释不同工业化国家区域空间结构的变化。城市之间的合理分工、彼此联系、协同作用，在空间形态上就表现为一定地域范围内的点—轴—面系统的融合（彭震伟，1998）。通过整合不仅可以改变城市间的相互作用关系，同时也能够改变和塑造城市自身，整合是形成有序结构和网络化的必要途径，是寻求城市间固有的规律性的手段（王士君，2001）。对上海的实证研究发现，在扩展都市区内部，形成了或正在形成核心城市以服务业为主，外围地区以工业为主，并有便捷交通线路相连的、结构上相互依赖又各具特色的有机整体（袁瑞娟等，1999）。而吴泓、陈修颖等（2003）认为都市圈是城市群的一种空间组织形式，都市圈对区域经济发展有重要推动作用。可以从地域空间结构、等级规模结构、职能类型结构和网络系统四个方面研究城镇体系的地域组织结构（顾朝林，1987）。用因子分析方法和聚类分析法分析改革开放20年来广东省的空间结构演化表明：传统的核心-边缘模式已发生了很大的变化，区域出现多极化且次级核心区形成。珠江三角洲经济发展开始向外围地区扩展，出现了反极化的趋势（甄峰等，2000）。

研究发现，长春大都市区属于典型的单核集成型城镇地域组合类型，产业空间聚集形态是典型的工业枢纽型，空间形态分布呈现点轴辐射型组合趋势（曹传

新等，2005）。不少学者认为都市经济区的地域空间结构呈现圈层式分布，由内向外关系趋向于分散化（薛凤旋等，2005；孙加凤等，2006；于涛方等，2006）。由此，可以将都市区的基本结构类型（包括空间结构和经济结构）归纳为4种（见图3-1），即连续同心圆圈层模式、非连续同心圆圈层模式、跳跃同心圆圈层模式、混合同心圆圈层模式（于涛方等，2006）。

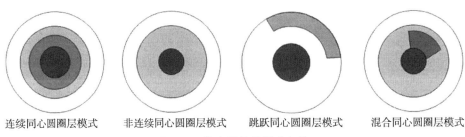

连续同心圆圈层模式　　非连续同心圆圈层模式　　跳跃同心圆圈层模式　　混合同心圆圈层模式

图3-1　都市区结构模式归纳

资料来源：于涛方,吴志强.京津冀地区区域结构与重构[J].城市规划,2006,30(9):36-41.

　　在对中国大都市增长的空间过程的研究中，概括出城市发展具有从同心圆圈层式扩展形态走向分散组团形态、轴向发展形态乃至最后形成带状增长形态的发展规律（顾朝林等，1994）。由于跨国公司的影响，在当代中国的一些特大城市中出现一种新的城市发展模式，这就是"生产区"的圈层发展，由多国公司生产制造业集中布局在乡村或边缘地区，其核心是"全球城"。这种新的城市发展模式最终会发展成为都市区，一个与众不同的"全球城"周边环绕一系列的生产基地（赵晓斌等，2005）。资本的流动性、不确定性、全球性以及竞争性促进了流动空间的形成。全球化正在导致城市与区域的空间重构。全球化的不平衡发展和经济社会的极化效应，共同推动全球经济对城市区（city region）——网络城市（network city）和全球区（global region）的营造（顾朝林，2003）。伴随着信息化时代的到来，网络化不仅是现代通信手段的一种最重要的表现形式，而且也是我们研究城市、研究城镇化、研究城市群地区的一种重要的科学思维与方法（年福华等，2002）。有序的经济活动与市场扩展，合理的城镇体系规划与城市发展总体规划，都表现在各种网络化的操作之中，也是知识经济时代的一个重要标志。

　　从全国地区发展的角度，战略性结构调整及对外开放的扩大使我国区域发展形成了新的格局，产业发展出现了一系列新空间，包括一些基础产业在计划经济下形成的传统区位失去了优势，在另外一些地区出现新的产业集中区；高新技术产业在一些优势条件区域迅速集聚，成为带动区域发展和产业升级的创新空间（陆大道，2002）。近年来，伴随着经济全球化和区域经济一体化的进一步发展，地区产业开始了新一轮的整合发展过程，产业空间经济结构出现了新的发展特点（见图3-2）。

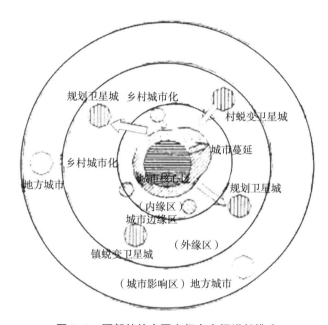

图3-2　顾朝林的中国大都市空间增长模式

资料来源:顾朝林,陈振光.中国大都市空间增长形态［J］.城市规划,1994:6.

产业的集聚经济结构与偏离经济结构是产业空间结构的重要形式，深刻影响地区产业的发展。产业的空间集中所获取的集聚经济利益，是决定地区产业定位的重要因素（朱英明，2006）。空间配置的重点是通过优势整合，根据空间特征和产业与空间的关联，实现地区产业与空间相协调。为保证新产业经济的发展，应该改变目前分散型、低协作的产业空间分布形式。发展枢纽与响应型（hub-and-spoke）的空间模式，使优势资源和生产要素向产业密集带集聚（陈雯等，2001）。

对于都市经济区空间结构与空间组织的研究，近几年在华东师范大学、中山大学、东北师范大学和中科院地理所完成的几篇相关的博士论文（谢守红，2003；李培祥，2004；王维工，2004；石崧，2005；曹传新，2005；吴超，2005；姜怀宇，2006；杜瑜，2007），各有侧重，特色鲜明。谢守红在总结了国外大都市区管理的基本模式、经验，形成演变特征和动力机制的基础上，以广州大都市区为例进行了实证分析，认为城乡社会经济的快速发展是大都市区形成的根本动力，是"自上而下"和"自下而上"两股力量交织作用下的产物；并对大都市区的界定标准进行了修正。石崧在经济学平台上搭建起新的劳动空间分工的理论框架，并利用其研究大都市区空间组织，并以此研究上海大都市区的空间组织。通篇集综述和理论探讨于一体，系统比较了空间组织与空间结构内涵的异同。认为功能区域是空间组织的发端，而空间组织是观察世界的地理学视角。把经济学和人文地理学结合起来探讨大都市区的空间组织，是一个比较成功的尝试。

在曹传新的博士论文中，对大都市区进行了分类和界定，考虑了大都市区发育的连续性和阶段性，选取的指标比较全面，具有一定的参考意义。并从多个角度划分了都市区产业空间的地域组合类型：空间形态的分布类型主要有点扩散型、点轴扩散型、网络组团型；根据城镇空间组合形式可以划分为单核集成型、双核整合型、多核群落型；根据产业空间聚集形态来划分可以分为工业枢纽型、信息枢纽型（见图3-3）；把大都市区的功能地域组合类型分为主导功能集成系统和综合功能集成系统两种。从以上各种地域组合类型的划分来看，还是比较宏观抽象的把握，与现实具体的地域空间类型还存在一定的差距。

姜怀宇系统论述了多主体城市系统的理论构思，在宏观层面上论述了城市政府对城市地域空间结构的调控，并系统探讨了居民居住区位、企业主体、开发商、房地产市场等微观主体对城市地域空间结构的影响（见图3-4），提出了制造业区位导向型、开发区导向型、开发商导向型、交通导向型、公用设施导向型等大都市区地域空间结构演化的动力类型。以广州大都市区为实证，在总结其空间结构现状特征的基础上，分析了广州多主体城市系统结构。运用多主体理论对广州都市区进行跨时空尺度的研究是一个亮点，但实证部分的定量支持不足，没有运用GIS等现代技术手段对大都市区地域空间结构演化的动态过程和发展趋势进行模拟和预测。这为进一步深化研究都市区的空间结构形态留下了空间，也提出了更高的要求。

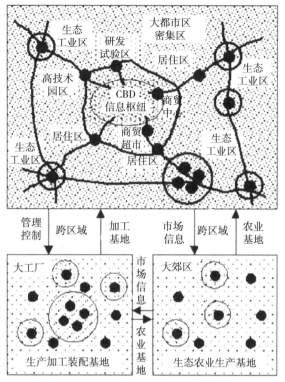

图3-3　大都市区现代信息枢纽型地域组合类型分析图

资料来源:曹传新. 大都市区形成演化机理与调控研究[D]. 长春:东北师范大学,2004:101-104.

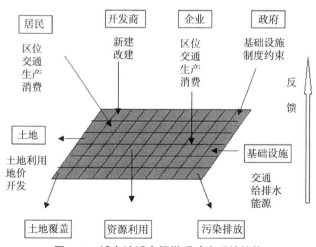

图3-4　城市地域空间微观动力系统结构

资料来源:姜怀宇. 大都市区地域空间结构形成演化的微观动力研究[D]. 长春:东北师范大学,
2006:24.

　　李培祥（2004）在分析城市与区域相互作用机制的基础上，把城市与区域相互作用的地域类型划分为农业为主的经济地域、大城市经济地域、枢纽型经济地域、环境脆弱型经济地域以及工矿型经济地域，具有一定的借鉴意义。王维工（2004）引入了自组织系统理论、控制论、博弈论等系统学理论，从区域人口结构、产业结构、外资投资结构、交通体系等方面研究了长江三角洲的发展，研究范围包括安徽省在内的三省一市。中山大学吴超引入了共生理论、复杂学原理、博弈论等理论对城市区域进行了系统分析，并以珠江三角洲为例提出了建立合作博弈和区域协作的共生秩序的制度安排。以城市区域为研究对象，安筱鹏（2005）分析了我国三大城市区域长三角、京津、珠三角一体化进程中的基本问题、原因、制度创新以及组织创新，但缺少数据分析和实证支撑。城镇化是都市圈形成的基础；市场化是都市圈形成的动力；制度变迁是都市圈形成的关键；经济开放是都市圈形成的环境和条件（刘加顺，2005）。

　　城市空间形态学倡导以城市与区域聚落的物质空间形态为研究对象，建立城市空间发展研究的新框架。认为城市空间形态是城市空间的深层结构和发展规律的显相特征，区域中城市间的相互作用关系变化和内部功能结构的转换产生区域形态的演变，把空间发展结构类型分为三种：均匀分布型结构、交通辐射型结构和主轴线型结构（段进，2006）。集聚和扩散使区域内的生产要素按照不断变化的空间结构逻辑重新进行地域组合和分化，基础设施建设、重大工程项目建设和有秩序的产业结构调整与空间转移是实现区域空间结构重组的三条途径（陈修颖，2005）。

　　城市的国际竞争早就超出了单一城市的范围，转变为城市区域的竞争。所谓的"世界城市"，如纽约、伦敦、东京，其实指的都是以一个核心城市为主的城市区域（周一星，2003）。在都市经济区地域空间结构中，门户城市具有举足轻重的核心带动作用，相关的研究也成为学术界的一个重点。积极培育充满活力的"门户城市"，并以此为核心构造具有国际竞争力的大都市经济区，改变围绕大企业进行空间组织的惯性，适应市场经济规律和经济全球化的趋势（陆大道，2005）。门户城市把一部分经济活动和人口分散到其他地区，从而形成扩展都市区。扩展都市区分为两部分，即核心城市和外围地区（袁瑞娟等，1999）。生产服务业进一步向核心城市集中，为整个区域乃至全国服务。外围地区由于有较好的基础设施与核心城市联系，形成了核心-边缘型的有便捷交通线路相连的、结构上相互依赖又各具特色的有机整体。

四、演化机理与动力机制成为都市经济区相关研究的关注重点

在区域发展研究中，只有把握了形成机理和演化规律，才有利于调控区域发展的方向，优化区域空间组织，提高区域内经济联系和协作的效率，形成科学合理的区域空间结构。许多学者对城市区域形成演化的动力机制进行了归纳总结。许多学者认为，集聚与扩散将仍然是城市群地域结构演化的重要动力机制（胡序威等，2000；王士君，2001；刘荣增，2003）。近域城市整合的动力机制是制度创新、生产要素互补、企业集团化、统一市场体系的建立、共享性基础设施和生态环境建设（王士君，2001）。刘荣增（2003）认为城镇密集区是城市区域化和区域城镇化过程中出现的一种独特的地域空间组织形式，借鉴系统理论和共生理论，提出了城镇密集区发展阶段的理论，系统研究了城镇密集区发展演化机制与整合策略，并结合博士论文的成果出版了专著。曹传新（2004）从分工机制、非均衡机制、联系机制和自组织机制等方面分析了大都市区形成机制（见图3-5）。

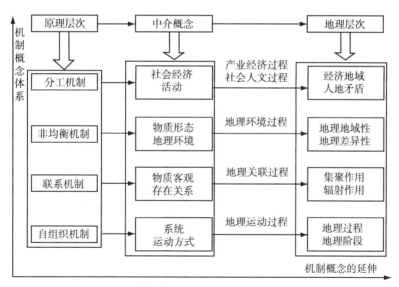

图3-5 大都市区形成发展原理、机制分析

资料来源：曹传新. 大都市区形成演化机理与调控研究[D]. 长春：东北师范大学，2004：48.

通过对长江三角洲的实证研究，发现城市连绵区的形成机制包括政府权力层层下放、行政区划调整、投资主体多元化、市场建设与乡镇企业和个体企业发展等方面（顾朝林等，2000）。可以从自然基础、产业集聚、外资流入、技术创新、

政策体制等方面概括广东省区域空间结构成长的动力机制（甄峰等，2000）。从形成机制的角度看，我国的大都市区可以分为以下主要类型：核心城市郊区化，是郊区化和非农化为主的作用类型，如北京大都市区；特大城市、外来投资、国家投资带动综合作用类型，如苏州大都市区；外资的推动，如珠江三角洲地区的大都市区（徐海贤等，2002）。在全球化背景下，京津冀全球城市地区区域重构机制也具有特殊性。如门户枢纽型地区——港口城市的区域牵动，地域系统分工与协作再次得到强化（于涛方等，2006）。

由于各城市（镇）规模等级、功能结构、技术性基础设施、创新环境等差异较大，特别是多数城市（镇）的规模尚未达到空间集聚的临界规模，因此通过城市（镇）整合，优化城市群区的结构和功能特征，提高生产要素空间集聚的效率，以便促进城市群区城镇化进程的发展（朱英明，2006）。通过对广州的实证研究，谢守红（2003）认为城镇化与郊区化是转型期都市空间变化的引擎。不少学者开始关注全球化、信息化对区域空间发展的影响，认为全球化正在导致城市与区域的空间重构，信息密集区的群聚效应推动着全球城市区域的营造（顾朝林，2006）。首位城市凭借得天独厚的条件吸引了大部分外商直接投资和大部分跨国公司的子公司，率先得到发展。随着城市人口的进一步集中，首位城市产生集聚不经济问题，如环境问题、地价上涨问题、劳动力成本上升问题等，由此导致竞争力下降，并把一部分经济活动和人口分散到其他地区，从而形成扩展都市区（袁瑞娟等，1999）。田明、樊杰等（2003）在探讨传统空间组织理论的基础上，从经济收益和利润最大化的角度去探讨企业集聚和新产业区形成的机制。经济活动的空间组织受政府的宏观干预作用明显，政府可以通过行政的、经济的和法律的手段，实现资源要素的空间配置，组织和协调区域经济活动。同时也具有内在的集群与空间扩散机制，使都市经济区内部不断地进行着物质与能量的交换，实现结构调整、功能转化和空间形态的变化，自我完善，以适应环境变化和经济发展的需要，实现要素的空间优化配置。

五、优化调控与区域政策成为都市经济区相关研究的发展方向

都市经济区是一种高级的地域空间组织形态，是经济较发达地区城市和区域空间结构发展演化的方向，尤其是在资源不足、城镇密度高、社会经济发展较快的地区，推进都市经济区的形成与发展将是实现地区人口、资源、环境与社会经济可持续发展的有效途径。我国目前接近都市经济区的地域只有珠江三角洲、长

江三角洲和京津冀地区，对于都市经济区的发展策略和实证研究也主要集中于这三个地区。

区域规划是加强区域空间管理的重要手段，在进行区域空间管治中，应包含弹性适应空间和刚性约束空间的有机结合（胡序威，2006）。统筹规划各层次城市的空间组织，统一规划区域内大型公共服务设施，合理安排城市间的快速交通系统，实现区域交通一体化和其他公共设施的共享（顾朝林等，1999）。也可以通过开发区的土地开发推动产业活动的空间结构调整（张晓平等，2002）。城镇化的快速发展带来都市经济区空间的迅速扩展，避免无序的空间低效率蔓延是实现高质量城镇化的关键。借鉴精明增长的理念，应强调对已开发城市空间的充分利用，反对空间无序向外蔓延，提倡一种集约式的空间增长模式（李王鸣等，2005）。空间结构调控的主要目的是通过优化空间结构等级体系，以促使整个区域空间结构模式向一体化方向发展（甄峰等，2000）。

对于长江三角洲都市经济区的发展对策，已有不少的研究成果（杜德斌等，1999；薛凤旋等，2005）。可以从建立一体化的城市功能体系、组建跨地区规划委员会、构建一体化的交通网络、加快区域经济一体化等方面推进长三角城市带的一体化建设。在全球经济一体化的区域经济协作中以市场为最主要动力，倡导在香港都会经济区建立亚洲的空运及海运中心；促进新的高科技工业和一些合宜的重工业；协力发展国际旅游业（薛凤旋，2003）。推进区域经济一体化是武汉城市圈建设的一个主要目标。以比较优势为基础的区域合理分工是实行城市圈经济一体化的前提条件（毛汉英，2005）。延伸优势产业链，加快产业的集聚与联合，建设具有特色的产业集群，形成一体化的产业布局，是推进城市圈经济一体化发展的主要途径。

第三节　研究进展评析

一、研究不足与努力方向

通过以上国内外研究的综述，可以发现：都市经济区作为一种新型的地域空间形态和国家区域发展格局中重要的功能区，越来越引起国内外学者的关注。在理论探讨和实证分析方面都有了一些新的突破，拓展了许多新领域。对于都市经济区地域类型的研究，在发展特征和存在问题方面，已经有了较深入的研究，结合全球化和信息化的背景，初步总结了都市经济区地域类型的空间结构形态和空间组织过程，探讨了都市经济区空间演化的机理。

综观当前国内对于都市经济区相关的研究和实践，主要有以下不足：

（1）总体水平滞后于西方，许多方面还处于对西方学说和相关理论的介绍和引用阶段，切合中国实际的理论探索与模式抉择相对缺乏。应该立足于中国的国情，运用多维的视角和多学科的理论成果进行创新，建立综合的系统性的分析框架。

（2）从研究视角来看，多以宏观研究为主，缺少具体深入的分析。以姚士谋为代表的一大批学者对城市群进行了深入系统的研究，但缺少空间尺度和衡量标准，导致城市群的研究过于泛滥。

（3）国内与都市经济区相关的概念众多，许多概念之间的争议也较大。由于概念使用上的分歧与混乱，使得许多研究成果很难在实践中应用推广。

（4）缺乏对都市经济区内部地域类型的明确划分和特征、内涵以及演变规律的探讨，在地域类型研究中，定性分析较多，定量计算不足。因此，对都市经济区的地域类型认识不清，引导调控相对乏力，针对性不强。

（5）分专业、分要素对地域类型的研究较多，多集中于农业、土地方面。而从社会、经济、文化、生态、空间和管治综合的角度进行都市经济区地域类型的研究还非常少。

从现在的成果来看，对于都市经济区地域类型的划分还没有比较科学可行的方法，主要是根据经验或简单的定量指标确定。对于都市区内部的地域结构类型还没有很清楚的认识，更缺少划分的标准和结构判读。在集聚与扩散基础上都市经济区的空间演化机理还没有明确的认识，更没有针对不同主体功能区的空间管治对策研究。以上研究的不足正是本研究的突破口和意义所在。希望通过本书的研究，初步解决以上问题，为都市经济区地域类型演化的理论研究奠定较好的基础。

第四章　都市经济区空间组织的理论体系

不同的地区具有不同的资源环境承载能力和生态功能，因此要承担不同的区域分工。科学地认识不同地区的地域功能演变，需要有科学的理论基础做指导。首先，地域功能形成的前提是区域之间自然、生态、经济、社会等要素的差异，探讨这些差异有序组织的是地域分异规律理论。因此，地域分异理论是研究地域功能演变及区划的主要理论。其次，地域功能划分的依据主要是资源环境容量、现有开发密度和发展潜力，即区域现有的经济与生态协调发展状况，如何考察区域生态与经济协调发展规律是生态经济理论关注的核心课题。再次，都市经济区不同地域功能的发展演化与空间组合，在空间上如何形成有序结构，既有各种地域功能的空间安排问题，也有功能区内部要素的协调组织问题，这些需要区域空间结构理论的指导。最后，都市经济区地域功能的发展演化，是以可持续发展为目标的，因此，也需要可持续发展理论的指导。因此，地域分异理论、生态经济理论、区域空间结构理论、可持续发展理论是科学认识都市经济区地域功能演化的理论基础。

第一节　都市经济区空间组织的理论基础

空间结构是社会经济客体在空间中的相互作用及所形成的空间集聚程度和集聚状态。空间结构特征是区域发展状态的重要指示器。社会经济的空间结构如同地区的产业结构，是区域发展状态本质反映的一个重要方面，是从空间分布、空间组织角度考察、辨认区域发展状态和区域社会经济有机体的罗盘（陆大道，2001）。区域发展状态是否健康，与外部的关系及内部各部分的组织是否有序，有活力的因素是否被置于有利位置（空间区位、结构区位）等，是分析区域发展水平与活力的一个重要的判断标准。

一、区域空间形态与地域类型研究的理论基础

1. 区域空间结构要素理论

和地域类型研究密切相关的是区域空间结构要素理论（陈秀山，2005）。区域空间结构的基本要素包括三个方面：节点及节点体系，线及网络，域面。对节点的分析和描述主要从节点的规模等级体系、节点的职能体系和节点的空间分布体系三方面考虑。节点的空间组合形式，以城镇为例，大致可以分为两种：一是条状城镇带，二是块状城镇群。线路及由线路所组成的网络，主要包含区域经济发展的重要基础设施，其发展水平和发达程度是区域经济发达程度的重要标志。线路主要包括交通线路、通信系统、能源供给系统、供排水系统等，其中以交通线路为主。它们表明了地域节点之间联系的强度和方向。域面是区域空间结构三大要素的基础，没有域面就不会有节点、线路和网络。同时，域面又是节点和网络以及它们的作用在地表上的扩展。在实际中，一般把区域中城镇和交通网络之外的广大农村地区称为域面。

在都市经济区空间组织研究过程中，区域空间结构的三大要素是我们分析问题最基本的出发点。传统的区域结构研究比较注重从节点和网络构成的空间体系以及相互联系来把握和分析地域构造，但是由于研究的空间尺度过大，没有把都市经济区作为一个整体的地域功能单元进行研究，所以对区域的面状属性的分析不够重视。在分析中把节点和网络抽象为简单的点和线，将域面抽象为简单的背景地域或单一属性地域。然而，对于都市经济区的空间组织的调控来说，首要任务就是要调控不同功能区域的空间关系（包括空间竞争和空间协调），也就是说，各种空间要素单元的相邻关系和相互渗透等问题成为关注的核心问题，因此，必须选择一个更加合适的空间尺度。在这个尺度上，强调面状区域的分析。

因此，在本书的研究中，我们把都市经济区整个看成一个面状区域，各个城市，包括"门户城市"，尽管把它称为城市核心节点，但它在都市经济区中也是一个面状区域，一般指大城市的内环线所包围的区域。都市经济区中的"线"是主要的交通干线和联系通道，在这里称之为"综合交通走廊"。而都市经济区中具有相对独立功能的域面称之为一种地域类型，如以居住功能为主的区域称为居住空间，以工业生产功能为主的区域称为生产空间。在本书中所研究的是整个都市经济区中各种地域类型的组合情况及地域空间组织，而不仅仅是"节点"

或"线路"的空间组织。也就是说，本研究是把都市经济区看作一个大的"域面"，分析这个大的"域面"中包含那些不同类型的小"域面"，然后再探讨"节点"（城市核心节点）、"线路"（综合交通走廊）、"域面"（各种功能空间）的空间分布及空间相互关系。

2. 城市形态学与区域空间形态理论

从发生学角度讲，地域类型也是一种空间形态。城市形态是指城市在某一时间内，由于其自然环境、历史、政治、社会、科技、文化等因素，在互动影响下所构成的空间形态特征，由物质形态和非物质形态两部分组成。20世纪60年代康泽恩（M. R. G. Conzen）关于城市形态类型学研究，以土地使用、建筑结构、地块模式和城市街道为主要分析要素，奠定了"城市形态学"成为一门研究城市显相发展的科学（段进，2006）。可以说，城市空间形态是一种具有生态依存关系的空间系统，其人流、物流、资金流、技术流、信息流有着较大的时间或空间跨度，在地域分布上具有一定的空间关联性和规律性，研究城市空间形态是认识城市地域空间结构和进行空间管理的基础性工作。

区域空间形态与城市空间形态具有相似性。根据各种不同的区域环境和基础条件，在区域空间上形成形态各异的地域类型。空间形态的集中和分散是不平衡发展规律的基本特征之一。区域空间是一个复杂的巨系统，它是由城市相互作用的诸要素所构成的有机体。这些要素之间，地域类型之间时刻都存在着物质、人口、信息、资本、技术的交换。每种地域类型都不能孤立地发生和发展，它都影响着其区域的其他地域类型，同时也受其他地域类型的影响（段进，2006）。只有从区域总体的空间形态中才能发现各种地域类型形成和发展的规律。本研究以各种地域类型的形态特征为基础，从空间组织的角度出发，研究都市经济区空间形态的构成与分布特征，注重各种地域类型间的空间关联和互动关系，特别是探索在大都市边缘和城市之间出现的新的地域类型以及不同地域类型的空间分布和组合规律。

二、区域空间结构研究的理论基础

空间结构理论主要阐述区域各种要素的空间组织模式及其空间运行规律与机制。而地域主体功能区的划分首先是一种空间单元划分，其划分依据主要是区域特征的相似性与差异性。空间结构特征是区域特征的主要内容之一，空间结构的差异性是区分区域特殊性的主要标志。因此，空间结构理论为地域功能结构提供了空间组织的理论支撑。区域空间结构的相似性和差异性主要是指不同区域资源环境特征、经济结构、城市发展、基础设施等方面在空间上的相似性和差异性，是进行地域功能分区的重要依据。概括而言，与地域功能演化相关的区域空间结构理论主要包括以下几方面。

1. 区域空间结构研究的基本内容

对区域社会经济的空间组合状态可从不同的空间角度、层次和角度去观察，以提出不同的问题。针对这些不同的问题，产生了各自的发展实践和理论。但是，要科学地认识和规划一个区域的空间结构，应该将这些基本问题同时做解剖研究和综合整体研究（陆大道，1984 年）。社会经济空间组织的构架或脉络是区域空间结构的重点研究内容之一。如西方学者提出的增长极模式，德国规划界提出的发展轴模式，以及根据发展轴和中心地理论提出的"点-轴系统"模式。这些不同的结构构架模式，都不同程度地体现了社会经济空间组织的有效形式，是用于制定大区域内生产力合理布局和城市重点发展战略的重要结构模式，也是用来科学地解决"疏""密"问题的可操作的模式。

2. 区域经济空间结构形成理论

区域经济空间结构理论是在古典区位理论基础上发展起来的，它始于 20 世纪三四十年代的德国，50 年代以后，这一理论在美国、瑞典等国家获得了进一步发展。该理论借鉴传统区位论的思想和方法，将区域内的所有客体视为一个有机整体，揭示区域经济中企业、产业、城市和子系统彼此之间的相互关系及其聚集分散等空间分布规律，是一种动态的、宏观的、非均衡的现代区位理论。

区域经济空间结构理论是社会经济发展在空间上的反映，它决定于社会经济发展的方式和水平，同时区域经济空间结构又通过复杂的反馈来影响社会经济的发展。这种相互作用和相互影响的关系和机理便是区域经济空间结构形成和发展的基本机制。对形成机制的理论解释有两种，一种是区位势能机制理论，另一种是极化扩散机制理论。区位势能是指在特定区域内由于自然条件、资源分布、交通方式、人口状况、技术经济水平、人为政策优惠等因素在不同地点的组合所形成的差别程度。区位势能的作用机制主要表现在以下四个方面：聚集作用、增值作用、辐射作用和自强作用。极化与扩散机制理论认为，极化效应与扩散效应是区域发展与区域空间结构演进的两种最基本的力量（陈秀山，2005）。

3. 区域空间结构演进理论

相关理论很多，包括弗里德曼的核心-边缘理论、威廉逊的倒"U"字理论、塔弗的区域空间结构演变理论等。美国经济地理学家弗里德曼于1966年出版了《区域经济发展政策》一书。他认为，任何一个区域的经济空间系统可以分为两个部分：中心区和外围区。在区域经济发展过程中，中心区和外围区这两个空间子系统的边界和相互关系将不断变化，相互作用、相互影响，彼此重叠或组合，直至全国经济融入一个有机整体。他将这个过程划分为四个阶段：前工业化阶段、过渡阶段、工业化阶段和后工业化阶段（陈秀山，2005）。

区域空间结构的形成和演变是一个客观的经济现象和过程，在这一过程中它表现出一些内在的方向性、趋势性和规律性。区域经济的发展总是在均衡—不均衡—均衡的螺旋式循环中进行；区域空间结构演变总是遵循由"点"到"轴"、由"轴"到"面"的进化过程；在区域空间结构演进的过程中，节点的极化和扩散是最根本的力量，点、轴、面的融合是这一过程在现阶段所表现出来的最高形态。

4. 区域发展中社会经济空间结构变化的一般规律

在《区域发展的理论与实践》一书中，陆大道先生对区域发展中社会经济空间结构变化的一般规律进行了总结（陆大道，2004）。从农业经济占绝对优势阶段到工业化阶段，区域经济发展由平衡到不平衡，再到工业化后期实现高等级的平衡，呈现一定的规律性；空间联系和相互作用越来越明显，从点状集聚到形成发展轴再逐渐形成完善的"点-轴系统"。在工业化后期及后工业化阶段，其社会经济空间结构的基本特征可归纳如下：①由于过疏过密问题逐步解决，欠发达地区与不发达地区得到发展，使大区间的不平衡发展变得愈来愈明显。②形成完善的"点-轴"空间结构系统，但等级差别愈来愈小。③由于集聚因素的作用不那么强烈，而分散化的作用愈来愈重要，因此使得区域的城镇居民点等级-规模曲线又重新变得平缓起来。

本书主要以珠江三角洲为研究对象，探讨其地域类型的空间构成及社会经济空间组织的构架或脉络，并系统地分析影响各种地域类型形成的影响因素和演化过程，透过总结珠江三角洲都市经济区地域空间结构的演化机理，探讨地域空间结构的演化趋势和演化规律，进一步丰富区域空间结构的研究成果。

三、地域空间组织相关的基础理论

区域经济格局处于不断的演变之中，以优势区位（区域）的优先发展及其对相关地区的带动作用为研究主线，以中心地理论、梯度推移理论、增长极理论和点–轴开发理论为代表的空间组织理论在解释区域发展的不均衡以及生产要素的集聚和扩散方面发挥了重要的作用，并且在指导地区经济布局方面产生了积极的影响。借鉴已有的关于地域空间组织的优秀成果和比较成熟的理论，结合都市经济区的地域类型进行进一步深入研究，能够更深刻地认识都市经济区地域空间结构组织演化的机理及演化规律。

1. "点–轴系统"理论

"点–轴系统"理论是关于社会经济空间结构（组织）的理论之一，是生产力布局、国土开发和区域发展的理论模式。"中心地理论"是"点–轴系统"理论的基础。这主要体现在："中心地理论"阐述了社会经济客体空间聚集和空间扩散的基本过程。但是，二者也有不同之处。简单地说："中心地理论"是关于城市规模–等级法则的学说，是城市规划和城市建设的理论模式。"点–轴系统"模型，是社会经济客体经过较长时间的发展而形成的空间结构形态。阐述这种模式形成的过程、机制及其特点、应用等，是"点–轴系统"理论的主要内容。该理论关注不同社会经济发展阶段（水平）社会经济空间结构具有不同的特征、集聚与分散程度及社会经济客体的相互作用，"点–轴"空间结构的形成过程具有不同的内在动力、形式和不同的等级和规模（陆大道，1984）。

一般认为，"点–轴系统"是区域发展的最佳结构。要使区域得到最佳发展，必然要求以"点–轴系统"模式对社会经济客体进行组织。在进行珠江三角洲都市经济区地域类型空间组织研究中，应该重视由城市核心节点和综合交通走廊组成的"点–轴系统"，并着重分析这些"点–轴系统"在都市经济区空间组织中的重要作用。

2. 核心–边缘理论

不同等级的增长极与其腹地构成的空间是最基本的结构单位，而区域空间的二元结构是由区域经济的非均衡增长导致的必然结构。赫希曼进一步指出，经济进步并不同时在每一处出现，而一旦出现，其巨大的动力将会使经济增长围绕其进一步集中；在发展过程中，则增长点或增长极出现的必要性说明增长在国际间与区际间的不平等是增长本身不可避免的伴生物和条件，增长点的动力来源是内部的聚集利益效应。一旦形成发达的核心区域，这些核心区域经济实力雄厚，在国家的政治、经济生活中占主导地位，对相对落后的外围区域的经济增长起着引导作用。这种引导作用主要表现为扩散效应和回流效应。前者包括核心区域对外围区域产品的需求和技术创新的扩散，后者包括资本、劳动、商品和服务从外围区向核心区的流动，从而对外围区产生不利影响。

就本书的研究看，由"门户"城市及周边地区构成了都市经济区的核心区，"门户"城市外围联系紧密的区域构成了都市经济区功能的拓展区，而距离中心城市较远，但联系较密切的区域构成都市经济区的影响区，也具有比较明显的圈层分布特征，形成典型的"核心-边缘"结构。

3. 聚集与扩散理论

在城市形态与空间结构的演化中，有两种明显的机制贯穿于城市发展的始终，即聚集与扩散这样一种既矛盾又统一的空间过程。作为一对主导性的作用方式，集中与分离既反映了一种运动的过程，也显示了一种空间形态的存在，是城市作为整体运动方式在时空系统中的连续展开。聚集是城市空间存在的基本特征与形式，表现为向心聚合的倾向和人口增加的趋势。促使城市聚集的因素主要有：交往活动的需要、经济收入的限制、较高的可达性、产生经济规模效益的需求、城市中心区的地位象征性和吸引力等。扩散表现为一种离心的运动趋势，是城市空间向外扩张、蔓延和创新的行为在地域空间的传播过程（刘荣增，2003）。

聚集与扩散是经济和人口在其分布动态过程中所呈现出的非常复杂的对立统一的过程。聚集与扩散往往交叉同步进行，聚集过程中有扩散，扩散过程中有聚集，随着发展条件的变化而相互变化，而且聚集或扩散过程中的要素组成及其所引起的相应效果也呈现多样化。在城镇密集区空间作用格局中，任何一点所接受的空间扩散都不是单一的距离衰减效应，而是多个方向、多种扩散的复合，因此，整个区域就表现为整体的相对一致性、密切性。在聚集与扩散机制双重作用下，城乡空间格局发生着演化和交替。

都市经济区也是社会经济活动高度集聚形成的有机整体，随着区域经济发展和城镇化水平的不断提高，都市经济区的技术、产业和空间联系不断向外围地区扩散，具有非常明显的辐射带动作用。但是，都市经济区在不同的发展阶段，其聚集与扩散的状态也存在巨大的差异。在都市经济区形成的初期阶段，社会经济要素总体表现为大区域的分散和城市核心节点的集中，在都市经济区发展到中期阶段后，整个区域则表现为大区域的集中、小区域的分散。都市经济区通过这种不停的双向作用进行着物质、能量、技术、文化和信息的空间传递，推动着区域的不断演化。因此，聚集和扩散理论是分析都市经济区研究机理的重要视角。

4. 系统论与共生理论

整体观点、结构观点、环境观点、功能观点和演化的观点都是系统理论的组成部分。每一个经济区都是一个开放的、复杂的巨系统，均遵循着系统发展、演化的一般规律。都市经济区与外部环境（国际、国内和大区域等）之间以及各组成要素（各等级城市之间、城乡之间、内部各种地域）之间无时无刻不在发生着复杂的相互作用和变化。一般而言，这种作用和联系都是通过各种流（物流、人流、能量流和信息流等）的集聚与扩散形式连接起来，通过城市结构和城市体系的变化达到系统自组织和自适应的目的（刘荣增，2003）。

都市经济区作为一个由多种地域类型构成的有机整体，从系统运行的功能构成来看，由经济系统、社会文化系统、生态系统以及管理系统等构成，这些系统的相互作用、分工和协调保证了都市经济区有序、持续地运行。另外，都市经济区不同的地域类型承担的功能不同，处于不同的发展等级和发展阶段，引导、调控的手段和模式也存在巨大差异。从系统论的角度出发对都市经济区的地域类型进行研究，就是要采用"庖丁解牛"的方法，首先对都市经济区的构成部分、发展阶段以及外部环境进行充分剖析，识别出各种地域类型及特征、问题，在此基础上才可能对都市经济区的地域构成和空间格局有总体的把握，进行系统的整合与重组，使系统处于最优化状态。

共生理论有以下基本观点：合作是共生现象的本质特征之一；共生过程是共生单元的共同进化过程，也是特定时空条件下的必然进化；共同激活、共同适应、共同发展是共生的深刻本质；共生进化过程中，共生单元具有充分的独立性和自主性，同时，共生进化过程可能产生新的共生形态，形成新的物质结构。共生关系存在的实质是共生单元之间物质、信息和能量的交换；进化是共生系统发展的总趋势和总方向（刘荣增，2003）。都市经济区内部每一种地域类型都是一个共生单元，经济全球化和区域一体化的态势要求每个地域类型在保持相对独立性的同时，各种地域类型之间加强联系，共同发展。都市经济区诸地域类型区之间的协调与共生，是区域获得新发展机遇的内在要求，也是外部环境决定的必然结果。通过不同层次的区域整体协调来提高城市和区域的竞争力逐渐在城市发展战略中占据越来越重要的地位。城市和区域的环境问题、区域基础设施的整体协调以及区域大环境的整体优化也是都市经济区共生共荣的直接诱导因素。

5. 地域分异理论

地球表面的地域分异是自然、经济、人文等要素相互作用所表现出来的"集体效应",具有综合性、整体性;地域分异具有不同的空间尺度,具有等级层次性,其中大尺度的地域分异控制着小尺度地域分异的发展,而小尺度的地域分异是大尺度地域分异形成、发展的基础;地球表面的地域分异不是杂乱无章的,而是呈现出某种规律性。影响地域分异的因素包括自然因素,如太阳辐射能、海陆位置、地形地貌等;经济因素,如经济地理位置、自然资源、交通条件、信息条件、历史基础等;社会因素,如政治因素、文化因素等。

地域分异理论是地域功能形成和演化的基础和前提,都市经济区地域功能结构的形成是对区域诸多要素客观存在的地域分异规律的揭示,同时地域分异决定了地域功能分区的基础框架和空间格局。①自然环境的地域分异。区域的资源禀赋、生态状况、环境容量因其所处的区域不同,在地带性因素和非地带性因素的共同作用下存在明显的地域分异。②经济环境的地域分异。区域的经济结构特点、参与国际分工程度和经济社会发展方向在空间上的分异,是有规律可循的。经济环境的这种地域分异性决定区域经济社会发展方向的差异性,进而决定了地域主体功能的确定及其空间格局的形成。③人文环境的地域分异。区位特征、现有开发密度、人口集聚状况属于人文环境的范畴,地域分异表现明显。现有开发密度是区域进一步开发的物质基础,其差异直接影响着区域主体功能的抉择。

四、可持续发展理论

可持续发展理论认为,区域可持续发展是指当代人的发展与需求满足不能危及后代人满足其发展能力,并且当地区域的发展也不能危及其他区域满足其发展的能力。区域可持续发展应该是经济增长、社会公正、生态持续、区域协调的综合。判断一个区域是否处于可持续发展的状态,或者判别区域是否朝向可持续发展的总体目标逼近,理论上应涵盖区域资源的承载力、区域物质的生产力、区域环境的缓冲力、区域经济发展演化的稳定力和区域管理的调控力五个方面。可持续发展是地域功能演化的目标追求。由此,区域系统的可持续发展不仅取决于经济、社会、环境每一个子系统的持续发展，更取决于三个子系统及其整体系统之间的协同演进。

五、主体功能区划理论

主体功能区是在中国处于快速工业化、城镇化发展时期各种区域发展问题日益突出的背景下提出的，是政府解决区域发展无序的一种方式。在解决效率与公平的问题上创新了思维方式，主要通过人均 GDP 的大体均衡和基本公共服务均等化来解决快速发展中的公平问题。通过重点或优化开发、禁止或限制开发，让有条件发展的地区尽快发展，没有条件发展经济的地区发挥生态服务功能，确保了可持续发展所需的绿色空间，又指明了未来生产要素集聚的空间范围，体现了"宜生态则生态，宜经济则经济"的发展模式。因此，推进形成主体功能区，符合人与自然和谐发展的基本要求，体现了"以人为本"谋发展的根本理念和突破行政区限制谋发展的现实要求。对于缩小区域差距、实现可持续发展具有重要意义。

1. 主体功能区的基本内涵

主体功能区的基本内涵可以从以下几个方面理解：①主体功能区是根据区域发展基础、资源环境承载能力以及在不同层次区域中的战略地位等，对区域发展理念、方向和模式加以确定的类型区，突出区域发展的总体要求。②主体功能区不同于一般功能区，如工业区、农业区、商业区等，也不同于一些特殊功能区，如自然保护区、防洪泄洪区、各类开发区等，是超越一般功能和特殊功能基础之上的功能定位，但又不排斥一般功能和特殊功能的存在和发挥。③主体功能区可以从不同空间尺度进行划分，既可以有以市、县为基本单元的主体功能区，也可以有以乡、镇为基本单元的主体功能区，取决于空间管理的要求和能力。④主体功能区的类型、边界和范围在较长时期内应保持稳定，但可以随着区域发展基础、资源环境承载能力以及在不同层次区域中的战略地位等因素发生变化而调整。现阶段允许一些地方根据自身实际情况对于主体功能区类型划分做一些不同的探索。⑤主体功能区中的优化开发、重点开发、限制开发和禁止开发的"开发"主要是指大规模工业化和城镇化人类活动。优化开发是指在加快经济社会发展的同时，更加注重经济增长的方式、质量和效益，实现又好又快的发展。重点开发并不是指所有方面都要重点开发，而是指重点开发那些维护区域主体功能的开发活动。限制开发是指为了维护区域生态功能而进行的保护性开发，对开发的内容、方式和强度进行约束。禁止开发也不是指禁止所有的开发活动，而是指禁止那些与区域主体功能定位不符合的开发活动。

2. 功能区的类型划分

"十一五"规划中提出，按照资源环境承载能力、现有开发强度和未来发展潜力三个因素来划分四类主体功能区（优化开发、重点开发、限制开发和禁止开发），实施不同的发展战略、思路和模式。

优化开发地区主要是经济和人口高度密集、环境资源承载能力开始减弱的地区，主要方向是产业结构优化升级和转变经济增长方式。在政策导向上，首先是制定产业优化和转移导向目录，在资源消耗、环境影响等方面实行更加严格的产业效能标准，设定高于全国平均标准的产业用地门槛，并先行实施城镇建设用地增加与农村建设用地减少"挂钩"的政策。

重点开发地区主要是经济发展潜力大、基础设施和创业环境有待改善的地区，未来经济规模将进一步壮大，而且是产业和人口转移的重要载体。政策导向上主要加大基础设施建设的投资支持，有针对性地适当扩大建设用地供给，支持重大产业项目及配套能力建设等。

限制开发区域主要是森林、草原、荒漠化和水土流失地区和重要的水源补给区、蓄滞洪地区、自然灾害频发地区和水资源严重匮乏地区。政策上包括建立生态补偿机制（公共支付的生态效益补偿基金、制定受益者补偿制度和建立有利于限制开发区域生态保护的税费制度）和加大财政转移支付支持、引导生态移民、扶持和培育特色优势产业等。

禁止开发区域的范围目前比较明确，当下要明确中央和地方政府的管护职责分工、实施核心保护区内人口搬迁、对区内居民给予补贴补助等。

功能区设置不仅要满足中国经济发展需要，有利于提升我国参与经济全球化的竞争能力；还要兼顾国家整体国土安全，实现发展的可持续性；同时更需要满足改善民生的要求，符合以人为本的发展原则（张赋兴，2010）。

第二节　都市经济区的主要属性与边界范围

一、都市经济区的主要属性

都市经济区是一个复杂的开放的区域系统，既是多级城市等级有序的有机组合，又是多种密切相关的经济活动在区域内的空间叠加，也是自然要素和社会人文要素的高度复合。都市经济区的地域组合表现出比较强的系统性，区域整体绝非是小"板块"的简单集合，而是面的网络，每种地域类型的变化都牵涉其他地域类型的发展和变化，是一个互相联系的地域系统。都市经济区内部并不是均质的地域空间，具有明显的规模等级性和空间层次性。各种地域类型承担着不同的分工，随着分工的完善和结构的合理化，地域类型的空间分布与组织逐步有序化。各种地域类型的作用、规模和空间形态都在动态演化，从而引起整个空间格局的变化。也就是说，都市经济区的空间格局是一种动态平衡，始终存在于发展变化之中。都市经济区的地域格局与空间形态，在规模、区位、次序上结合不同的地理、社会、经济、文化和科技水平条件，产生不同的组合形式，因此都市经济区的空间组织既有一定的共性，也存在一定的区域差异性。系统性、层次性、相互关联性、动态性和区域性成为都市经济区的基本属性。

二、都市经济区的边界范围

从都市经济区以上的几点属性可以看出，都市经济区具有动态演化性，因此其边界范围也处于不断变动当中，不能准确地界定都市经济区的边界范围。同时，由于不同的都市经济区有不同的区域背景，处于不同的发展阶段，因此发达国家都市经济区的界定标准和发展中国家也不相同。但是，我们在进行实际的工作中必须有一个明确的研究对象，必须有一个准确的边界范围。笔者认为，可以用三种方法界定都市经济区的边界范围。其一是自上而下的确定方法，主要按照已有的经验和传统的行政区划确定都市经济区的范围。这种方法简单，容易和已有的官方统计和相关研究相衔接。但这种界定是静态的，随着都市经济区的发展和扩张，其辐射和影响范围可能与圈定的行政区边界不吻合。其二是自下而上的方法，也就是统计分析法。基于较小地域单元的统计数据做因子分析或空间判别分析，根据空间相似性确定具有相似属性的区域的范围或根据空间差异性的大小确定边界。通过因子分析确定影响边界确定的主要因素，然后再用统计数据叠加分析，综合平衡确定都市经济区的边界。这种方法比较准确，但是建立在较完备的统计数据和较小的统计单元基础之上。第三种是景观形态判别法。需要运用实际的遥感影像，根据景观的连续性和结构形态的相似性作为判定都市经济区边界范围的标准。这种判定方法比较直观，但由于只是从表面形态判定，缺少对其功能联系的分析，判定的范围可能过小，只是包括了其都市经济区的核心区和一些连绵区域，无法判定都市经济区的功能地域。在本书中，主要以都市经济区内部为研究对象，珠江三角洲都市经济区的边界范围主要借鉴《全国主体功能区划》《广东省国土规划》等已有的研究成果，不把边界范围的确定作为重点进行深入探讨。

第三节　都市经济区内部地域功能分区的主要类别

地域空间的表现特征类型就是通常意义上的地域类型，它是类型学（typology）研究的基本内容。莫尼欧（R. Moneo）对地域类型下的定义是："类型可以简单地定义为描述一群对象具有相同的内部形式与形态结构，它既不是空间图解，也不是系列的平均，它是基于组群对象内含的固有结构的相似性之上的。"（段进，2006）显然他强调了地域类型结构形态的相似性，地域类型是地域空间对外界环境的适应形式。一般来说，同一功能型的地域类型，在空间形态特征上具有相似性。因此在本书中，地域类型的内含，是指以某项重要功能为主的连片地域。都市经济区内部地域类型，是指在某个都市经济区范围内，具有某项重要功能的集中连片的地域。由于不同的地域类型承担不同的功能，因此不同地域类型的空间尺度和划分标准应该是不同的。但总体上要符合功能区的思想，符合地域空间组织的基本原理。

一、城市土地利用的主要分类方法

根据不同的研究目的、划分原则和划分方法，有多种不同的城市土地分类方法（丁万钧，2004）。比较典型的分为三种类型。

（1）以土地使用权为依据的分类法。在伊利和莫尔豪斯合著的《土地经济学原理》一书中，按照土地公用和私用的不同情况，把土地分为已利用土地和未利用土地两大类，然后利用土地的权属性质对各小类予以界定。比如，根据土地的产权结构，可以分为公用土地和私有土地。

（2）以产业结构为依据的分类法。按照城市产业用地的状况，可以将城市土地分为：工业用地、商业用地、公用事业用地、居住用地、道路用地、绿化用地、军事用地、郊区和郊县用地、空地。这种分类适用于城市土地利用方式的统计，简单明了。

（3）以土地使用功能为依据的分类法。按照城市土地的功能性质和使用特点，可以分为以下几类：生活居住区、市中心区、工业区、科研区、市政公用区、仓库区、对外交通区、卫生防护区、郊区、绿带。这种分类方法中，各类土地都有其特殊的功能和特征。

（4）基于综合考虑的大都市区土地利用分类。在客观认识土地利用方式的空间分异和明确的价值导向基础上，丁万钧在其博士论文中建立了大都市区的土地利用空间体系，主要分解为四种类型：服务于经济发展的土地利用、服务于社会和谐的土地利用、服务于生态耦合的土地利用以及支撑上述类型的设施网络的土地利用。它主要服务于经济社会生态的协调可持续发展，实现了城市与区域的空间统一。进一步将大都市区土地利用空间体系的要素归纳为以下用地空间类型：工业用地（包括采掘、仓储用地）、商业用地、农业用地、办公用地、居住用地、绿化用地、水体、自然植被保护用地以及都市区道路用地、对外交通用地、通信设施与能源传输用地。

二、地域类型划分的主要原则

1. 功能主导性原则

都市经济区是我国今后优化开发的主体功能区，将承载更多的人口和经济总量，整体上承担着重要的区域发展和辐射带动功能。就都市经济区内部而言，也是一个结构和功能比较复杂的有机系统，包括各种不同功能的地域类型。本书对地域类型的划分，也主要着眼于各种地域类型的主体功能，类似于功能地域的概念，由此来分析都市经济区应该具备哪些必需的具有重要影响的地域类型。进一步地可以按照各种地域类型探讨其在都市经济区中的地位和作用、空间组织特征以及各种地域类型间的空间关系。

2. 结构相似性原则

作为一种类型，必须具有某个方面的同质性特征。而作为都市经济区的地域类型，必须满足具有相似的地域结构和功能。也就是说，同一种地域类型必须满足内部结构和功能的相似性及不同地域类型的异质性。但是从微观尺度上讲，每一个地域都承担着多种不同的功能，因此结构和功能的相似性只是相对而言的，是从中观和宏观的角度来辨别的某个地域的主体结构和核心功能相似。比如，在都市经济区中存在很多生产和居住混杂的地域，在判定时就应该考虑各种功能所占的结构比例。如果以居住功能为主导，居住用地在 2/3 以上，就算为居住空间；如果工业生产空间所占比例超过 2/3，就划分为综合生产空间。

3. 规模等级性原则

通过遥感影像和 GIS 进行都市经济区地域类型的识别，可以从空间形态上较准确地区别出各种不同的地域类型，但缺少相关的属性信息，不能表达出每种地域类型的经济社会属性和等级规模。因此，在进行地域类型识别和遴选过程中，不能单纯根据空间地域单元的面积大小进行分析论证，必须结合实际的经济产业活动，充分考虑不同地域类型的等级规模。比如，从宏观的都市经济区尺度考虑，把城市的核心区看作都市经济区的城市核心节点，作为一个整体进行分析。在空间形态上判读，香港市区面积仅是惠州市区的 40%，但香港是整个珠江三角洲都市经济区的"门户"城市，其功能和等级规模远远高于惠州。因此，从空间形态上划分好不同的地域类型后，还要考虑这种地域类型在区域中的经济功能和影响，赋予其规模等级属性，才能更加客观准确地把握各种地域类型及其空间组织。

4. 容易识别性原则

随着信息技术的进步，特别是遥感和地理信息系统的快速发展，为地理学进行地域类型的判读分类和空间分析提供了良好的技术支撑。由于受到遥感影像和 Google Earth 数字影像分辨率的影响，目前还很难准确地区分和判别较微观的地域类型。如果用高分辨率的影像，意味着更大的工作量；如果分辨率过低，可能不能准确清楚地识别出各种地域类型。不仅如此，如果过于强调精细的空间尺度，则地域单元在空间上会变得十分细碎，难以实现合理的空间整合，不利于从都市经济区的中观视角实施管理和调控。因此，应该根据所能获得的影像资料的分辨率和主要研究目标，确定合理可行的比例尺和空间尺度，以容易识别、工作量适当为原则。

三、都市经济区地域类型的主要构成

根据空间经济学和城市规划的基本理论，都市经济区包含四类主要功能——生产、交通、生活、休闲，因此纯粹从功能上划分，可以大体分为生产空间、交通空间、生活空间和休闲空间四种功能类型。同时，作为尺度比较大的地域单元，上述每一类型在空间形态上又有一定的拓展和高度的混合。

首先，生活、生产、服务功能的高度集合体——城市中心建成区，可以看作是都市经济区的城市核心节点。从都市经济区的宏观尺度看，内部的城市体系构成了一个相互联系的城市网络，而每一个城市的中心城区是联系内外、发挥重要辐射和带动作用的核心节点。以居住功能为主体的分布于城市中心建成区外围的大型居住组团，因为具有相对独立而综合的城市功能，可以称为独立综合的居住空间。

其次，生产空间和交通空间，以及它们的复合空间，如交通枢纽和物流仓储空间的复合。为了实现都市经济区内部之间以及内部与外部的经济联系和商品交换，存在很多的物流仓储空间，通过综合交通走廊保障各种物质流和商品流的顺畅流动。

此外，由于都市经济区包括更大的地域范围，除了城镇化的地区以外，还有一部分农业区以及山区等自然区域。根据生态学理论，开发建设强度较高的城市建成区也需要生态的支撑和环境的调节。因此，可以把农地、林地、绿地等具有生态调节功能的平坦开敞区域称为绿色开敞空间，而海拔较高的山区可以称为生态屏障空间。这样，都市经济区就是由多种地域类型相互组合和相互作用组成的有机整体。

综合以上分析，以都市经济区内发挥某项重要功能为主的连片地域为目标导向，遵循功能主导性原则、结构相似性原则、规模等级性原则和容易识别性原则，在本书的研究中，把都市经济区内部地域类型划分为城市核心节点、综合交通走廊、综合生产空间、综合物流交通仓储空间、独立综合居住空间、独立综合休闲空间、绿色开敞空间和生态屏障空间8种主要的地域类型（见表4-1）。至于每种地域类型的空间尺度和识别标准，在下表中先做一个宏观概要的界定，在以后章节的实证中，再具体探讨每种地域类型的合理尺度和空间规模。

表4-1　都市经济区地域类型分类及划分标准

地域类型划分	主要范围	识别的尺度和标准
城市核心节点	主要指城市的集中连片的建成区，也就是城市核心区的范围或老城区的范围	以集中连片的景观格局和综合的服务功能为主要标准，以老城区为主
综合交通走廊	包括具有城际交通和联系的主要干道，如铁路、高速公路、国道等对城市间联系具有重要影响的线状地域。不包括城市内部的公路干线和居住区的道路	城际铁路、高速公路以及快速干线，具有较大的客流和货流量，是区域内外联系的主要干道

续表

地域类型划分	主要范围	识别的尺度和标准
综合生产空间	大城市边缘的高新技术开发区、经济技术开发区、工业区、制造业基地。包括工矿企业的生产车间、库房及其附属设施（如专用的铁路、码头和道路）	占地面积在 5km² 以上集中连片的工业区，或者工厂占地比例超过 2/3 的区域
综合物流交通仓储空间	大中型的物流中转和仓储基地、码头、航空物流园、仓储企业的库房、堆场和包装加工车间及其附属设施等用地、大型交通换乘枢纽，如火车站、公交总站、机场、长途汽车站等。	占地面积在 1km² 以上，具有区域中转枢纽功能的物流园、仓储基地、大型的交通枢纽、换乘中心
独立综合居住空间	处于大中城市边缘的成排成列的居住区、别墅区、景观形态不与主城区相连，不包括农村聚落和规模小的乡镇	占地面积在 5km² 以上集中连片的居住区，不与主城区相连，有配套相对完善的基础设施和公共服务设施
独立综合休闲空间	包括处于大中城市边缘的大型休闲娱乐中心、体育中心、郊区高尔夫球场等	占地面积在 1km² 以上，具有为周边城市居民休闲服务功能的区域
绿色开敞空间	主要包括三类：城市绿地、公园、大型广场用地；面积广大的农业用地；水域，主要是大型湖泊、河流	主要是比较开敞平坦的城市绿色空间，如城市广场和公园，郊区林地等。另外就是区域内的大型水系和湖泊
生态屏障空间	主要包括难以开发利用自然山体、大片森林	海拔超过 200m 的山体和面积超过 5km² 的森林

四、各种地域类型的基本内涵及划分依据

1. 城市核心节点

城市核心节点，是指在都市经济区内部，以服务业和居住为主的中心城区，其范围包括城市的老城区和开发较完善的与老城区紧密相连的新城区，主要以大城市的中心城区为主，大致上是城市的内环路所包围的区域。城市核心节点是都市经济区的控制管理中枢和技术创新基地，也是都市经济区的综合商务区和综合服务中心。城市核心节点是由都市经济区的城市体系中的重要城市组成的，具有一定的等级规模结构。

本研究的立论基点是跳出以往区域城市体系、城市群的研究思路，不是把都市经济区看成由不同等级的城市构成的城市体系，而是把都市经济区看成一个发展域面，研究这个域面内由哪些小的"板块"（不同的地域类型）构成。因此，城市核心节点并不是一个"点"，而是由中心城区构成的占有一定面积的发展域面。一般来说，城市的等级规模越高，城市核心节点所占有的面积越大。但也不尽然：香港中心城区面积很小，但其等级规模最高。也就是说，在都市经济区地域类型研究中，不把每个城市作为一个整体分析，而是把其作为都市经济区的一个组成部分，把城市的中心城区称为"城市核心节点"，作为一种地域类型来看待。应该说，各个大城市的中心城区（老城区）主要是以居住和服务功能为主体，不仅是城市本身的核心枢纽区和控制指挥中心，也承担着整个都市经济区的核心枢纽功能，为都市经济区的其他地域提供高等级的服务职能。把城市核心节点外围地区按照其主体功能进行地域类型的划分，由此来分析各种地域类型的空间分布特征以及这些地域类型与城市核心节点的关系。

2. 综合交通走廊

综合交通走廊，是指在都市经济区内部承担区际交通的主要干道。主要包括产生区际重要影响的高速公路、快速干线和城际快速轨道交通，不包括城市内部主要为自身服务的城市道路。

综合交通走廊是都市经济区内部进行各种物质能量交换的主要纽带，是都市经济区空间扩展的主要延伸方向，也是区域内各种产业进行空间布局的主要参考。之所以把综合交通走廊作为一种专门的地域类型，是因为它在都市经济区中是比较典型的线状地物，是承载都市经济区各种经济活动、各种产业和各种地域类型之间联系的通道，在都市经济区中承担着动力系统的功能。

3. 综合生产空间

生产功能是都市经济区的一项主要功能。各种人口和产业的空间集聚，能够形成巨大的集聚效益和规模效益。在都市经济区内部，形成许多专业化的生产地域，即综合生产空间。主要包括一些大型的经济技术开发区、工业区、制造业基地和专业化突出的产业集群。需要说明的是，尽管面积广大的农田也具有农业生产功能，但对于都市经济区的工业化大生产来说，不是关注的重点，所以在本书地域类型的研究中，把农田连同农村的居民点，一起划归到绿色开敞空间。综合生产空间不仅与其他地域类型之间发生着紧密的经济联系，与都市经济区外部也有比较频繁的物质能量交换。

产业空间是区域空间结构的重要组成部分，都市经济区是经济比较发达的区域，生产功能更加突出。综合生产空间是都市经济区的一种主要的地域类型，正是由于综合生产空间的存在，才使得各种原材料和生产要素在都市经济区内部快速流动，人口、资本、技术在综合生产空间高度集聚，具有较高的生产效率，增强都市经济区的经济实力，推进了都市经济区的城镇化进程。因此，进行都市经济区空间组织的研究，综合生产空间是其中的重要研究内容，也是破解各种地域类型之间功能联系和空间关系的重要突破口。

4. 综合物流交通仓储空间

都市经济区的流通功能与生产功能是伴生的，物质的生产必然要求物质的流通和消费。所谓综合物流交通仓储空间，是指在都市经济区内部，承担着物质的储存和流通的功能空间。主要包括大型的仓储基地、物流园、海港物流仓储区、空港物流仓储区等。综合物流交通仓储空间是都市经济区的仓储和运输系统，是各种生产要素和商品流通的"动脉"，加快都市经济区的新陈代谢，促成了都市经济区内部各种地域类型的功能联系。

都市经济区具有强大的集聚功能，也具有很强的扩散功能。集聚与扩散构成了都市经济区发育成长的内生机制。集聚的功能主要体现在人口和产业，扩散的功能主要体现在技术和产品。要实现都市经济区的集聚与扩散，需要强大的物流交通仓储空间做支撑。考虑到物流仓储区与交通枢纽区一般是临近的，还有很多地方是重合的，不容易区别。由于它们都行使着物质流通的功能，因此在划分的时候把他们归为一种地域类型，既方便操作，又符合划分的基本原则。

5. 独立综合的居住空间

居住是城乡聚落的一项基本职能，在长期的历史发展中形成相对稳定的居住形态。近年来，随着城镇化进程和区域经济一体化进程的加快，城市的外延扩展速度加快，郊区化的趋势明显，因此在大城市边缘和城市之间出现了一些新的居住组团，在空间上相对独立，在功能上相对综合，具有配套较完善的基础设施服务，在都市经济区的发展中承担着重要的作用。因此本书所探讨的居住空间，主要指以居住功能为主的连片地域。而独立综合的居住空间指的是在大都市边缘和外围区域相对独立的以居住功能为主的连片地域。由于城市内部的居住空间相对混杂，而乡村的居住空间是泛化的和遍在的，没有特别的区域意义和区域功能。

因此本书重点研究独立综合的居住空间形态，对于城市内部的居住空间和乡村的居住空间涉及较少。

独立综合的居住空间是城市区域化发展的产物，在都市经济区中表现得非常明显，是都市经济区空间格局的重要组成部分。独立综合的居住空间既是城市功能向更广阔区域的拓展，又是城市结构优化的必然。在都市经济区的发展格局中，独立综合的居住空间的形成，既有利于分流中心城市高密度的人口压力，也有利于改善人居环境质量，避免城市摊大饼式的无序蔓延，促进新城的发展。

6. 独立综合休闲空间

随着人们生活水平的提高和闲暇时间的增多，对休闲空间的需求越来越强烈。相对于喧闹的城市、污浊的空气，城市居民越来越青睐郊野游、生态游、参与式的运动休闲活动。由此在大都市边缘区出现了一些专门的休闲娱乐区，如郊野公园、高尔夫球场、度假村、大型的运动场和体育中心等运动休闲设施。独立综合休闲空间主要指处于大都市边缘的、与主城区相对分离的、具有运动休闲娱乐功能和服务设施相对齐全的空间。

独立综合的休闲空间是都市经济区的重要地域单元，也成为都市经济区空间格局的重要组成部分。它是基于大都市边缘区良好的生态环境和广阔的发展空间而形成的。它的出现迎合了城市居民休闲娱乐的生活需求，都市经济区大规模的人口为独立综合的休闲空间提供了广阔的市场。

7. 绿色开敞空间

由大面积的绿地所组成的绿色开敞空间是城市自然生态系统的一种类型，它主要由城市绿地和专有绿地组成，是城市空间不可或缺的重要组成部分。在经济高度发达的都市经济区内部，也需要广阔的绿色开敞空间做支撑。本研究所指的绿色开敞空间，主要指都市经济区内部地势较低平的开敞区域，包括城市内部的公共绿地、市政公园、湖泊、水系和城市之间的郊野森林公园、农田、菜地、果园、生态林和河流湖泊等地域范围。城市内部的绿色开敞空间有利于协调内部的用地布局，改善内部发展环境，为城市居民提供日常活动的公共场所。城市之间的绿色开敞空间有利于维持良好的生态环境，形成城市之间的绿化隔离带，也有利于发展都市农业，保障都市居民日常生活品的供给。

绿色开敞空间具有生态环保、防护缓冲、休闲游憩、景观、生产、科学教育等功能，有利于闲置土地及其他土地的再利用，提高土地利用效率，克服乱占、滥用和浪费土地的现象（谢涤湘等，2005）。绿色开敞空间塑造了城市内部主要的景观格局，维护了城市内部的生态环境，维系了城市的历史文脉和肌理，对传承自然和历史文化、保护郊野和乡村特色、塑造良好的景观格局具有重要的意义。同时，也有助于形成都市经济区疏密有致的空间格局，避免城市的无序蔓延和相临城镇的连片发展，也为都市经济区的未来发展留下了后备空间。

8. 生态屏障空间

"屏障"在汉语中指一种障碍或遮蔽、阻挡之物，它属于一种功能物；在英语中多用 barrier 或 shelter 来表达，意指阻止物或庇护所。"生态"是一个科学术语，它包含了生物及其与所处的环境之间的关系。从一般描述性的角度看，生态屏障就是具有某些特殊防护功能的生态系统。如果从科学的角度作进一步的界定和解释，生态屏障是指"处于某一特定区域的复合生态系统，其结构和功能符合人类生存和发展的生态要求"。生态屏障概念强调生态屏障是一种耦合了人与生态关系的复合生态系统，它要求在建设生态屏障中，必须从系统结构的完整性考虑出发，系统构建结构合理、功能稳定的生态系统，它既涉及生态系统中各组分的物质循环和能量流动关系，也涉及人类对该系统的特定生态需求（王玉宽等，2005）。也就是说，生态屏障功能以生态保护功能为主体，能够缓和社会经济发展对自然界的压力，关乎整个区域的生态安全。

任何一个地域的地形都是复杂多样的，都市经济区也不例外。除了大片平坦的城市用地和农业用地以外，还有一些地势较高、难以开发利用的山体，构成都市经济区发展的生态屏障空间。生态屏障空间也是都市经济区必不可少的重要组成部分，对于维系整个都市经济区的生态平衡具有重要作用。生态屏障空间为都市经济区的发展提供了基础的约束框架，也有助于改善都市经济区的生态格局和发展环境，避免过密过度连片的区域开发。

第四节　都市经济区的形成过程与空间组织

一、都市经济区的形成过程与演化趋势

都市经济区是一个综合而复杂的系统，其发展受到多方面因素的影响。这些因素的不同组合和作用形式、多种多样的地域类型，形成若干不同类型的发展模

式，有产业组织模式、空间组织模式，也有政策发展模式、体制创新模式。从宏观的空间组织上看，经济活动的地域扩展过程，总是由"点"到"轴"进而到"面"逐步展开的。即"增长极"—"发展轴"—"增长三角"—"塔弗网络模型"—"空间一体化"的空间演化过程。至于空间一体化中的网络已不完全是交通网络，而是指在点与轴的辐射范围（腹地或"域面"）内由产品与劳务贸易网、资金、技术、信息、劳动力等生产要素的流通网及交通与通信基础设施网等所组成的综合网（陈秀山，2005）。各种地域类型的空间组合和相互联系构成了都市经济区的地域空间结构。

都市经济区具有较强的经济实力和较高的城镇化水平，其形成和演化需要一个长期的历史过程。都市经济区的形成，需要具备优越的自然条件，较为平坦的广阔的地域空间，便利的区位条件和交通网络，还要有雄厚的经济实力和紧密的经济联系。从都市经济区的现状分布来看，河口三角洲地带容易形成都市经济区。从单个城市的极化发展，到中心城市的近缘扩散，再到都市区的形成、城市与城市之间经济联系不断加强，功能不断分化整合，逐渐形成网络化的都市经济区，其结构和功能不断发生着转化与调整，成为具有重要影响和国际竞争力的区域单元。总体来讲，都市经济区的形成和演化可以划分为独立发育、近域扩散、轴辐扩展和网络化发展等几个阶段（见图4-1）。不同阶段对于不同的发展过程，具有不同的发展特征。

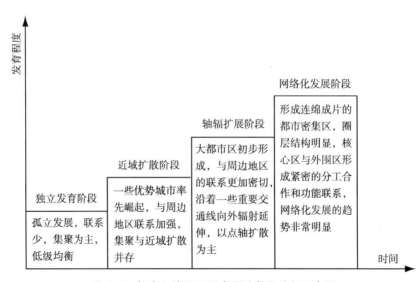

图4-1　都市经济区不同发展阶段及特征示意图

1. 独立发育阶段

都市经济区具有一个经济实力雄厚的核心区，与外界具有紧密的经济联系，称之为"门户城市"。周围有许多大大小小的城市，构成一个结构复杂的都市连绵区。在都市经济区形成之初，各个城市都是孤立发展的，存在很少的经济联系。各种生产要素向城市集中，极化效应非常明显，各种工业及服务业在城市内部集聚。从整个地域空间上看，城市数量较少，呈现散点状分布，城市的经济实力较弱，城镇化水平低，中心城市的规模增长较快，但还没有形成明显的等级规模结构（见图4-2Ⅰ）。

2. 近域扩散阶段

随着城市经济实力的不断增强和城镇化进程的加快，城市工业、居住和服务业开始向城市周边扩散，特别是一些经济实力较强的大城市，郊区化的趋势日益明显。一些区位条件和经济基础较好的大城市发展较快，地区中心城市的地位逐步确立。城市内部的工业区及居住区开始向外围地区扩散和转移，建成区面积不断扩大。同时在重要的交通沿线出现一批极具发展活力的中小城市，城市之间的经济联系逐步增强。从整个地域空间上看，城市规模不断扩大，城市数目明显增多，城市之间的合作交流开始加强，特别是中心城市与外围地区的联系明显加强，圈层式近域扩展初步显现，开始形成比较明显的等级规模结构（见图4-2Ⅱ）。

3. 轴-辐扩展阶段

随着城市经济实力的增强和城镇体系的不断完善，城市的规模不断扩大。一些经济实力雄厚的大城市中心区，出现了地价上涨、交通拥挤、环境污染严重等问题，各类产业向郊区和其他城市转移，郊区化进程不断加快。围绕中心城市，形成了经济联系紧密的都市区。各个城市之间的经济联系不断加强，并形成了明显的分工协作。特别是沿着一些交通便利的交通走廊，形成了一批专业化的产业区和产业集群。都市区之间的联系不断紧密，沿着重要的交通走廊或水系或其他重要线性设施出现了一批新的中小城市。从整个地域空间看，一部分都市区已经形成，城市数量进一步增多，沿交通沿线呈轴-辐状扩展，总体上呈现轴-辐状的区域空间结构（见图4-2Ⅲ）。

4. 网络化发展阶段

随着经济全球化和信息化进程的加快，全球的要素流动加快，城市与城市之间的竞争逐渐转变为区域与区域之间的竞争。特别是在城市分布密集、城镇化水平较高的都市经济区，表现出极大的发展活力和综合竞争力。在都市经济区内部，存在明显的职能分工和产业联系，各种人流、物流、信息流、资金流在都市经济区内部交错分布，呈现网络化发展的态势。出现一些专业化的产业集聚区，产品的市场占有率不断提高，空间集聚效应不断增强。从整个地域空间看，都市经济区呈现集中连片、网络化的空间格局，成为高集聚、高效率、高水平的城镇化地区（见图4-2Ⅳ）。

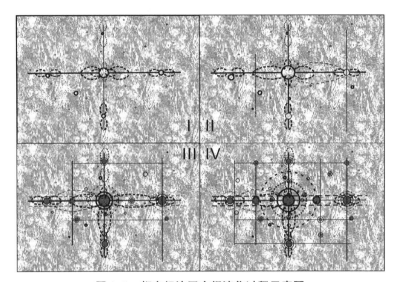

图4-2　都市经济区空间演化过程示意图

二、空间组织特征

1. 结构上：圈层分布

都市经济区是在经济基础较好、城镇化水平较高的城镇化地区形成的，一般包括一个或两个"门户城市"，作为都市经济区的发展极核，为整个都市经济区的发展提供动力引擎。同时也遵循距离衰减规律，距离发展极核越近，与核心区的经济联系越密切，经济发展水平越高。距离发展极核越远，与核心区的经济联系越弱。从结构上看，呈现圈层分布的空间特征。因此，可以将都市经济区分为核心区、拓展区和影响区三个部分。核心区是都市经济区"门户城市"所在地，是综合的服务区，是产生辐射带动和技术创新的动力源。在核心区外围集中连片的区域是都市经济区的拓展区，承担了都市经济区大部分的工业和居住职能。在拓展区外围，还存在一个面积广大的影响区，尽管从地域景观上并没有和都市经济区的核心区相连，但存在着密切的经济交流和功能联系，比如，影响区承担着整个都市经济区的生态服务功能和水源保障功能，也是都市经济区密不可分的重要组成部分。

2. 等级上：层级分化

都市经济区是由密集分布的城市组成的，城市体系的等级规模结构决定了都市经济区内部的等级分化特征。都市经济区的核心区一般是大城市或特大城市所在地，为整个都市经济区提供商贸、物流、金融、信息咨询等高级服务，同时作为一些公司总部的所在地和研发中心，对拓展区及影响区的生产活动具有很强的调控作用，也是技术创新的动力源，因此在都市经济区中处于较高的等级。都市经济区的拓展区，与核心区经济联系密切，且空间上基本集中连片，承担着大部分具体的生产功能，但其受到核心区的控制和影响非常明显。都市经济区的影响区，多分布于都市经济区的外围，主要由一些等级较低的中小城市组成。尽管都市经济区是一个有机的整体，但由于其建构在城市的基础上，因此也具有明显的等级分化特征。

3. 功能上：协调互补

都市经济区具有相对完整的结构和功能。整个都市经济区是一个有机的整体，具有密切的区内区外联系，具有自身的新陈代谢过程，与外界进行着频繁的物质和能量交换。就其内部构成而言，都市经济区内部包括不同的地域类型，每一种地域类型承担着不同的地域功能，共同保障都市经济区的良性运转。具体来讲，高级服务区主要集中于核心区，是整个都市经济区的控制中心和创新中心。居住区遍布于都市经济区各个区域，一些新建的现代居住区主要集中于大都市的边缘，改变着大都市的景观格局。休闲产业区主要分布于都市核心区和边缘区，提升都市区居民的生活质量。而交通枢纽区主要布局于大型的铁路枢纽、汽车站和高速公路出口，构成都市经济区的动力系统。物流仓储区保障了都市经济区内外的物质能量交换。一些开敞空间和山地构成了都市经济区的生态保障区，维护都市经济区的生态安全，改善环境质量。总体上而言，都市经济区内部具有多种不同的地域类型，承担着不同的地域功能，彼此协调互补，布局有序，共同构成了都市经济区有机联系的功能体系。

4. 形态上：集中连片、错落有序

都市经济区具有较强的经济实力，是城镇化水平较高的地区。从空间形态上看，在都市经济区的核心区和拓展区，表现为大都市的城市景观，城市空间拓展非常迅速，沿着一些重要的交通干线延伸，基本上形成集中连片的空间格局。特别是在大都市的边缘区，一些专业化程度较高的产业在特定的区域集聚，形成竞争力较强的产业集群。外围居住区开发和公共服务设施的配套建设，刺激了大都市进一步地向外扩展，形成彼此相连的都市地域。在都市经济区的影响区，尽管没有连绵成片的城市景观，但也是都市经济区的重要功能区域，生态保障区与建成区交错分布，构成都市经济区外围错落有序的空间形态。

5. 交通上：密集网络

都市经济区具有非常密集的物质能量交换，各种要素流在空间内频繁地自由流动。因此，需要发达畅通的交通网络和信息网络做支撑。都市经济区的形成，主要是沿着主要的交通干线作为发展轴逐步拓展起来的。为了促进城市与城市之间的交流和经济联系，城际高速公路迅速兴起，缩短了城市之间的距离，促进了产业和居住的扩散和转移。随着城市地铁和城际轨道交通的进一步发展，都市核心区与外围、城市之间的联系将更加便捷，都市经济区内的通勤联系和经济往来将进一步加强。在都市经济区中由城市公路、高速公路、轨道交通等组成的交通网络越来越密集，电子传媒、数据传输、"信息高速公路"等迅速兴起，逐步形成都市经济区一体化的"虚拟空间"。

三、空间组织机理

都市经济区是一个结构和功能相对完善的有机整体，其地域空间组织更是由多种产业活动和地域类型相互作用组成的复杂的系统。都市经济区所形成的集聚效益和规模效益是推动其形成的根本原因。都市经济区地域空间结构的形成是一个长期的过程，产业的集聚与扩散、人口的空间重组、交通体系的完善、各种流的自由流动以及国际劳动地域分工等多种力量对都市经济区地域空间结构的形成产生重要影响。以上多种要素和社会经济活动的共同作用，推动了都市经济区地域空间结构的形成和演化。

都市经济区的形成和发展，是空间自组织和空间他组织共同作用的结果（见图4-3）。空间自组织是都市经济区内在的组织机制，依托自身的环境本底条件，

进行自下而上的自我调适，逐步从混沌走向有序，从简单走向复杂，通过空间的竞争和协同发展，结构层次不断升级并趋于优化，这是都市经济区空间组织的内在力量，它受到环境本底的天然约束并存在内在的机理和演化动力。空间他组织也就是都市经济区的外部力量对其空间组织的作用和影响。按照空间作用的主体看，主要分为企业产业的区位选择与空间集聚、市场力量的推动引导和区域政府的规划调控三个方面。从作用力量上看，既包括产业的集聚与扩散，又包括人口的空间移动与空间重组；既包括各种经济要素流的自由流动，又包括国际分工与结构功能的转换；既包括政府的基础设施建设和交通体系的完善，又包括政府的区域规划和各种政策的引导调控。

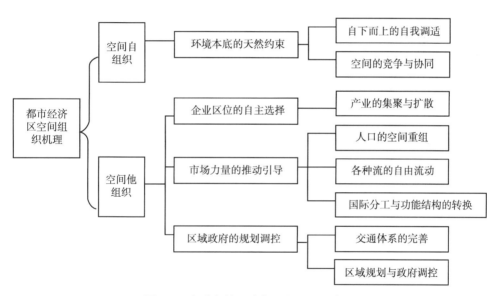

图 4-3　都市经济区空间组织机理示意图

1. 产业的集聚与扩散

生产空间是都市经济区地域空间的重要组成部分。产业活动的空间集聚和扩散是都市经济区地域空间结构形成的重要推动力。专业化分工、规模经济和范围经济是促进产业集聚的根本动因。在大都市经济区内部，相关产业的空间集聚可以促进产业的分工与协作，可以加快产业的技术创新和信息共享，因此容易形成产业集群。不同产业的空间集聚，可以共享区域基础设施，共用劳动力市场，充分发挥范围经济的集聚效益。

产业的集聚与扩散，是由众多微观的企业实体具体实施的。相关联的企业具有"扎堆"的特性，包括两种集聚方式，一种集聚方式是外地关联企业的迁入，另一种是新企业的生成，包括一个大企业分成几个小企业，也包括衍生出相关联的配套企业。制造业企业的集群一般以专业化生产为导向，上下游产业间有密切的前后向联系和侧向联系。在都市经济区范围内，产业的集聚和扩散形成了各种综合性的生产空间，有的以高新技术开发区为依托，有的以工业区为依托，还有的以乡镇为依托，如东莞的大部分工业区，生产区和居住区混杂，形成复合型的生产空间。

2. 人口的空间重组

都市经济区具有庞大的人口规模，与其发达的经济水平相适应。经济的发展需要多种产业做支撑，产业的发展需要大量的各种层次的劳动力。都市经济区内众多的就业机会和收入预期吸引了全国各地的富余劳动力在这里集聚，为人们的就业提供了多样化的选择，同时，也逐渐发育成完善的劳动力市场，吸引各种企业在都市经济区集聚。一方面，人口的自由流动是人口空间重组的前提和基础，由此也带动了产业空间的发展变化；另一方面，随着城市核心区的拥挤和环境恶化，越来越多的城市居民倾向于到环境优美、空间宽敞、房价低廉的郊区居住，引领了当前的人口郊区化进程。人口的郊区化趋势进一步加剧了郊区的房地产开发，在大都市边缘兴起了一些大型的居住区和高档的别墅区，由于在空间上与老城区是分离的，而形成一些独立的居住空间。如广州番禺的"华南板块"，大面积的房地产开发形成了上百万人的独立综合性居住区；北京昌平的回龙观大型居住区，目前已汇集了上百万人口，规模相当大。

3. 交通体系的完善

交通体系是区域经济发展的支撑和保障。都市经济区具有比较频繁的区内和区外的物质能量交换。各种物质的流动与交换依赖于交通基础设施的完善。交通体系的空间布局也引导着产业的空间布局，各种产业活动一般沿主要的交通走廊分布。交通体系的完善使得都市经济区的空间可达性增加，缩短了都市经济区内各个地域间的距离，加强了都市经济区内各种地域类型间的相互作用和相互联系。高速公路、快速干线、快速轨道交通等组成的快速交通网络共同组成了都市经济区的综合交通走廊，构成了都市经济区的骨架和"动脉系统"。

4. 各种流的自由流动

都市经济区是人流、物质流、资金流、信息流、技术流等汇聚的地区。都市经济区之所以能够形成，是因为各种地域类型之间存在着广泛的经济联系。各种产业活动的空间集聚可以产生集聚规模效益，而产业活动集聚的前提是各种流的自由流动。都市经济区内部各子系统各地域类型之间也存在着人口、交通、信息、资金、物资和文化活动的各种"流"的高强度相互作用。各种"流"的输入输出，需要建立发达的交通运输体系，通过综合交通走廊实现人员和货流的运输。同时，需要有一个公平的完整的区域市场体系和大型的物流仓储空间作为公共平台，实现生产资料、产品、资金、劳动力、技术等生产要素的顺畅流动，由此才能保证都市经济区在较高水平层次上联动发展，保证各种商品与生产要素在都市经济区内外自由流动。

5. 国际分工与功能结构的转换

经济全球化是跨国公司主导的、资本全球流动催生的经济活动的空间扩张过程。经济全球化并不会带来全球经济的普遍繁荣，跨国公司及其他经济活动向少数经济发达地区集聚的趋势越来越明显。因此经济全球化对都市经济区的空间秩序有着深刻的影响，并由此加剧了"全球性两极分化"。各个区域都是全球分工体系的组成部分，自身经济实力和技术水平决定了其在全球价值链中的位置。都市经济区具有良好的发展基础，受经济全球化的影响也最大，其产业分工和产品市场与全球经济体系具有千丝万缕的密切联系，国际劳动地域分工和都市经济区自身经济实力决定了都市经济区在全球中的地位和承担的功能。都市经济区应积极进行产业结构调整，主动纳入国际劳动地域分工中去。

另外，城市功能结构的转换也对都市经济区的空间结构和功能结构产生重要影响。区域经济一体化和城市经济专业化趋势共同作用，决定了都市经济区内各个城市的主要职能。都市经济区作为一个有机的整体，各个城市在劳动地域分工过程中不断超越自身的行政界线，而不再是每个城市作为一个独立的经济体，形成大而全、小而全的经济体系。而是把不同的地域功能在都市经济区范围内重新配置，通过人口、产业、技术、资金和产品等要素的流动，进行密切的分工和协作，由此形成了都市经济区多种承担不同功能的地域类型。各种地域类型相互作用相互联系，重塑着都市经济区的功能空间结构。

四、都市经济区的空间效应

空间效应原意是一个化学名词，指分子中各原子或基团在空间所占有的位置对分子的性质及反应速度等所产生的各种影响（《辞海》，1979）。本书所研究的都市经济区的空间效应，是指都市经济区这种空间组织形式及其内部的各种地域类型对区域结构和区域功能所产生的各种影响。都市经济区的形成和发育，容易形成比较明确的地域分工，产生明显的协同效应；可以促进各个地域之间的功能互补和经济联系，产生明显的互补效应；可以促进都市经济区空间形态的一体化发展，实现区域经济一体化。

1. 协同效应

管理专家安索夫将协同定义为：使公司的整体效益大于各独立组成部分总和，即企业各部门协调耦合的整体功能的增加称为协同效应。也就是说，从管理学的角度看，所谓协同效应是指企业在战略管理的支配下，企业内部实现整体性协调后，由企业内部各活动的功能耦合而成的企业整体性功能，远远超出企业各战略活动的功能之和。都市经济区中不同的地域类型承担不同的功能，是在市场机制的作用下按照地域分工逐渐形成的。都市经济区各种地域类型进行有机的空间组织，可以促进各种生产要素的自由流动和资源的有效配置，实现高效的分工协作。同时，可以提高经济活动的运行效率，促进专业化分工，优化区域空间结构。另外，采取都市经济区的空间组织形式，有利于维持良好的生态环境，形成疏密有致、合理有序的空间格局。

2. 互补效应

所谓互补效应，是指两者相互融合、相互渗透、相互关照、取长补短，相得益彰。都市经济区是一个具有复杂结构的地域系统，各种地域类型之间存在着紧密的分工联系，分别承担着不同的功能。城市核心节点是都市经济区的核心中枢，是整个都市经济区的控制中心、决策中心和技术研发扩散的中心，同周边的各个地域类型存在着紧密的经济联系。特别是独立综合的生产空间、独立综合的居住空间，独立综合的休闲空间与城市核心节点间存在密切的人流、物流和资金流的交换。各种地域类型在空间上相对独立，在功能上协作互补，共同构成运转高效、协调有序的复合系统。

3. 一体化效应

经济学中，一体化（integration）最初是指厂商通过协定、康采恩、托拉斯及兼并等方式联合而成的工业组织，它又分为水平一体化和垂直一体化。水平一体化指竞争者之间的合并，垂直一体化是指供需双方的结合。1954 年，第一届诺贝尔经济学奖获得者荷兰经济学家丁伯根（Jan Tinbergen）最早提出经济一体化的定义，认为经济一体化是将有关阻碍经济最有效运动的人为因素加以消除，通过相互协作与统一，创造最适宜的国际经济结构（李瑞林等，2007）。可以说，区域经济一体化的实质是通过降低成员单位之间的交易成本，提高贸易自由度，实现要素、产品的自由流动，达到资源的优化配置。

都市经济区这种空间组织形式，具有推进区域经济一体化的效应。可以强化区域内部各个组成部分之间的联系，促进地域分工和产业分工，引导生产转移和投资转移。都市经济区是一个开放的系统，可以有效地组织区域内外的各种生产要素，形成统一稳定的区域大市场，实现规模经济效应，降低外部市场的不确定性。同时，伴随着都市经济区的一体化进程，生产要素可以自由流动，贸易可以自由进行，使得地域内的厂商和企业面临的竞争空前的激烈。市场竞争程度的加剧可以提高经济效率，提高都市经济区的技术水平和整体竞争力。在优化资源配置和规模经济效应发生的同时，产业结构就自动进行了调整，技术含量低、效率低、成本高的行业和产业从都市经济区的核心区向外围或区外转移，重点发展经济效益高、更具有比较优势和竞争优势的产业，使得都市经济区的产业结构更具有竞争力、更合理、更具有生产能力，使各种经济资源的分配也趋向最优配置。另外，都市经济区雄厚的经济实力具有较强的辐射带动能力，不断强化都市经济区内部的基础设施和公共服务设施，促进都市经济区的空间整合和一体化进程。

第五节　都市经济区内部地域类型的识别方法

一、识别方法比选

1. 多元数理统计

多元数理统计推动了科学研究的精准化和定量化，在地理学中也得到了广泛的应用。在判别影响地理空间及经济活动发展的主要因素时，经常采用主成分分析。在进行类型判别和归类时经常采用聚类分析。为了简化复杂的系统，找出主要的问题，经常采用层次分析法。运用这些方法的前提是有大量可得到的数据做支撑。当前可用的统计数据的最小统计单元一般是区县，而在本研究中，所要判定的地域类型并不是以区县为单位，判定城市与城市之间的分类，是把整个都市经济区作为一个面状区域，识别里面功能不同的各个小"斑块"，并探讨这些小"斑块"在都市经济区中的空间分布特征和空间组合特征，揭示这些小"斑块"的相互作用机理。因此，以区县为单元，单纯借助多元数理统计的手段，很难划分出具有典型特征的地域类型。但可以借助计量方法，对都市经济区的空间特征及形成因素进行一些定量化的分析。

2. 基于"流"的空间经济联系判别方法

随着经济全球化进程的加快，各种要素流在空间内的流动不断加快。特别是在都市经济区，区域内部的经济联系更是十分紧密，资金流、信息流、通勤流、物流、技术流等在都市经济区内部交织，塑造了都市经济区的整体的经济格局。因此，通过各种"流"的研究，可以判定都市经济区内部不同地域间的经济联系方向和强度大小。但判定这些空间经济联系的前提是确定研究的空间尺度和空间单元。在微观的尺度下，政府、企业、工厂、商业区之间的各种流的数据很难获得，如果以中观和宏观的尺度，以区县为单元进行各种流的空间分析，似乎又陷入了城镇体系研究的思路，脱离了本书把都市经济区作为一个面状区域进行研究的初衷。另外，在当前信息不对称、数据获取不完备的形势下，很难获取较全面的各种"流"的数据。因此，通过各种"流"的空间经济联系判别方法，分析都市经济区的空间组织也具有很大的难度。

3. 遥感影像及人工识图方法

地理学最擅长的是进行空间分析，3S 技术（GIS、RS、GPS）的突飞猛进，地理学的基础研究和应用研究不断融合，为地理学进行精确的空间分析和空间判读提供了许多便利条件。本研究以珠江三角洲都市经济区为案例区，可以找到相对完备的 TM/ETM 遥感影像和土地利用现状图，可以利用遥感软件进行空间解译和自动分类，分解出水域、山体、农业用地、林业用地和建设用地等基本类型。通过目前高分辨率的 Google Earth，可以对都市经济区内部的建设用地进一步人工识别，判定各种不同的地域类型。通过 GIS 空间分析，可以判定各种地域类型间的空间关系和组合特征。因此，运用遥感影像空间解译和人工识图方法，可以实现本研究的技术支撑。其不足是会有很大的工作量。珠江三角洲面积有22000多 km²，若有一半的建设用地，也超过了 1 万 km²。如果以 10km² 为最小的研究单元，则要识别 1000 个这种空间单元，巨大的工作量为本书的研究带来一定的困难。

二、识别的规程与技术路线

通过遥感影像及人工识图方法，可以对都市经济区地域类型进行有效的识别。从影像资料的获取到图像处理，从地域类型的分类到实地校对，识别的总体规程可以分为六个主要的步骤（见图 4-4）。下面对每一个步骤做一个简单的阐述。

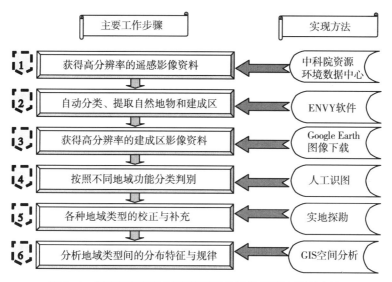

图 4-4　都市经济区地域类型识别的工作步骤和实现方法

第一步，获取研究区域的遥感影像资料。

中国科学院资源环境数据中心可以提供全国各地区不同分辨率的 TM/ETM 遥感影像以及土地利用资料。分辨率越高，对地域类型的判读越准确。考虑到数据的可获得性和成本，本书以珠江三角洲为主要的案例区，引用中国科学院资源环境数据中心 2000 年 1∶10 万的 TM 遥感影像和经过处理分类的 2000 年的土地利用现状图，作为本研究的图像资料基础和基本数据来源。

第二步，自动分类，提取自然地物和建成区。

运用 ENVY 遥感影像处理软件，拼接多幅珠江三角洲的 TM 影像。选取典型区，定义出水域、山体、农业用地、林地、建设用地，然后运行 ENVY 软件，按照典型区的定义进行整个珠江三角洲的自动分类，区分出各种自然地物和建成区。下面的步骤中把自然地物排除，主要探讨建成区的主要地域类型构成和空间分布及组织规律。

第三步，获取高分辨率的建成区影像资料。

通过目前高分辨率的 Google Earth，可以对都市经济区内部的建设用地做进一步人工识别，判定各种不同的地域类型。首先确定研究区域的主要范围，界定需要下载的地域的经纬度，以清晰可判别为主要标准，确定每个要下载的空间单元的大小，本书一般以一幅图 $1km^2$ 作为基本单元。本书以珠江三角洲为研究对象，获取影像的范围包括 E112°04′—E115° 04′，N21°20′—N23°52′，图像采集时间是 2007 年 5—7 月。图像采集流程分两步完成，第一步是把整个珠江三角洲划分为若干个大单元格。本书按 3km×3km 作为一个单元格，这样整个区域划分为 45（行）×52（列）的一个影像矩阵，并对每一个大单元格的四个顶点进行空间编码：1-1，1-2，…，2-1，2-2，…，35-40，…这样总共可以分为 2340 个单元格，把这些单元格作为采集影像的基本单元，把小单元格放大到全屏进行信息采集，然后在 PhotoShop 里对单元格进行拼接，100 个小单元格组成一个 10×10 的大单元格。并对这个拼接好的大单元格进行空间编码，组成一个 4×5 的复合影像矩阵。把所有的大单元格拼接好并编码后，再按照行列编码顺序进一步地拼接，即构成整个珠江三角洲高分辨率的影像地图。

第四步，对建成区按照地域类型进行分类。

把拼接好的珠江三角洲影像地图导入 GIS，把第二步通过 ENVY 提取的自动分类矢量图导入 GIS，进行空间叠加。这样就可以在珠江三角洲的影像地图中添加水域、山体、林地、农地和建设用地的矢量化分布图。已经矢量化的自然地物不再作为进一步识别的范围，下面的工作主要对建成区按照划分好的地域类型进行进一步的划分。在 GIS 中按照划分好的地域类型分别建立一个图层，并选择不同的颜色加以区别。然后把拼接的影像地图放大到 1km×1km 的范围，进行全覆盖式的各种地域类型的识别与判读。其中，为了方便判读，原则上可以把广州、深圳、佛山等城市的核心区，作为一个整体，这是为外围地区和周边城市服务的核心节点。同时，也可能存在少部分难以识别的区域，可以划为待识别区，通过各个城市的地图或实地调研进行确认和校正。

第五步，地域类型的校正与补充。

尽管 Google Earth 提供高分辨率的数字影像，通过这些空间单元格的拼接放大，大部分地域类型可以比较容易地识别出来，但也存在一些难以识别的地域或不好确定的地域。因此，有必要对通过图像识别的地域类型进行验证。验证的主要方法是地图校对和实地验证。购买各个城市最新版的地图，按照其实际的标注对划分的地域类型进行识别，特别是传统的工业区、高新技术产业区、物流仓储区等不好区分的地域，只有通过地图才能够准确地把握。经过地图校对以后，可能还存在一些不确定的地域和较模糊的影像地域，需要通过实地探勘进行校正和补充。

第六步，判别各种地域类型间的空间关系与空间组织。

经过全部研究区域的影像处理、识别、校对和补充，基本上得到了都市经济区各种地域类型的分布情况，构成一个全覆盖的分类体系。通过 GIS 的空间分析功能，进一步分析各种地域类型之间的空间组合特征和空间布局规律，探讨都市经济区各种地域类型的空间组织机理及演化规律。

通过以上六个紧密衔接的分析步骤，可以对都市经济区内部的地域类型和空间组织进行一个准确的识别和把握。把这种形态学和发生学的研究方法引入都市经济区空间结构和空间组织的研究，充分运用 GIS、RS 等现代技术方法进行地域类型的识别和判读，可以准确把握都市经济区内部各种地域类型的空间分布特征和相互作用的演化机理，为大区域空间结构与空间组织的研究探索了一种新方法和新途径，具有非常重要的现实意义。同时也应该看到，基于空间形态学的地域类型判读和地域空间结构研究，影像的获取和整理需要非常巨大的工作量，耗费巨大的精力才可能完成，除了要求掌握相关的遥感软件和地理信息系统软件外，还需要有较长时间的工作积累才可能做出成果。因此，在当前形势下，可操作性方面还存在一些问题，今后有待探索更有效的影像获取方法和影像处理软件，把人工识别的工作转化为自动化识别，将会在未来的区域与城市空间结构研究、区域与城市规划研究中发挥重要作用，并可能引起规划方法的变革。

第五章 珠江三角洲都市
经济区的形成与功能变迁

第一节 珠江三角洲都市经济区的范围及概况

一、珠江三角洲都市经济区的缘起与研究范围

"珠三角"概念首次正式提出是 1994 年 10 月 8 日,广东省委在七届三次全会上提出建设珠江三角洲经济区。"珠三角"最初由广州、深圳、佛山、珠海、东莞、中山、惠州 7 个城市及惠州、清远、肇庆三市的一部分组成,也就是通常所说的广东珠三角。

后来,"珠三角"范围调整,扩大到珠江口的 9 个城市,分别是:广州、深圳、佛山、珠海、江门、东莞、中山、惠州、肇庆,这也就是通常所指的"珠江三角洲经济区",由于这个范围没有包括香港和澳门特别行政区,也称为"小珠三角"。加上香港和澳门则称为大珠江三角洲经济区。"小珠三角"面积为 54744km², 约占广东省国土面积的 30.77%。截至 2012 年底,总人口为 5689.64 万人,占广东省人口的 53.71%,区内城镇化水平已达到 83.84%, GDP 总值达 47779.56 亿元,占广东省 GDP 的 83.72%,占全国 GDP 的 9.2%。

对于都市经济区的概念,最早见于西部大开发的前期研究,在中国科学院西部开发课题组出版的《西部开发重点区域规划前期研究》(刘卫东等,2003)一书中。本书作者率先以珠江三角洲都市经济区为研究对象,探讨了都市经济区内部地域类型的判别方法与区域发展格局。为了与原来的研究范围相衔接,保证研究区域的稳定性与数据获得的方便性,本研究中珠江三角洲都市经济区的范围与

传统的珠江三角洲经济区的范围一致（见图5-1）。

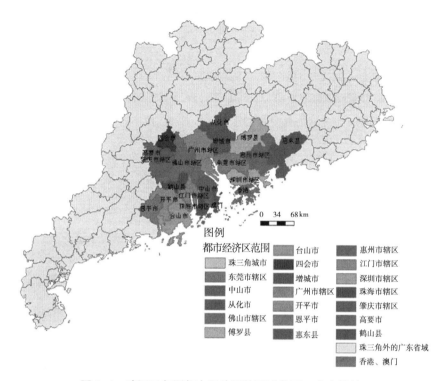

图5-1 珠江三角洲都市经济区的区域范围（官方统计）

按照广东统计年鉴2009年的界定，珠江三角洲包括13个市、县（区）：广州、深圳、珠海、佛山、江门、东莞、中山、惠州市区、惠东县、博罗县、肇庆市区、高要市、四会市。以区县为基本单元计算，珠江三角洲合计共43个区县（县级市）。2009年以后，三角洲的范围逐渐扩展到9个地市。为了保持前后研究的一致性，本书以43个区县为主要研究范围。同时，由于珠江三角洲和港澳地区地域相邻，经济联系非常密切，区域经济一体化发展态势不断增强。由于数据获得和统计口径的原因，在本书的统计分析中不包括港澳，但实际的空间分析是包括港澳在内的大珠江三角洲都市经济区。也就是说，统计分析时用的小珠江三角洲，而作为一个完整的都市经济区，在进行空间组织和空间联系的分析时，香港、澳门地区统一纳入珠江三角洲都市经济区进行考虑。

二、自然概况

珠江三角洲位于广东省中南部,是西江、北江、东江以及高明河、沙坪水、潭江、流溪河、沙河、绥福水、增江、雅瑶水、南岗水和独流入河口湾的茅洲河、深圳河等江河冲积的三角洲复合而成。一般珠江三角洲的范围大致在新会、鹤山、三水、增城、东莞、深圳连线以内。以珠江口至狮子洋为界,以西是西江、北江三角洲(8370km²),以东是东江三角洲(1380km²),总面积为9750km²。

珠江三角洲上水系纷繁,河渠众多,河汊纵横交错,是典型的河网三角洲。在经过联围治理之后,现河网区主要水道105条,长1738km,加上主要汊道河网密度为0.81—0.88km/km²,河宽一般300—500m,最宽约2000m,河道宽深比为1.8—11.5,弯曲系数为1.03—1.46,属深窄且微弯曲型河道,冲刷力强。但因受堤围约束,河床较稳定,分8大口门出海。从主流泄出通道来看,基本上各自成体系。

1. 三角洲的地形

珠江三角洲平原地势低平,海拔为-0.2—0.9m。据统计,海拔0.5—0.9m的高沙田,面积为3560.4km²,占总面积的36.5%;在近海新围垦的平原,海拔-0.2—0.3m,面积为1742.3km²,占总面积17.9%。以顺德为中心的地方有大小鱼塘近10万口,面积1200km²,占总面积12.3%。平原中还散布160多个丘陵、台地、残丘,面积1668.6km²,占总面积17.1%。最大片是南部的五桂山地,海拔530m,由燕山期花岗岩组成。较奇特的是西部的西樵山,海拔344m,是喜马拉雅山第一期的死火山,由下第三系粗面岩组成。还有东部的上第三系砂岩组成的番禺市莲花山。这些丘陵是三角洲沉积前古海湾中的岛屿。三角洲平原第四系平均厚度25.1m,最大厚度在灯笼沙,为63.6m。据测定,平均沉积速率每年1.6mm。三角洲边缘及主要河道受断裂控制。北宋庆历五年(1045)以来,三角洲及其外围地区共发生780次地震,频率较高,但震级较低。目前三角洲平原还在向海外伸,珠江八大口门外有不同程度的淤积和滩涂围垦。在东部四口门下游海涂每年淤高1.5—2.5cm,西部海区近20年年平均淤高3.39cm。清代以来磨刀门方向伸长速度平均每年5.06m,东江三角洲为8.2m。

2. 三角洲的气候

珠江三角洲属南亚热带湿润性季风气候。平均气温 21.8℃，1 月平均气温 13.0—13.3℃，7 月平均气温 28.3—28.7℃。年均降水量 1660—1748mm，每年 4—9 月为汛期，10—3 月为枯水期，降水量的 80％以上集中在汛期。多年平均径流深为 800—1200mm，河网年总泄水量约为 3200 亿 m³，为黄河的 6 倍。由于受季风和地热低平的影响，经常受洪、涝、潮、咸、旱等灾害的影响。新中国成立后已进行大量的水利建设，抗灾能力已有所提高。

3. 三角洲的航运

珠江三角洲河海交汇，交通便利，可通航的水道有 823 条，长 5347km。到 1989 年，年吞吐量在 1 万吨以上的大小港口有 90 个，其中广州港已成为华南最大的水陆联运、江海联运、对外开放的国际港口，与世界 64 个国家和地区的 335 个港口互有货运进出业务。

总体来看，珠江三角洲气候温和多雨，土地肥沃，物产丰饶，人口稠密，文化发达，华侨众多，是广东经济最发达的区域，城镇化程度在全国名列前茅。现已成为"稻米流脂蚕茧白，蕉稠蔗忙塘鱼肥"的鱼米之乡和工、农、商、贸、旅游业发达之地。

三、社会经济发展总体特征

珠江三角洲都市经济区近 30 年来发生了巨大变化，已经发育成都市连绵的状态。根据中国新闻网的报道，美国宇航局（NASA）网站在 2007 年 8 月公布了 1979 年和 2003 年分别两次在同一准确角度拍摄的太空鸟瞰中国珠江三角洲的照片。照片明显地见证了珠江三角洲在改革开放二十多年来发生的巨大变化。当年的万顷良田被现在的大都市和工厂覆盖，土地利用变化非常迅速，江河水质也受到不同程度的污染，付出了较沉重的环境代价。经过改革开放近 30 年持续快速发展，从一个相对落后的农业省份发展为相当发达的经济大省，珠江三角洲创造了发展的奇迹，已经形成国内城市最密集、连绵成片的都市经济区（见图 5-2）。

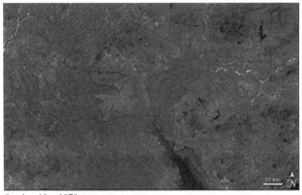

Octaber 19，1979

January 10，2003

图 5-2　美国宇航局公布的 1979 年和 2003 年珠江三角洲的遥感影像对比图

资料来源:http://news. sina. com. cn/c/2007-08-24/150613736648. shtml.

1. 经济实力雄厚，发展速度快

（1）在全国乃至世界的经济空间格局中处于重要地位。

广东是改革开放的试验田，珠江三角洲则是改革开放的前沿阵地。凭借濒临港澳的优越区位条件和改革开放的政策优势，借着外资推动和产业转移的动力，珠江三角洲的经济发展势头迅猛，目前已经成为城镇化水平最高、发育最完善的都市经济区。2012 年，珠江三角洲的地区 GDP 为 47779.56 亿元，占全省经济总量的 83.72%，占全国经济总量的 9.2%。珠江三角洲的人均 GDP 为 84355 元，是全省人均 GDP 的 1.56 倍，是全国人均 GDP 的 2.2 倍。算上港澳的 GDP（分别为 20419 亿港元和 3482.2 亿澳门元，按当年价格计算），珠江三角洲都市经济区的 GDP 总量已超过 1 万亿美元，在全球经济体系中占有非常重要的位置。由此可见，珠江三角洲都市经济区具有非常雄厚的经济实力，是人口、产业、信息、技术的高度集聚区，是国家经济发展的重要引擎，在全国乃至世界具有举足轻重的地位。

（2）经济发展速度快，经济水平高。

改革开放之初，正赶上港澳地区及其他国家和地区的产业转移，珠江三角洲承接了大量的"三来一补"产业，激发了珠江三角洲的发展活力，经济获得持续快速发展。继20世纪七八十年代亚洲"四小龙"（韩、新、港、台）的崛起之后，深圳也迅速崛起，从一个渔村小镇发展成为现在700万人口的大都市。另外，广东"四小虎"（东莞、中山、顺德、南海）也异军突起，取得高速的经济增长，延续了亚洲"四小龙"的辉煌。2000年以来，处于珠三角核心区外围的惠州、江门、肇庆等城市地区也进入快速发展的经济轨道，经济实力不断增强。从珠江三角洲1990年到2012年的国内生产总值和财政收入变化图可以看出（见图5-3），地区GDP和财政收入几乎都是每五年翻一番，增长速度极为迅速。

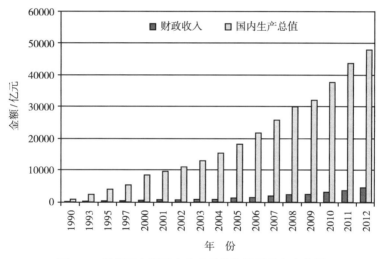

图5-3　珠江三角洲国内生产总值和财政收入变化图

（3）产业结构优化合理。

珠江三角洲地区已经完成了从传统的农业经济向重要的制造业中心的转变，并成功实现了第二、三产业双重主导的经济社会全面联动发展。珠江三角洲地区第一、二、三产业占国内生产总值的比重，从1980年的25.8：45.5：28.9发展为2007年的2.2：51.2：46.6，再到2012年的2.1：46.2：51.7，显现出以工业为主

体的经济结构，第三产业发展迅速，与第二产业基本上齐头并进（见图5-4）。总
体上看，珠江三角洲地区的产业结构已经基本实现了从传统农业到工业化，再到产
业多元化发展的转变。珠江三角洲城市的第一产业所占比重很低（大多数城市小于
3%），第二、三产业非常发达，特别是广州、深圳、佛山、东莞等城市表现得更为
明显（见图5-5）。其中，广州市的第三产业GDP比重已超过第二产业，表明广州
市的服务业比较发达，开始由工业经济向服务型经济转型。

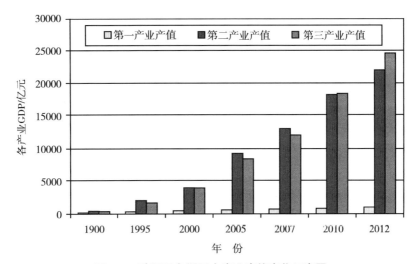

图 5-4　珠江三角洲三大产业产值变化示意图

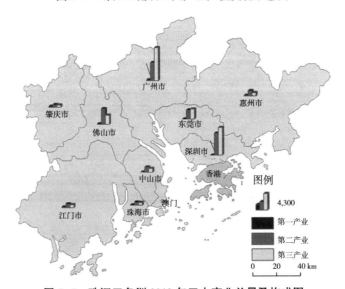

图 5-5　珠江三角洲 2012 年三大产业总量及构成图

尽管农业所占产值比重较低，但基本实现了现代农业的转型，农业产业化格局基本形成。改革开放以来，随着农村城镇化进程的加快，该地区农业的市场化、社会化、集约化生产经营格局很快形成。在生产经营活动中，形成了以国内外市场为导向、以经济效益为中心、以资源开发为基础、以种养业为支柱，农工技贸一体化、产加销一条龙的专业化生产、社会化服务、企业化管理的农业产业化发展模式。

（4）外资在都市经济区的发展中发挥重要作用。

珠江三角洲具有毗邻港澳的地缘优势和侨胞遍及世界各地的有利条件，作为改革开放的前沿阵地，以国际市场为导向，以国内市场为依托，推动外向型经济高水平、快速度发展。吸纳了大量的外商直接投资，对都市经济区的形成和发展具有很大推动促进作用。凭借先发优势和优越的发展环境，珠江三角洲吸引了大量的外商直接投资（FDI）。1990年，全国实际利用外资额为34.87亿美元，仅珠江三角洲地区就接纳了当年全国FDI的一半左右。其后，珠三角的FDI占全国的比重呈现波动性增长，到2008年，实际利用外资额达到169.2亿美元，占全国FDI的18.3％；到2012年，实际利用外资额达到215.23亿美元，占全国FDI的19.3％（见图5-6）。外资企业的进入带动了众多乡镇企业的发展，促进了乡村工业的快速发展，推进了珠江三角洲的城乡一体化进程。外商直接投资不仅带来了发展资金，更带来了技术和企业的迁入，促进了珠江三角洲外向型经济的发展，对珠江三角洲的经济发展具有举足轻重的推动作用。

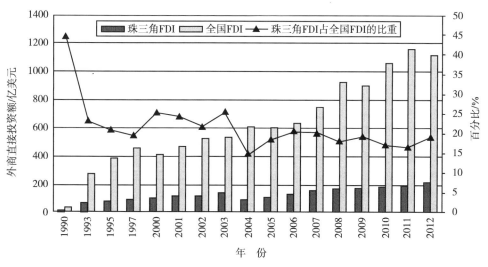

图5-6　珠江三角洲外商直接投资历年变化图

2. 人口规模大，城镇化水平高

（1）人口规模大，外来人口多。

改革开放二十多年来，珠江三角洲经济发展迅速，人口规模也增长很快。珠江三角洲地区总人口由 1990 年的 2139 万人增加到 2008 年的 4771.8 万人，总人口翻了一番，占广东省总人口的 57.72%。到 2012 年，总人口已达到 5689.64 万人，占广东省总人口的 53.71%（见表 5-2）。珠三角经济的迅猛发展吸引了大量外来劳动人口流入，总人口增长以外来人口增长为主，与此同时，户籍人口增长较缓慢，占全省总人口的比例不断下降。户籍总人口从 1990 年的 1927.82 万人增长到 2008 年的 2920.82 万人，到 2012 年的 3105.01 万人，年均增长 2.19%。广东省内、省外流动人口规模增长显著，省内流动人口数量由 1990 年的 267.11 万人增长至 2000 年的 598.92 万人，再增至 2010 年的 978.29 万人；省外流动人口数量由 1990 年的 125.75 万人迅速扩大至 2000 年的 1506.49 万人，再增至 2010 年的 2149.88 万人。第六次人口普查（2010 年）显示，广东省约有 80% 以上的流动人口集聚在珠江三角洲地区，尤其是深圳、东莞等核心区的主要城市，珠三角核心区部分城市流动人口比重超过户籍人口（见图 5-7）。深圳、东莞常住外来人口占总人口的比例达到 77% 和 77.9%，远高于户籍人口比重，广州、佛山、中山外来人口比重均在 40% 左右。广州、深圳两市外来人口中来自本省其他县市的人口比例略高，其他城市外来人口构成以省际外来人口为主。

表 5-2　珠江三角洲 1982 — 2012 年总人口及在全省所占份额

年份	总人口/万人	在全省所占比例/%
1982	1667.49	31.09
1990	2138.74	34.04
2000	4078.08	47.85
2005	4316.80	46.95
2006	4446.94	49.80
2007	4724.96	50.00
2008	4771.80	57.70
2009	5361.72	52.93
2010	5616.39	53.79

续表

年份	总人口/万人	在全省所占比例/%
2011	5646.51	53.75
2012	5689.64	53.71

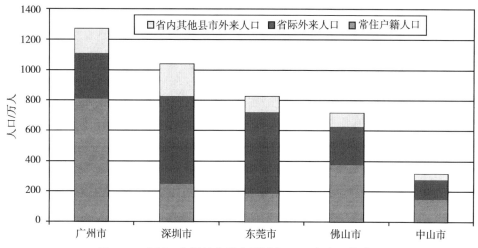

图 5-7　珠江三角洲核心区主要城市 2010 年人口构成图

（2）城镇化速度很快，人口向珠江三角洲集聚的态势明显。

珠三角地区城镇人口增长尤为迅速，在全省城镇人口中所占比重不断提高。珠三角地区城镇化水平由 1990 年的 56% 迅速增加至 2012 年的 83.84%，城镇化水平年均提高 1.27 个百分点。2012 年珠三角地区城镇人口占全省比重达到 83.84%，城镇人口在珠三角地区集中的态势非常明显（见图 5-8）。分时段来看（见表 5-3），1990—2000 年，珠江三角洲城镇人口年均增长率为 9.4%，城镇化水平迅速提高了 16%，年均增长速度为 1.6%，珠三角的城镇人口占全省城镇人口的比重提高了 10%，说明人口向珠江三角洲集聚的态势明显；2000—2007 年，城镇人口的年均增长率仅为 3.5%，而城镇化水平年均增长速度提高为 1.74%，珠三角的城镇人口占全省城镇人口的比重提高了 1.3%。2008—2012 年，城镇人口的年均增长率仅为 3.73%，而城镇化水平年均增长速度为 1.13%，珠三角的城镇人口占全省城镇人口的比重提高了 1.1%。

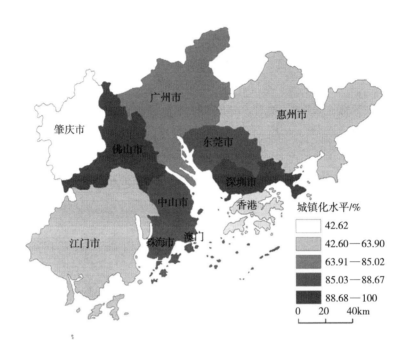

图 5-8　珠江三角洲 2012 年城镇化水平分布图

表 5-3　珠江三角洲 1990—2012 年城镇人口及城镇化水平

年份	城镇人口/万人	城镇化水平％	在全省城镇人口中所占比重％
1990	1188.90	55.59	51.48
2000	2919.64	71.59	61.55
2005	3467.17	80.32	61.75
2008	3819.60	80.05	63.20
2010	4645.88	82.72	67.20
2011	4687.17	83.01	67.10
2012	4770.19	83.84	66.81

3. 交通体系的网络化发展态势明显

珠江三角洲都市经济区交通发达，已经建成四通八达、十分稠密的交通网络。公路建设迅猛增长，珠三角经济区公路通车里程由 1990 年的 16256km 增加到 2012 年的 58590km，22 年间增长到 3.6 倍。已建成的高速公路主要有广州至深圳、广州至开平、广州至三水、广州至清远、惠州至深圳等。京广、京九铁路是珠江三角洲与我国内陆省份客货运输最重要的南北通道，区内铁路主要有：京广线、京九线、广深线、广三线。珠三角的主要港口主要集中在香港、广州（黄埔港）、深圳（盐田港、蛇口港、妈湾港、赤湾港等）、珠海高栏港等，是全区重要的对外口岸。广州机场、深圳机场已经成为目前我国运输最繁忙的机场之一，珠海三灶机场正在发挥越来越重要的作用。珠三角都市经济区 2008 年完成客运量 18.67 亿人次，占广东省总客运量的 78.3%；2012 年完成客运量 48.95 亿人次，占广东省总客运量的 83.49%。珠江三角洲地区路网稠密，交通方式多样，正在构建四通八达的交通网络。

图 5-9　珠江三角洲交通体系规划图

　　根据珠江三角洲区域协调规划（2004—2020）（见图 5-9），今后十几年，将形成 5 条贯穿珠三角东西两岸，11 条南北向、纵横交错的高速公路网络；四纵四横的铁路网络，大大提高了珠三角铁路网络的密度；四纵两横的城际快速轨道网络，将珠三角内部已经形成的中心区和将来有发展潜力的服务中心地区联系起来。纵横交错的交通网络和重点建设城际快速轨道交通系统，将进一步加快区域内部各城市间的交通联系，推进区域一体化进程。珠港澳跨海大桥的建设工作也已经启动，具体的路线选择正在筹划之中。跨海大桥的建成通车，将有力地促进珠江口两岸的经济联系和人员往来，带动西岸的空间开发和优化组合。广佛都市圈外环线的建设也将进一步缩短两地的距离，加快空间融合和一体化的步伐。总之，珠江三角洲交通体系的网络化布局将极大地带动区域内部的空间整合，促进各种地域类型的空间组合与优化配置，逐步呈现出连绵成片的发展格局。

4. 空间发展集中连片，区域圈层结构分布明显

近年来，珠江三角洲都市经济区城乡发展齐头并进，基本呈现出城乡一体化发展的态势。改革开放以来，随着农村工业化的发展，珠江三角洲地区加速城镇化：20 世纪 70 年代末只有几十个城镇，80 年代中期增加到 200 个，1992 年达到 406个，1994 年达到 597 个，15 年间增长近 10 倍。2008 年，珠江三角洲建制镇数量达到 324 个，截至 2012 年，达到 321 个（主要由于镇改街道导致，深圳市已全部改为街道）。城市 15 个，其中广州、深圳已发展成为常住人口超过 500 万的超级城市。中山、东莞两市，只辖建制镇，而没有县和乡的建制。珠江三角洲地区在城镇化过程中，将现代城镇的服务功能优势与现代乡村的田园风情优势相互补充、结合，推动了城乡一体化协调发展，形成了富有特色的连绵成片的都市经济区。

2012 年底，珠江三角洲的城镇化水平达到 83.84％，达到发达国家的水平，已经形成了集中连片的空间发展格局。珠江三角洲都市经济区经济实力雄厚，具有明显的交通等基础设施优势，高速公路纵横交织，方便快捷，区域交通网络化促进了区域空间结构网络化的发展。珠江三角洲都市经济区内部发展不平衡，形成了比较明显的圈层结构，大致可以分为核心圈层和外围圈层部分。从人口密度分布（见图 5-10）来看，人口密度高的地区主要聚集在珠江三角洲的核心区。2006 年底，珠江三角洲地区常住人口为 4446.94 万人，占全省常住总人口的 49.8％，广东省人口密度为 518 人/km²，珠江三角洲人口密度为 1066 人/km²。2012 年底，珠江三角洲地区常住人口为 5689.64 万人，占全省常住总人口的 53.71％。广东省人口密度为 590 人/km²，珠江三角洲人口密度为 1039 人/km²，由此可见，相对于广东省来说，珠江三角洲的人口非常稠密。2012 年，人口密度高于珠江三角洲平均水平的城市全部集中于珠江口两岸，最高的是深圳市（5282 人/km²）和东莞市（3371 人/km²），其次是佛山市（1912 人/km²）、广州市（1771 人/km²）和中山市（1769 人/km²）。

珠江口外围地区的人口密度均低于平均水平，呈现出比较明显的层次性。

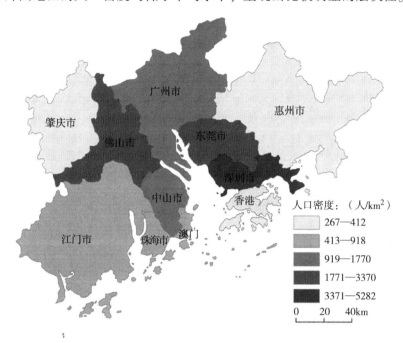

图 5-10　珠江三角洲 2012 年人口密度分布图

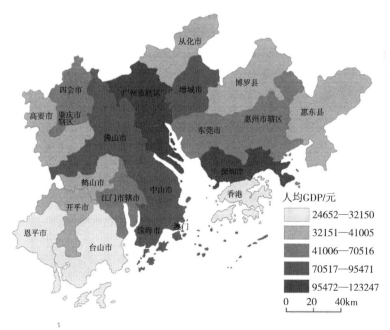

图 5-11　珠江三角洲 2012 年人均 GDP 分布图

从人均 GDP 的空间分布看（见图 5-11），也呈现出比较明显的圈层结构。总体上看，深圳市人均 GDP 最高，广州、东莞次之，再者是外围的珠海市区、佛山市区、增城市、惠州市惠阳区；外围地区的人均 GDP 最低，总体上符合"核心-边缘结构"。从整体的分布来看，珠江口东岸城市的人均 GDP 高于西岸城市，这与近几年深圳、东莞市的快速发展直接相关。

第二节　珠江三角洲都市经济区整体功能的变迁

一、不同时期的功能变迁

1. 整体地域功能的发展演化

凭借改革开放的春风，珠江三角洲地区率先崛起。20 世纪 80 年代以后，地域功能发生了几次重大的变迁，逐步演化成具有全球影响的重要的都市经济区。首先是 20 世纪 80 年代，在陆续成立深圳经济特区和珠海经济特区之后，广州被确定为首批 14 个沿海开放城市之一，珠江三角洲作为经济开放区的功能突显出来。1985 年，我国为加快实施对内搞活经济、对外实行开放的步骤，把长江三角洲、珠江三角洲和闽南厦漳泉三角地区开辟为沿海经济开放区。并指出，这三个经济开放区应逐步形成贸-工-农型的生产结构，即按出口贸易的需要发展加工工业，按加工的需要发展农业和其他原材料的生产。沿海经济开放区是指在某一区域内，实施有利于发展的特殊生产和加工模式，范围很大，通常不局限于某一两个城市。由于经济开放区并不实行特殊政策，所以开放程度不及经济特区或沿海开放城市。

1994 年，珠江三角洲经济区的概念正式被广东省政府提出并加以实施，推进经济区的加快发展与建设。"珠三角经济区"概念的明确提出，扩大了 1985 年中央确定三个"三角"地区为沿海经济开放区时"珠三角"的范围。1985 年，"珠三角"初定范围是四市十三县；1994 年广东省委才正式确定珠江沿岸的广州、深圳等九个城市组成的区域为"珠三角经济区"。地域范围的扩大有利于珠江沿岸诸多城市发挥联动效应。随着改革开放的逐步推进，"珠三角经济区"内各大沿海城市不仅发展了本地经济，更在区域经济一体化的探索中体现出了地域优势和联合优势。"珠三角"的崛起更带动了我国经济从点到线到面的发展，为全国的区域经济发展提供了新的改革经验。"珠三角经济区"范围的扩大，进一步打破了区域壁垒，整合重组了9个城市的各种资源，促进了珠江沿岸9个城市优势互补的局面，有利于推进对区域经济发展模式的探索和市场经济体制的建立。

20世纪90年代后期，为了突出珠三角和香港、澳门的紧密联系，在"珠三角"的基础上出现了"大珠三角"的概念，"大珠三角"的一个范围是"小珠三角"加港澳，另外一个提法是由广东、香港、澳门三地构成。

2003年，为了加强珠江三角洲在华南地区的社会经济联系与扩大腹地范围，广东省政府又提出了"泛珠三角"的概念，"泛珠三角"包括珠江流域及与之地域相邻、经贸关系密切的福建、江西、广西等九省区，以及香港、澳门两个特别行政区，简称"9+2"。"珠三角"概念的不断延伸正处于我国改革开放不断发展深化的过程中，"珠三角"概念地域的不断扩大体现了珠三角在我国区域发展中承担着越来越重要的核心组织功能，体现了我国区域经济一体化模式的不断发展，以及市场经济机制建设的不断推进。

在改革开放30周年之际，国家从战略全局和长远发展出发，为促进珠江三角洲地区的创新优势，进一步发挥对全国的辐射带动作用和先行示范作用，制定并颁布了《珠江三角洲地区改革发展规划纲要》。本规划纲要的规划范围是，以广东省的广州、深圳、珠海、佛山、江门、东莞、中山、惠州和肇庆市为主体，辐射泛珠江三角洲区域，并将与港澳紧密合作的相关内容纳入规划，规划期至2020年。赋予珠江三角洲地区更大的自主权，支持率先探索经济发展方式转变、城乡区域协调发展、和谐社会建设的新途径、新举措，将珠江三角洲地区定位为探索科学发展模式试验区、深化改革先行区、扩大开放的重要国际门户、世界先进制造业和现代服务业基地、全国重要的经济中心。由此进一步明确了珠江三角洲都市经济区的发展方向和功能定位，在全国的区域发展格局中承担着越来越重要的地域功能。

2. 珠江三角洲都市经济区承担的主要地域功能

珠江三角洲都市经济区的发展和壮大经历了一个漫长的过程，由于地处南部边陲，改革开放以前主要发挥着通商口岸和地区经济中心的职能，发展比较缓慢。变革性的发展和巨变主要发生在改革开放以后。作为改革开放的试验田和前沿阵地，珠江三角洲都市经济区先行先试，率先获得政策上的优惠和扶持，成为国内的政策洼地和经济活跃区，由此吸引了大量的外资和跨国公司的进驻。由于地缘优势，大量的港资企业和台资企业进驻珠三角，珠三角都市经济区的制造业基地地位逐渐确立。2000 年以后，随着珠江三角洲都市经济区人口和产业的大量集聚，本地区的资源环境承载力已经不堪重负，劳动密集型的制造业逐渐丧失了发展优势，由此加快了产业结构调整和产业转移的步伐，正在逐步形成高端制造业和新兴服务业的集聚区，在全国乃至全球经济体系中占据越来越重要的地位。

首先，长久以来，珠江三角洲地区一直是华南地区的经济中心。改革开放以来，随着大量外资企业的集聚和社会经济的持续快速发展，其总体发展规模逐步具有了全国意义以及辐射带动作用。珠江三角洲都市经济区逐渐成为全国经济发展的重要引擎，为我国经济实力的提升做出重要贡献。其次，珠江三角洲是全国重要的制造业基地，特别是电子电器、家具家电、纺织服装等产业在全球市场中占据重要份额。再次，珠江三角洲是全国重要的人口和产业集聚区。据有关部门资料，广东省流动人口 3104 万，90％集中于珠江三角洲地区，在这些流动人口中，外省籍的占 44.5％（乌钢，2007）。另外，珠江三角洲都市经济区也是全国重要的商贸中心和出口基地。每年两次的广交会和深圳的高交会，成为中国与世界各国开展贸易往来的重要平台。同时，珠江三角洲都市经济区也是全国重要的交通枢纽、海运中心、航运中心。目前来看，珠江三角洲都市经济区与长江三角洲都市经济区、京津冀北都市经济区是全国发育最为成熟的都市经济区，成为全国经济持续快速发展的保证和重要增长极。

3. 珠江三角洲都市经济区为全国的经济实力提升做出的重要贡献

改革开放以来，凭借濒临港澳的优越区位条件和改革开放的政策优势，借着外资推动和产业转移的动力，珠江三角洲的经济发展势头迅猛，目前已经成为城镇化水平最高，发育最完善的都市经济区。2008 年，珠江三角洲的地区 GDP 为 29745.98 亿元，占全省经济总量的 83.33％，占全国经济总量的 9.82％。2012 年，珠江三角洲的地区 GDP 为 47779.56 亿元，占全省经济总量的 83.72％，占全国经济总量的 9.2％。算上港澳的 GDP（分别为 20419 亿港元和 3482.2 亿澳门元，按当年价格计算），珠江三角洲都市经济区的 GDP 总量已超过 1 万亿美元，在全球经济体系中占有非常重要的位置。由此可见，珠江三角洲都市经济区具有非常雄厚的经济实力，是人口、产业、信息、技术的高度集聚区，是国家经济发展的重要引擎，在全国乃至世界都具有举足轻重的地位。

4. 珠江三角洲都市经济区为全国的人口集聚与城镇化进程做出的贡献

珠江三角洲都市经济区的持续快速发展，带来了大量的就业机会，吸引了全国各地的劳动力向珠江三角洲集聚，形成了大规模的民工潮。从 20 世纪 80 年代开始，大量的外地人口首先向深圳涌入，既包括普通的工人寻找务工机会，也包括许多高学历的人才以及商业精英抢占创业先机。随后，随着珠三角地区制造业、加工业的不断兴盛，外地人口开始向广州、东莞、珠海、中山、惠州等地区扩散，导致东莞、深圳、中山等地的外来人口与本地人口的比例达到 5：1 甚至 10：1 以上，形成具有珠三角特色的人口结构和就业结构形态。

大量外来人口的涌入，大大推动了珠三角都市经济区的城镇化进程。改革开放以来，珠三角地区的城镇化水平一直处于全国领先水平。到 1990 年，珠江三角洲都市经济区的城镇人口为 1696.63 万人，2000 年城镇人口为 2981.23 万人，城镇化水平达到 69.5%。2010 年城镇人口为 4645.88 万人，城镇化水平达到 82.72%。2012 年底，珠三角都市经济区的城镇人口为 4770.19 万人，城镇化水平达到 83.84%，城镇人口占广东省城镇人口的 66.8%，占全国城镇人口的 6.7%，为推动我国的城镇化进程和承载城镇人口做出了突出贡献。

5. 珠江三角洲都市经济区为全国的产业集聚和外贸出口做出的重要贡献

珠江三角洲都市经济区不仅承载了大量的城镇人口，也是全国规模最大的产业集聚区之一。目前形成了电子信息、机械机电、家具家电、纺织服装等多门类的现代产业体系。珠江三角洲都市经济区共有国家级的经济技术开发区和高新技术开发区 10 多个，拥有省级开发区 30 多个，成为拉动珠江三角洲都市经济区经济增长的重要引擎。

依托地处中国南大门的区位优势和便利的交通条件，珠江三角洲都市经济区一直是我国十分重要的对外通商口岸。一年两次的广交会、深圳高交会以及珠海航展，一直发展成为全球贸易体系的重要环节，吸引了来自世界各地的各个国家参加洽谈贸易。2012 年底，珠江三角洲都市经济区的贸易出口额达到 5477.09 亿美元，占全国总贸易出口额的 26.73%，进口额达到 3956.56 亿美元，达到全国进口额的 21.76%。珠江三角洲都市经济区在我国的对外贸易格局中占据着不可替代的地位。

6. 珠江三角洲都市经济区为全国的服务业提升做出的贡献

珠江三角洲都市经济区服务业十分发达，金融、保险、证券、咨询、会展、广告等生产性服务业十分发达，深圳股票交易所和证券交易所是与上海并列的两大股票交易中心，珠三角的会展业处于全国领先水平，建有亚洲最大世界第二大的琶洲会展中心。服务业的规模、总量、影响力，都在全国处于十分重要的地位。

7. 珠江三角洲都市经济区成为全国发育最为成熟的城镇密集地区

人口和产业的高度集聚推动了珠江三角洲都市经济区的空间扩展。从改革开放之初的 1978 年到 2008 年 30 年间，建成区面积由 $300km^2$ 增加到 2008 年的 $2949km^2$，增加到近 10 倍。到 2012 年，建成区面积为 $3547km^2$。由此出现了城镇集中连绵成片的空间格局，形成了全域型城镇化发展态势。2012 年底，珠三角都市经济区的城镇化水平已达到 83.84％，深圳市城镇化水平达到 100％，成为全国发育最为成熟的都市经济区之一。

8. 珠江三角洲都市经济区总体地域功能的形成演化产生的负面影响

（1）土地利用粗放，开发区建设无序蔓延。

开发区和工业园区建设是珠江三角洲都市经济区产业发展的重要载体。伴随着珠江三角洲产业园区的快速扩张，土地利用相对粗放，厂房之间间距过大，主要以一层的厂房为主，土地利用非常粗放，土地浪费的现象十分严重。另外，大量中小企业的空间集聚对工业用地产生巨大需求，使得珠江三角洲地区的许多乡镇和行政村也相继开发了许多工业园区，开发区建设无序蔓延，土地的集约利用水平亟待加强。

（2）耕地面积持续减少。

伴随着快速的城镇化进程和产业开发，越来越多的耕地转变为城镇建设用地。珠江三角洲都市经济区的耕地面积急剧减少，2005 年与 20 世纪 80 年代相比减少了一半，仅剩下 54.21 万公顷。2012 年底，耕地面积为 78.3 万公顷。目前，珠江三角洲地区已经很难见到桑基鱼塘或蔗基鱼塘了。

（3）生态环境不断恶化。

由于工业区遍地开花，村村点火、户户冒烟，导致珠江三角洲都市经济区的生态环境不断恶化，主要表现在以下方面：SO_2 和粉尘颗粒物含量不断攀升，大气污染居高不下；污水排放导致的水体污染日益严重；重金属的排放量超标，土壤污染呈现面状蔓延的态势。另外，生态脆弱地区的破坏比较严重、水土流失、泥石流、滑坡等地质灾害频发。大规模的工业化进程对珠江三角洲的生态环境造成了深远的影响。

二、核心城市的功能变迁

1. 广州地域功能发展演化

广州具有两千多年的建城史，历史悠久，文化积淀深厚，长期作为广东省的政治、经济、交通、科技和文化中心。可以说，广州市长期以来一直是珠江三角洲地区乃至华南地区的中心城市。改革开放之后，为了进一步加快广州市的发展，因应深圳和珠海特区的设立，1984 年被批准为 14 个沿海开放城市之一。沿海开放城市是中国沿海地区对外开放的、并在对外经济活动中实行经济特区的某些特殊政策的一系列港口城市，是经济特区的延伸。

为了进一步发展外向型经济，广州市陆续设立了广州经济技术开发区（1984年）、南沙经济技术开发区（1990 年）、高新技术开发区（1991 年）、保税区（1992 年）以及出口加工区（2000 年）。在 1984 年率先设立了广州经济技术开发区，成为国务院批准成立的首批 14 个国家级开发区之一。由此形成了全方位多层次的对外开放格局。

广州是全国重要的工业基地、华南地区的综合性工业制造中心，多年的发展已形成了门类齐全、轻工业较为发达、重工业有一定基础，综合配套能力、科研技术能力和产品开发能力较强的外向型现代工业体系。全国 40 个工业行业大类中，广州就拥有 34 个。广州工业在全市国民经济中占有重要地位，工业增加值在全市国内生产总值中的比重超过 1/3。汽车制造、电子通信和石油化工三大支柱产业的工业产值约占全市工业总产值的 1/3。随着先进技术的引进，轻纺、食品、医药、建材等传统行业升级换代，以电子通信、家电、精细化工、石油化工等行业领头的许多新兴产业及高科技产业迅速发展。广州工业在珠江三角洲、华南地区乃至东南亚一带都具有明显的比较优势。

广州作为中国最早对外通商贸易的口岸，历史源远流长，在世界上占有相当重要的地位。享誉全球的中国进出口商品交易会（"广交会"）从 20 世纪 50 年代至今一直在广州举行，以规模最大、时间最久、档次最高、成交量最多而荣膺"中国第一展"的称号。新建成的广交会场馆——琶洲国际会展中心，将把"中国第一展"提升到世界级博览会的层次。广州国际会议展览中心是目前世界第二大、亚洲第一大的会展中心。

广州是全国三大金融中心之一，金融市场活跃，是华南地区融资能力最强的中心城市，也是全国外资银行第二批放开准入的城市。广州是华南地区信息中心，拥有比较完善的信息基础设施，是我国长途电信业务三大出口之一，也是全国互联网三个核心节点和国际出口之一，更是国家互联网三大交换中心之一。广州是华南地区的海陆空交通中心，拥有全国第三大港口——广州港，和全国第三大机场——新白云国际机场。

广州1989年以来连续20年综合经济实力位居全国大城市第三位，服务业主导地位基本确立，综合门户功能不断增强，开放引领作用日益增大，于是在《珠江三角洲地区改革发展纲要》中，将广州市定位为国家中心城市。依托广州现代服务和先进生产制造体系，以大型空港、海港为基础，建设国际商贸中心、国际航运中心、金融中心、知识创新中心。在新时期，新的发展背景下，国家赋予广州市更高的功能地位与发展期待。

2. 深圳地域功能发展演化

经济特区是在国内划定一定范围，在对外经济活动中采取较国内其他地区更加开放和灵活的特殊政策的特定地区。在经济特区内，对国外投资者在企业设备、原材料、元器件的进口和产品出口，公司所得税税率和减免、外汇结算和利润的汇出、土地使用、外商及其家属随员的居留和出入境手续等方面提供优惠条件。1980年，深圳和珠海经济特区正式设立（另外两个是厦门和汕头），成为珠江三角洲都市经济区对外联系和经济合作的重要窗口。从特征上讲，经济特区是我国采取特殊政策和灵活措施吸引外部资金、特别是外国资金进行开发建设的特殊经济区域；从功能上讲，经济特区是我国改革开放和现代化建设的窗口、排头兵和试验场。

深圳经济特区的建立，为深圳的率先崛起奠定了良好的制度优势。20世纪90年代，深圳市通过设置各类开发区，进行工业和房地产的新区建设，使城市的用地规模进一步扩大，城市的建成区大规模成片扩张。例如，1987年，设立了深圳沙头角保税区；1991年设立了深圳高新技术产业园区以及深圳福田保税区；1996年设立了深圳盐田港保税区；2004年设立了盐田保税物流园区。引导将新旧工业外迁集聚，在推进城镇化进程中各方面用地都获得极大的拓展。

随着深圳市经济、社会的快速发展，深圳市城乡一体化的格局基本形成。2005 年，宝安、龙岗两区都顺利完成了"农村城镇化"的改革，原有的农村人口已全部转为深圳市居民，由此也实现了深圳市域 100％的城镇化水平。目前，深圳市人才引进的标准、招调技术工人的条件及办理程序、社会养老保险等已经实现全市统一管理。

2010 年，在深圳特区建立 30 周年之际，特区内外一体化方案获得国务院审批通过，深圳市将把特区面积扩展到关外的宝安区和龙岗区，这有利于深圳在新的历史条件下，在更大空间和平台上发挥示范带动作用。从经济上讲，促进特区内外产业结构科学布局。从城市建设方面讲，有利于把特区内外作为一个整体进行规划和管理。同时有利于统筹城乡一体化发展，大大改善全市人民的人居生活条件。

第六章 珠江三角洲都市经济区的
空间演化过程分析

改革开放之后，凭借临近港澳的优越区位条件和先行先试的制度环境，珠江三角洲地区率先起步，经济发展日新月异，地域空间格局也发生了日新月异的变化。下面分别按照 1980 年、1995 年、2000 年、2005 年和 2008 年五个时期探讨城镇集聚区、农村散居区、农田耕作区、工矿产业区等各种地域类型的空间分布特征与发展演化过程。

第一节 城镇集聚区的分布特征与演化过程

一、演化过程

总体上看，改革开放以来，城镇集聚区呈现持续快速的扩展过程（见图 6-1）。从 19 世纪 80 年代的遥感影像解译结果看，珠江三角洲都市经济区的城镇集聚区共有 152 个（斑块数量），建成区面积为 1068km^2。到了 1995 年，斑块数量增加了 7 个，但建成区面积获得迅速增加，达到了 1635km^2。2000 年，城镇集聚区的数量迅速增加到 257 个，而建成区面积达到 1896km^2。2000—2005 年，是城镇集聚区迅速扩展和规模扩大的时期，斑块数量迅速扩大到 640 个，建成区面积达到了 2089km^2。2005—2008 年，城镇集聚区平稳增长，达到 662 个，而建成区面积达到了 2949km^2，形成了一个规模巨大的都市经济区。

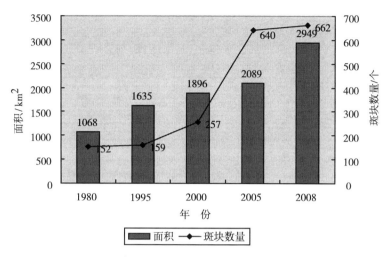

图 6-1 珠江三角洲城镇集聚区发展变化统计图

二、阶段性分布特征

改革开放之初，珠江三角洲地区城镇规模普遍偏小，只有广州市和香港具有较大的城市规模，其他地区均呈现点状布局的空间形态，特别是深圳、珠海、东莞、中山，还没有明显的城市形态，城市发展处于起步期（见图 6-2）。到了 20 世纪 80 年代，城镇空间形态得到了快速的拓展，特别是深圳市和珠海市，基本达到了惠州、肇庆和江门市的发展规模。中山市和东莞市已初具发展规模（见图 6-3）。

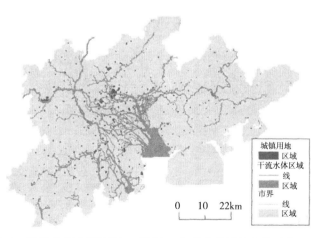

图 6-2 珠三角都市经济区 20 世纪 70 年代末的城镇空间形态

资料来源：王娇．珠江三角洲地区城市建成区扩展时空过程及影响因素［D］.北京：中科院遥感所，2006.

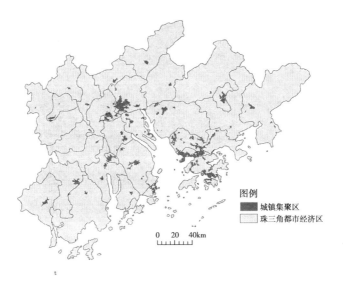

图 6-3　20 世纪 80 年代城镇集聚区空间分布图

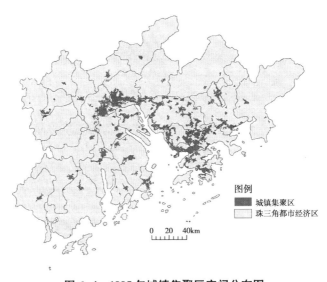

图 6-4　1995 年城镇集聚区空间分布图

1980—1995 年，是城镇空间的快速扩张时期。城镇集聚区由点状扩展向面状蔓延转化，广州市东进扩展的态势十分明显，向东将天河区、黄浦区连成一片。佛山市禅城区和南海市（现已改为南海区）连成一个整体，同时南海市向东北方向扩展迅速，积极向广州靠拢，形成广佛一体化的发展态势。在珠江口东岸形成了由广州、东莞、深圳、香港连接而成的城镇集聚带。深圳市北部全面开发，城镇集聚区不断扩大到整个市域范围（见图6-4）。东莞市的城镇获得突飞猛进的大发展，城镇集聚区多点并举，形成一定发展规模。惠州市以惠阳区的城市拓展最为明显，实现了从无到较大的发展规模的突变。这个时期顺德市以向南扩展为主，中山市以向东北扩展为主，江门市以向西扩展为主，肇庆市以向西扩展为主。但总体上看，珠江口东岸城镇集聚区发展迅速，已经连绵成片呈带状扩展，珠江口西岸还主要以点状扩展为主（见图6-5）。

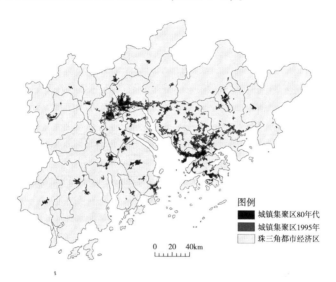

图6-5　20世纪80年代到1995年城镇集聚区空间分布图

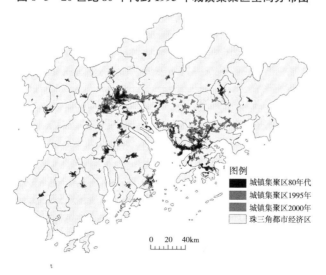

图6-6　20世纪80年代到2000年城镇集聚区空间分布图

　　1995—2000 年，城镇集聚区的扩展势头有所减缓，城镇集聚区的扩展主要发生在城区或城镇边缘（见图 6-6）。南海市北部扩展明显，并与广州市连成一体。广州市番禺区向北部扩展明显。深圳市龙岗区北部乡镇扩展明显，呈现组团化的发展态势。东莞市城区向东西向扩展，其他乡镇也有一定程度的扩大。惠州向南部沿交通线呈线状拓展，江门新会市（现改为新会区）向西呈线状扩展。珠海市城区向西南部拓展明显，金湾区珠海机场附近开发强度较大。

　　2000—2005 年，是珠江三角洲城镇集聚区扩张最为迅速的时期，各个城市都呈现较大幅度的扩张和蔓延（见图 6-7）。随着番禺和花都的撤市改区，广州市的"北优南拓"战略得到充分实施。伴随着广州白云机场落户花都区，极大地带动了花都区空港工业园区的发展，花都建成区东西两侧都扩展得十分显著。番禺北部地区得到了大面积开发，主要是以大型房地产开发为主，形成了著名的"华南板块"。高明、三水改区后，城镇集聚区范围集聚扩大，多点并发，扩展迅速。得益于南海、顺德等城市撤市改区，佛山市区东部和西部都得到大幅度的扩展，广州佛山大型城市组群基本形成。由于松山湖工业园区的大规模开发，东莞市南部得到了大面积的拓展，成为这一时期扩展面积最大的城市集聚区。深圳市的空间拓展主要集中于北部的龙岗区，呈现填充式扩展的特征，基本上形成集中连片的发展形态。惠州市城区主要向东部有所拓展，南部惠阳区向东西拓展，与深圳市龙岗区基本连成一片。这个时期也是珠江口拓展最为明显的阶段。顺德

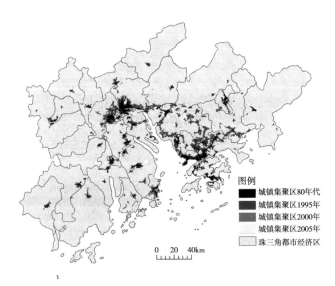

图 6-7　珠江三角洲都市经济区城镇集聚区 2000—2005 年空间拓展分布图

区南部的南头镇、黄圃镇拓展迅速。中山市城区向东部拓展为主，中山市小榄镇向南部扩展，建成区实现了翻番式扩展。珠海市斗门区也获得了较大幅度的开发。肇庆市城区扩展缓慢，高明市东部得到零星式扩展。相对于其他城市，江门市在这个阶段的城市集聚区扩展幅度较小，成为增长最慢的城市。

2005—2008 年，城镇空间扩展主要以珠江三角洲都市经济区北部和西部为主，以深圳、东莞为代表的珠江口东岸地区扩展不明显（见图 6-8）。这个时期，珠三角外围地区呈现急剧的空间扩展，主要有两个方面的原因，一是由于珠三角都市经济区在 2005 年后加快了产业转移的步伐，一些劳动密集型企业向珠三角外围地区转移，使得用地空间需求增大，刺激了外围地区的快速扩张；二是 2008 年完成了第二次土地调查，土地利用数据相对更细致全面，更准确地反映了珠江三角洲都市经济区的土地现状特征。

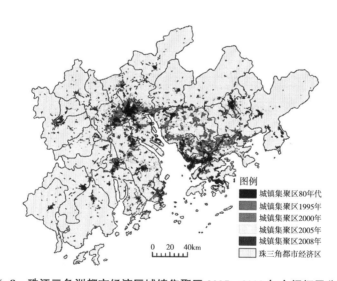

图例
■ 城镇集聚区80年代
■ 城镇集聚区1995年
■ 城镇集聚区2000年
■ 城镇集聚区2005年
■ 城镇集聚区2008年
□ 珠三角都市经济区

0　20　40km

图 6-8　珠江三角洲都市经济区城镇集聚区 2005—2008 年空间拓展分布图

第二节　农村散居区的分布特征与演化过程

一、演化过程

从珠江三角洲都市经济区 5 个时段农村散居区的遥感解译统计图来看（见图

6-9），农村散居区（斑块）数量呈现减少趋势，从20世纪80年代的6717个减少到2000年的6511个，再到2008年的1333个。这并不表明农村居民点数量在不断减少，而是由于农村居民点的迅速扩展导致相邻农村居民点连成一片而看作一个斑块导致的。从斑块面积可以证明这个结论：20世纪80年代农村散居区的面积为1574km²，稳步增长到2000年的1984km²，2005年减少到1472km²，估计是由于2005年使用的土地覆被数据，与其他年份的土地利用数据之间的差异导致的。到了2008年，珠江三角洲都市经济区农村散居区的面积已达到2075km²，呈现出城乡一体化的发展态势。

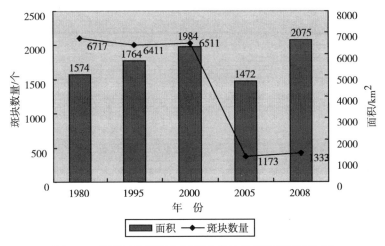

图6-9　珠江三角洲都市经济区农村散居区发展变化图

二、阶段性分布特征

20世纪80年代，珠江三角洲都市经济区农村散居区的分布较均衡，与地形地貌条件相一致，珠江三角洲平原地区分布较密集，外围的丘陵山区分布较稀疏（见图6-10）。分布较密集的地区主要集中在广州市白云区、南海市、东莞市、增城市、博罗县南部、新会和开平市北部。相对而言，处于珠三角核心区的中山市、番禺市和深圳市农村散居区分布较稀疏。

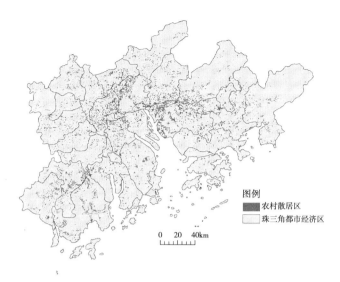

图 6-10 20 世纪 80 年代农村散居区空间分布图

20 世纪 80 年代至 1995 年，农村散居区扩展明显，主要集中于珠江口两岸地区（见图6-11）。东岸的增城市、东莞市、深圳市和惠阳市都有较大幅度的增加，居民点密度进一步提高。农村居民点主要还是在原来居民点的基础上进行扩展的，居民点扩展规模较小。珠江口西岸扩展迅速，且单体扩展规模较大，主要是村级工业区的大规模开发。顺德市、新会市、中山市整体扩展明显，特别是高明市东部、四会市南部、中山市南部、珠海市拱北区北部出现较大农村散居区扩展斑块（见图6-12）。

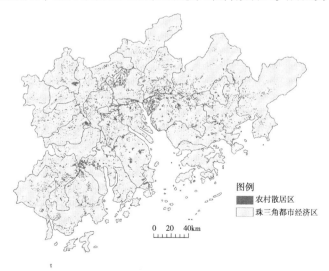

图 6-11 1995 年农村散居区空间分布图

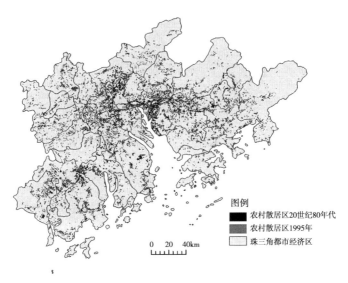

图 6-12　20 世纪 80 年代至 1995 年农村散居区发展演化图

　　1995—2000 年，农村散居区表现出大部分地区基本稳定，局部地区扩展明显的发展特征（见图 6-13）。具体而言，东莞市是扩展速度最快、扩展面积最大的区域，包括东莞市东部、西南部和东南部。究其原因，主要是 1995 年以后快速的工业化进程引起了巨大的土地需求，工业区、外来人口出租屋向农村蔓延，乡村工业化的进程开始加快，特别是东莞市，表现出短期内急剧性变化。珠江口西岸扩展明显的区域主要集中在南海和顺德市，其他地区有零星增加。

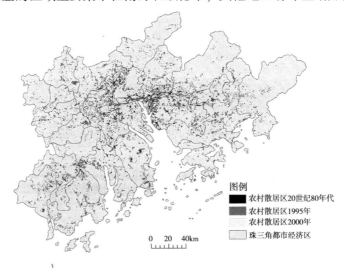

图 6-13　1995—2000 年农村散居区发展演化图

2000—2005 年，珠江三角洲都市经济区农村居民点的空间扩展强度进一步加强，从东莞市为主的蔓延转化为珠江口两岸全面性的扩张（见图 6-14）。广州市农村散居区主要是白云区、花都区、增城市南部扩展迅速。从增城市南部、东莞市北部、博罗县南部一直延伸到惠州，形成了一条农村居民点集聚带。珠江口西岸以顺德市和中山市扩展最为明显，并呈现明显斑块状的分布特征，显示出农村城镇化和工业化进程快速推进的发展态势。

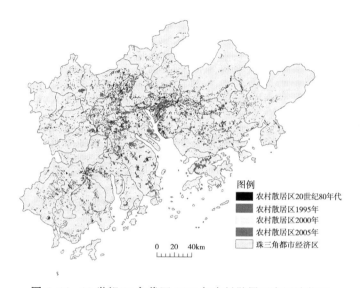

图 6-14　20 世纪 80 年代至 2005 年农村散居区发展演化图

2005—2008 年，珠江三角洲都市经济区农村居民点的空间扩展速度进一步加快，尤其是广州、佛山为核心的中部都市区和珠江口西岸城市扩展十分显著（见图 6-15）。广州市以荔湾区扩展明显，占地规模较大，呈现团块状分布；另外番禺区大石镇、钟村镇等地方扩展迅速，这与广州新火车站的选址落户该处以及中小工业的进驻直接关联。

从 2008 年的现状分布看（见图 6-15），农村散居区已经在珠江三角洲都市经济区密集分布，特别是珠江口两岸，已经形成了密集的团块状结构形态，并形成了两条密集的农村居民点密集带。一条是从广州市花都区向南到白云区，再向南延伸到南海、顺德、番禺、中山市，这是一条纵贯南北覆盖面较广的集聚带。另一条处于珠江口东岸，从增城市南部延伸到东莞市全境以及深圳市北部地区，向东一直延伸到惠州市区和惠阳区，尤其以东莞市市域范围内分布最广、最密集。两条农村居民点集聚带的形成，显示出珠江三角洲都市经济区乡村城镇化和工业化呈现迅猛发展态势，在珠江三角洲都市经济区呈现面状蔓延的空间特征，也给未来提升城镇化质量和加强城乡空间管理带来了压力和提出了更高的要求。

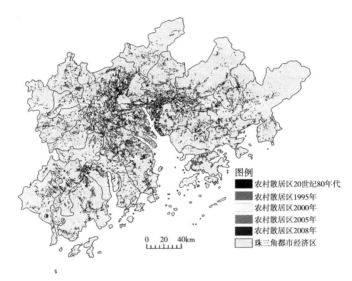

图例
■ 农村散居区20世纪80年代
□ 农村散居区1995年
□ 农村散居区2000年
▨ 农村散居区2005年
■ 农村散居区2008年
□ 珠三角都市经济区

0 20 40km

图6-15 2005—2008年农村散居区发展演化图

第三节 工矿产业区的分布特征与演化过程

一、演化过程

珠江三角洲都市经济区工矿产业区，从历年的发展变化看（见图6-16），至20世纪80年代以来，一直呈现持续快速的发展态势。20世纪80年代，有915个工矿点及其他建设用地；到了1995年，增长到1124个；到了2000年，又减少到990个；到2008年，增加到1643个。而从工矿产业区的面积来看，也基本上是一个时期翻一番。20世纪80年代是337km^2，到1995年达到了666km^2。2000年，达到了1439km^2，斑块减少而面积翻倍，说明这五年工矿区的扩展十分迅速。到了2008年，工矿产业区的面积达到2852km^2。

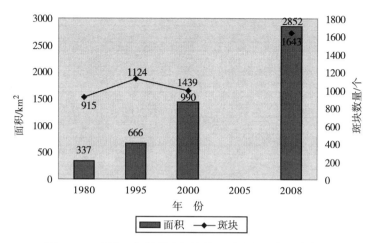

图6-16　珠江三角洲都市经济区工矿产业区发展变化图

二、阶段性分布特征

从空间分布上看（见图6-17），20世纪80年代，珠江三角洲都市经济区的工矿产业区呈现零散分布的发展特征，在整个都市经济区均衡分布，没有明显的集聚。到了1995年，工矿产业区呈现快速增加的态势，不少单个产业区的面积成倍扩大，另外还新增了许多新的工矿点，在珠江口两岸集聚的态势有所增强。

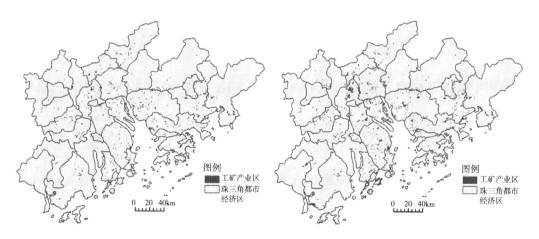

图6-17　20世纪80年代（左）和1995年（右）珠江三角洲都市经济区工矿产业区空间分布

20世纪80年代至1995年，工矿产业区的空间扩展较为迅速（见图6-18）。广州城区以北部白云区和西部荔湾区的空间扩展为主，北部的花都市和南部的番禺市新增工矿点较多。特别是南沙地区出现了长条形的产业板块，得益于李嘉诚的投资开发以及紧随其后的广州南沙经济开发区的建设。佛山市域工矿点数量增长明显，主要集中于南海市和顺德市，特别是南海市，空间集聚和扩张的态势最为明显。珠江口东部以东莞市出现了两个较大规模的斑块。深圳市龙岗也出现了许多零星的工矿点。这些工矿点的密集出现昭示着珠江三角洲80年代以"三来一补"为特色的乡镇工业的崛起。

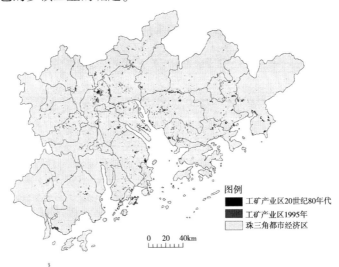

图6-18　20世纪80年代至1995年珠江三角洲都市经济区工矿产业区空间分布

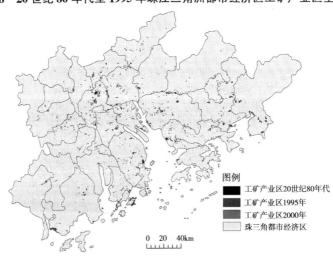

图6-19　20世纪80年代至2000年珠江三角洲都市经济区工矿产业区空间分布

　　1995—2000 年（见图 6-19），珠江三角洲都市经济区工矿产业区呈现零星小规模扩展的发展特征，没有形成新的产业集聚区。新扩展的工矿点主要分布于深圳市龙岗区、广州市白云区、佛山市三水市、南海市以及中山市。最大的一个斑块出现在惠州市惠阳县（现惠阳区），主要是惠阳经济开发区的建设引起的。

　　2000—2008 年，珠江三角洲都市经济区工矿产业区呈现快速扩张的发展态势，已经从点状扩展转向面状蔓延（见图 6-20）。扩展最明显的是东莞市，几乎呈现全市蔓延的发展态势。惠州市大亚湾地区也呈现大规模扩展的特征，主要是由于惠阳经济技术开发区的大规模建设以及中海壳牌等大型石化项目的落户和带动作用。珠江口西岸以南海市扩展最为剧烈，集聚程度最高，基本上呈现密集分布、连绵成片的发展特征。其次是顺德、中山、江门等地区也呈现出快速的扩展势头。相对而言，在这个时期，广州市和深圳市的产业扩张不是很明显，主要产业起步较早，以内部优化调整为主。

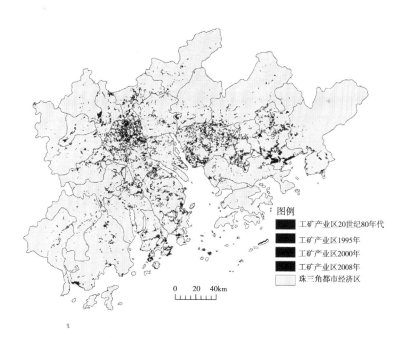

图 6-20　20 世纪 80 年代至 2008 年珠江三角洲都市经济区工矿产业区空间分布

第四节 农田耕作区的分布特征与演化过程

一、演化过程

农田耕作区主要由水田和旱田两部分构成。从 5 个时段的遥感影像解译图来看，珠江三角洲都市经济区的农田耕作区呈现持续减少的态势，且旱田减少规模更为明显（见图 6-21）。1980 年，水田和旱田的斑块大概都有 2500 个，面积上，水田约有 1 万 km²，而旱田有 4300km²。到了 2000 年，水田斑块增加了 72 个，旱田斑块减少了 122 个，相对应的水田面积减少了 183km²，而旱田面积减少 208km²。到了 2008 年，水田斑块减少到 2115 个，面积减少为 5308km²；而旱田的斑块减少到 1351 个，面积比 2000 年减少一半，减少到了 1490km²。这表明 2000 年以后 8 年间，城乡建设和产业扩张占用了大量的旱田，耕地减少数量触目惊心。

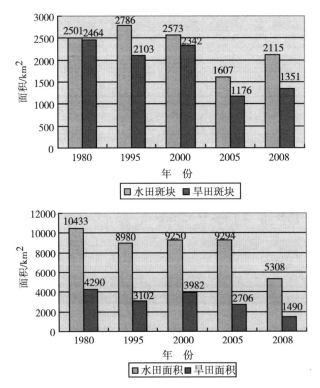

图 6-21 珠江三角洲都市经济区水田和旱田斑块数量及面积变化图

从官方统计数据看（袁中友，2009），珠江三角洲耕地面积在 1980 年耕地的保有量为 104.5 万 hm²，1980 年末珠三角耕地保有量为 94.21 万 hm²，1996 年减少到 84.61 万 hm²，净减少 9.60 万 hm²，年均减少 1.60 万 hm²，年均递减率为 1.70％；2000 年减少到 63.1 万 hm²；得益于 2003 年全国开展开发区的严格整治，2004 年末耕地面积增加到 69.93 万 hm²，同 1996 年相比，净减少 l4.68 万 hm²，年均减少 1.84 万 hm²，年均递减率高达 2.17％，相当于 1990—1996 年的 1.28 倍，耕地减少率明显加快，且减少速度区域差异显著。东莞、珠海和佛山 3 市，1996 年以来的年均递减率分别为 7.05％、5.88％和 5.55％，尤其是东莞与佛山市，耕地由年均递增转变为年均快速递减，1996—2004 年的年均递减量分别占全区的 14％和 31％。广州市虽然递减率较 1990—1996 年有所下降，但是耕地总量基数大，年均递减量高达 0.27 万 hm²，占全区年均递减量的 15％。深圳市 1996 年后年均递减率为 3.73％，较 1990—1996 年大幅度降低（见表 6-3）。

表 6-3　珠江三角洲各地区耕地资源变化情况

地区	年均净减量/万 hm²		年均递减率/％	
	1990—1996 年	1996—2004 年	1990—1996 年	1996—2004 年
东莞	0.23	0.25	4.80	7.05
珠海	−0.01	0.22	−0.21	5.88
佛山	−0.01	0.56	−0.13	5.55
中山	0.20	0.23	2.39	3.26
深圳	0.24	0.02	11.46	3.73
肇庆	−0.01	0.19	−0.18	2.31
广州	0.50	0.27	2.52	1.62
江门	0.23	0.08	1.00	0.39
惠州	0.24	0.11	1.67	0.00
全区	1.61	1.82	1.70	2.17

从总量上看，珠江三角洲都市经济区农田耕作区的面积呈现波动性减少的态势（见图 6-22）。20 世纪 80 年代，农田耕作区的面积总量为 14723km²；到了 2000 年，减少到 13232km²；2008 年，农田耕作区的面积仅剩下 6798km²，与 2000 年相比，基本上减少了一半。

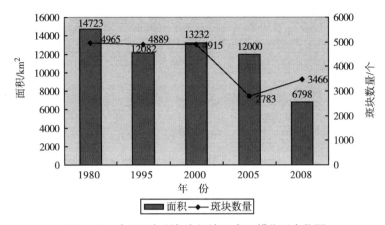

图 6-22　珠江三角洲都市经济区农田耕作区变化图

二、阶段性分布特征

由于珠江三角洲地区河网密集，地势平坦，在改革开放之初良田万顷，基本上处于未开发的自然状态（见图 6-23）。20 世纪 80 年代，珠江三角洲的农田耕作区主要集中于广州市北部的花都市、从化市南部、番禺市、增城市南部、博罗县南部、惠州市中部、东莞市、西部佛山的南海市、三水市、高明市、顺德及中山的东部以及珠海市斗门县，呈现连绵成片的发展特征。外围丘陵山区也有稀疏带状分布，但农田耕作区的面积不大，不成规模。

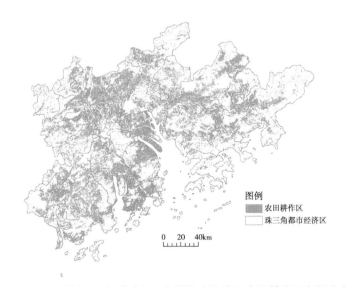

图 6-23　20 世纪 80 年代珠江三角洲都市经济区农田耕作区空间分布

　　到了 2008 年，农田耕作区面积锐减。根据遥感图像解译的结果，珠江三角洲都市经济区的实际耕地面积仅剩下 6798km² （68 万公顷），耕地面积锐减的趋势仍未能从根本上得到遏制（见图 6-24）。特别是佛山市南海区、顺德区，中山市、东莞市，属于耕地急剧减少地区，耕地保护形势非常严峻。

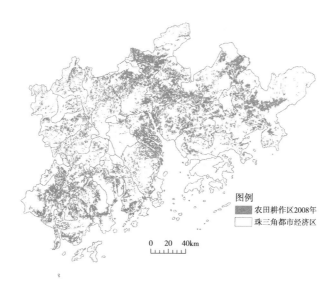

图例
农田耕作区2008年
珠三角都市经济区

0　20　40km

图 6-24　2008 年珠江三角洲都市经济区农田耕作区空间分布

第五节　不同时期土地利用转换分析

一、1980—1995 年土地利用变化

　　运用 ArcGIS 的空间分析模块，建立土地利用转换矩阵，可以统计出不同时期各种地域功能演化的变化量、增减来源与变动去向。以下是不同时期珠江三角洲都市经济区土地利用转换矩阵（见表 6-4）。

表 6-4　珠江三角洲都市经济区 1980—1995 年土地利用变化统计　　　　hm²

类型	林地	草地	水域	城镇	农村	工矿	未利用地	水田	旱田
林地	17958	396	173	306	122	78	0	541	324
草地	178	760	12	41	11	9	0	44	19

续表

类型	林地	草地	水域	城镇	农村	工矿	未利用地	水田	旱田
水域	163	15	2352	84	146	58	13	283	53
城镇	34	0	11	935	13	9	0	22	9
农村	71	10	52	230	923	34	0	220	61
工矿	22	3	9	23	9	218	0	29	6
未利用地	2	0	0	0	2	1	14	1	0
水田	747	108	878	400	391	98	0	6487	410
旱田	759	131	125	337	135	71	4	580	2055

从 20 世纪 80 年代到 1995 年，城镇用地增加最多，包括林地转化为城镇用地 306 公顷，农村转化为城镇用地 41 公顷，水田转化为城镇用地 400 公顷，旱田转化为城镇用地为 337 公顷。另外，变化比较明显的是农村用地的集聚增加，其中林地转化为农村用地 122 公顷，水田转化成农村用地 391 公顷，旱田转化为农村用地 135 公顷。总体来看，水田和旱田减少幅度最大，大部分都转化成了城市和农村建设用地。

二、1995—2000 年土地利用变化

从 1995 年到 2000 年的变化看，变化比较大的还是水田、林地和旱田（见表 6-5）。林地有 172 公顷转化为草地，有 75 公顷转化为城镇用地，有 84 公顷转化为农村用地，有 31 公顷转化为工矿用地。水田是减幅最大的，有 399 公顷转化为水域，有 76 公顷转化为城镇用地，有 267 公顷转化为农村用地。旱田中也有 34 公顷转化为城镇用地，有 73 公顷转化为农村用地。

表 6-5　珠江三角洲都市经济区 1995—2000 年土地利用变化统计　　　　hm²

类型	林地	草地	水域	城镇	农村	工矿	未利用地	水田	旱田
林地	17939	172	188	75	84	31	2	701	742
草地	396	755	14	3	14	4	0	107	130
水域	175	11	2765	44	96	10	0	419	93
城镇	118	13	41	1502	370	19	0	141	161

续表

类型	林地	草地	水域	城镇	农村	工矿	未利用地	水田	旱田
农村	96	7	151	52	1030	12	2	291	111
工矿	45	7	46	43	81	247	1	64	48
未利用地	0	0	2	0	0	0	14	11	4
水田	542	42	399	76	267	31	1	6293	556
旱田	310	17	61	34	73	10	0	389	2043

三、2000—2005 年土地利用变化

从 2000—2005 年，是土地利用转换最为剧烈的一个时期，也是水田和旱田减少最快的一个时期（见表 6-6）。水田有 267hm² 转化为林地，有 352hm² 转化为水域，有 692hm² 转化为城镇用地，有 226hm² 转化为农村用地。就旱田而言，有 547hm² 转化为林地，有 491hm² 转化为城镇用地，69hm² 转化为农村用地，另外还有 764hm² 转化为未利用地。

表 6-6　珠江三角洲都市经济区 2000—2005 年土地利用转化　　　　　hm²

类型	林地	水域	城镇	农村	工矿	未利用地	水田	旱田
林地	18363	70	513	81	0	309	291	70
草地	834	17	46	10	0	53	63	17
水域	145	2940	234	111	0	197	48	2940
城镇	41	16	1653	83	0	25	12	16
农村	126	49	597	828	0	314	101	49
工矿	36	22	191	55	0	29	16	22
未利用地	6	2	5	0	2	4	1	2
水田	267	352	692	226	0	6733	145	352
旱田	547	73	491	69	0	764	1943	73

四、2005—2008 年土地利用变化

2005—2008 年，土地利用转化速度有所减缓，但是水田和旱田减少的趋势

仍然十分明显，其次是林地的减少趋势非常明显（见表 6-7）。林地中，有
513hm² 转化为水域，158hm² 转化为城镇用地，60hm² 转化为农村用地，307hm²
转化为工矿用地。水田的减少速度放缓明显，但旱田减少速度加快。水田有
1288hm² 转化为林地，143hm² 转化为水域，103hm² 转化为城镇用地，56hm² 转
化为农村用地，170hm² 转化为工矿用地。旱田中有 225hm² 转化为林地，
2557hm² 转化为水域，117hm² 转化为城镇用地，101hm² 转化为农村用地，另有
226hm² 转化为工矿用地。另外一个现象就是城镇用地的转化加速，主要是转化
为工矿用地，三年间转化了 1124hm²。

表 6-7　珠江三角洲都市经济区 2005—2008 年土地利用转化　　　　　hm²

类型	林地	草地	水域	城镇	农村	工矿	未利用地	水田	旱田
林地	17245	46	513	158	60	307	54	17245	46
水域	225	1	2557	117	101	226	70	225	1
城镇	397	11	157	2030	334	1124	51	397	11
农村	120	2	104	307	228	406	5	120	2
工矿	2	0	0	0	0	0	0	2	0
未利用地	2166	16	1047	222	278	465	32	2166	16
水田	1288	9	143	103	56	170	9	1288	9
旱田	225	1	2557	117	101	226	70	225	1

　　总体上来看，20 世纪 80 年代到 1995 年，各类土地之间平均每年的变动幅度
较小；1995 年以后，土地利用变化开始加速，总体表现为耕地、林地向城镇和
农村建设用地转化；2000 年以后，是土地利用变化最剧烈的时期，也是耕地
（水田、旱田）减少最快的时期，这个时期也伴随着快速的城镇化进程以及开发
区的快速扩张，二者是相吻合的。深刻认识不同时期各种地类的发展变化，有利
于我们进一步地深入探讨、分析各种土地利用类型以及地域功能变化的机理与驱
动力。

第七章　珠江三角洲都市经济区
目前的空间格局与空间组织

第一节　珠江三角洲各种地域类型的空间分布特征

一、城市核心节点的空间分布特征

城市核心节点主要由都市经济区内部的地级以上的城市中心区组成，加上香港和澳门特别行政区，总共有 11 个（见图 7-1）。城市核心节点主要包括各大城市以服务业为主体的老城区，共同构成都市经济区的管理、控制和技术服务中心。其总

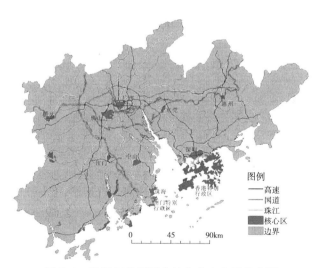

图 7-1　珠江三角洲城市核心节点空间分布图

数据来源:国家资源环境数据中心 1:100 万地图(2002 年)和珠江三角洲 2007 年遥感影像,以下不标明来源的与此相同。

体的分布格局与区域城镇体系的等级规模分布相一致。城市核心节点的空间分布
具有明显的历史继承性，同时也受自然因素、城市经济实力、产业结构构成、城
市的人口规模和用地规模等方面的影响。综合起来，珠江三角洲的城市核心节点
主要包括以下主要特征。

1. 依托河流分布特征明显

城市核心区是珠江三角洲都市经济区的核心节点，发挥着中枢的控制、管理
和创新的功能。从珠三角都市核心节点的空间分布来看，沿着珠江三角洲河流水
系分布的特征明显。这主要是城市发展的历史继承性，城区的拓展有一种路径依
赖，总是以老城区为核心向外拓展。在城市发育形成初期，是一些区位条件比较
优越的小的居民点。在当时，由于生产力的落后，"逐水草而居"成为当时区位
选择的重要考虑因素。因此，尽管后来的城市规模不断扩大，城市建设用地面积
不断扩展，但总是在最初形成的区位条件下发展壮大，以至于沿河分布的特征非
常明显。

2. 沿主要交通干道分布

城市核心节点具有良好的区位条件，一般沿主要的交通干道分布，具有发达
便捷的对内对外联系。这种分布格局的形成，与城市核心节点在都市经济区中的
重要地位是密切相关的。城市核心节点是都市经济区的技术研发和控制管理中
心，城市核心节点与都市经济区内部各个区域之间存在密切的经济社会联系，这
些联系的进行必须依托交通干道和信息通道来完成。特别是广州市，作为广东省
的省会和珠江三角洲都市经济区的"门户城市"之一，具有最密集的交通网络，
与周边城市都有方便快捷的高速公路和铁路相联系，奠定了广州市华南交通枢纽
的重要地位。

3. 具有历史继承性和相对稳定性

城市核心节点的发育成长总是依托老的中心城区向外拓展，总体上具有一定
的历史继承性，呈现圈层式的扩展态势。尽管随着开发区等新的空间形态不断出
现，城市总体的空间形态有所变化，但总的来看，城市核心节点在整个区域中的
区位特征和总体格局没有发生很大的变化，具有相对的稳定性。以广州市来看，
经历几千年的发展，以北京路为轴线的老城区的核心地位一直没有改变，一直以
来都是作为广州的 CBD 而存在的。尽管经历了一系列的行政区划调整，从"云
山珠水"的空间格局发展成为"山、海、田、城"的空间格局，广州市老城区

的研发、控制和管理职能并没有削弱，仍然是珠江三角洲都市经济区重要的城市核心节点。

4. 总体分布比较密集

凭借良好的区位条件和改革开放的先发优势，珠江三角洲经历近 30 年的发展，已经形成了发达的城镇体系，大中小城市齐头并进，突飞猛进，成绩斐然。截至 2007 年，珠江三角洲城市个数为 19 个（包括县级市和港澳），小城镇星罗棋布，集中连片，9 个地级市共有建制镇 322 个，平均每个市县有近 20 个建制镇，城镇密度达到 77 个/万 km^2，城镇间的平均距离不到 10km，特别是珠江口两岸的城镇建成区基本连成一片，呈现都市连绵的发展态势。同时，不论从建成区面积、经济总量还是常住人口规模来看，很多建制镇（如东莞虎门镇、厚街镇、中山小榄镇等）已经达到中等城市的水平，经济发展势头十分强劲。

5. 主要分布于平原和河谷地带

珠江三角洲从地形界限看，罗平山脉是它的西面和北面的界限，即罗平山脉以西为西江谷地区，习惯上称为粤西山地；山脉以北为北江水系，或称为粤北山地。东侧罗浮山区是三角洲的东界。因此，珠江三角洲的城市核心节点被周围的山地丘陵所包围，西江、北江、东江汇流形成的冲积平原，孕育了珠江三角洲的主要城市。珠江三角洲的城市核心节点主要分布于地势低平的平原和河谷地带。由于珠江三角洲的外围以山地和丘陵为主，形成了一个相对闭合的空间格局，一定程度上影响了都市经济区地域功能的拓展和辐射范围的扩大，随着人口规模和经济规模的不断扩大，可利用地越来越少，生态安全格局受到威胁，未来的发展空间和发展潜力也受到很大的限制。

二、综合交通走廊的空间分布特征

综合交通走廊是都市经济区各种经济要素运行的主动脉，承担着区域联系的功能。区域交通体系一般包括公路、铁路、航空和港口等构成的体系。本研究的综合交通走廊是城市核心节点的重要联系通道，主要依托国道、高速公路和轨道交通开展研究。影响综合交通走廊的因素主要有地形因素、交通体系结构以及城市之间的经济联系强度等方面。

1. 交通体系呈现网络化布局，初步形成两条综合交通走廊

珠江三角洲都市经济区交通发达，已经建成四通八达、十分稠密的交通网络

（见图7-2）。截至2006年底，珠三角经济区公路通车里程达到52139km，比2005年增加15621km，公路建设迅猛增长；公路密度为1.25 km/km²，高出广东省平均水平26个百分点。已建成的高速公路主要有广州至深圳、广州至开平、广州至三水、广州至清远、惠州至深圳等。京广、京九铁路是珠江三角洲与内陆省份客货运输最重要的南北通道，区内铁路运营里程514km，其中干线里程466km，主要有：京广线、京九线、广深线、广三线。珠三角的主要港口主要集中在香港、广州（黄埔港）、深圳（盐田港、蛇口港、妈湾港、赤湾港等）、珠海高栏港等，是全区重要的对外口岸。广州机场、深圳机场已经成为目前我国运输最繁忙的机场之一，珠海三灶机场正在发挥越来越重要的作用。珠三角9个地级以上城市2006年完成客运量13.6亿人次，占广东省总客运量的68.2%。

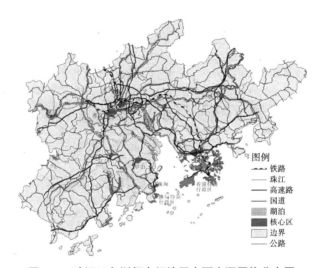

图7-2　珠江三角洲都市经济区主要交通网络分布图

资料来源：根据国家资源环境数据中心1：100万地图（2002年）和珠江三角洲交通分布图整理。

根据曹小曙（2000）的研究，珠江三角洲地区已形成以香港和广州为端点，以深圳和东莞为重要节点的穗深港巨型城市走廊。其范围以广深高速公路、107国道、203省道、广九铁路等为主轴线，其西界为珠江出海口，南以香港特别行政区南部为界，北以广州市区北部为界，东部界限在广州增城境域内，包括广州市区、东莞市域、深圳市域、香港特别行政区以及广州增城市的部分区域范围。

本研究的综合交通走廊的内涵与巨型城市走廊有些类似，都是指城镇化水平比较高，物流和人流通勤比较频繁的带状区域。不同点是巨型城市走廊偏重于节点城市首尾相连所形成的高度城镇化的带状地域，而综合交通走廊则侧重于以综合交通体系为导向的带状功能地域，在综合交通走廊附近形成生产活动、生活居住和流通仓储等主要活动的大量集聚。按照这个内涵，从本书处理的各种地域类型的空间分布（见图7-3）来看，在由国道、高速公路、铁路构成的综合交通走廊中，已经初步形成了两条较成熟的综合交通走廊。一条是穗深港综合交通走廊，另一条是穗佛珠澳综合走廊，两条综合交通走廊上分布了珠江三角洲大部分的生产和生活空间，集中连片，分布密集，在珠江口两岸形成"人"字形的空间架构。穗深港综合交通走廊的空间范围基本与曹小曙提出的穗深港巨型城市走廊相吻合，沿着广深高速公路和广深铁路展布。穗佛珠澳综合走廊发达程度稍次于穗深港综合交通走廊，但近年来发展较快，也呈现出集中连片的发展态势，主要范围包括以京珠高速公路、广佛高速公路、105国道、325国道等为主轴线，其西界在佛山高明区境域内，以澳门南部为界，北以广州市花都区北部为界，东部界限为珠江出海口，包括广州市区、佛山市域、中山市域、澳门特别行政区以及珠海市的部分区域范围。

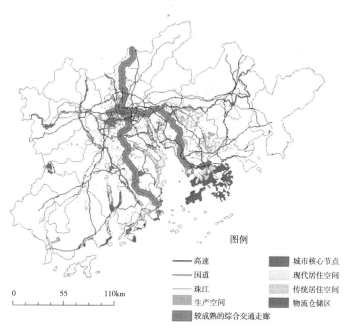

图例

——— 高速 ▨ 城市核心节点
······· 国道 ▨ 现代居住空间
——— 珠江 ▨ 传统居住空间
▨ 生产空间 ▨ 物流仓储区
▨ 较成熟的综合交通走廊

0   55   110km

图7-3 珠江三角洲都市经济区的综合交通走廊

2. 交通干道主要分布于平原地带和山地边缘

珠江三角洲以平原为主，但也分布着一些山地丘陵。主要的公路和高速公路大多分布于平原地带，或者沿山地丘陵的边缘经过，还有一些山体较高的区域主要以穿山隧道的形式通过。交通干道的建设加强了珠江三角洲都市经济区内部的经济联系，促进了物资流通。但同时也出现一系列的问题，比如，高速公路的建设，本身以高速性、封闭性为特征，肆意地切断了一些自然山体，使生态廊道受到一定程度的破坏，对生态屏障的完整性和连续性造成较大的影响。

3. 公路网络贯穿了主要的居住和工业密集地区

交通网络的建设应该服务于生产和生活的需求。从公路网络的空间分布看，基本贯穿了珠江三角洲主要的生产空间和生活空间，交通供给与各个区域的实际需求相吻合。另外，城市核心节点也是都市经济区的主要交通枢纽，因此也集中了最发达的交通网络。主要长途车站、公交换乘枢纽和高速公路的交叉口大多分布于城市核心节点内部或者近缘。以城市核心节点为主要的结节区域，形成四通八达的交通网络。

4. 城际轨道交通建设将进一步推动各城市的空间整合与经济联系

都市经济区的一个特征就是人员和经济联系的网络化和频繁化。随着都市经济区内部各个地域之间的联系加强，目前以公路为主体的交通网络越来越不能满足密集大量的运输需求，需要更方便快捷的城际轨道交通做支撑。珠江三角洲先行一步，早在2004年就完成了《珠江三角洲地区城际轨道交通网规划2005—2020》，并由国家发改委批准实施（见图7-4）。该规划提出，到2010年，将建成广州—东莞—深圳、广州—珠海、江门—小榄、广州—佛山、小榄—虎门城际轨道交通线，构筑珠江三角洲地区城际轨道交通网的主轴，营业里程达到383km；到2020年，将建成东莞—惠州、广州—肇庆城际轨道交通线，营业里程达到600km。

城际轨道交通的建设将进一步加强珠江三角洲内部的经济联系，逐步由珠江口两岸的核心城市扩展到整个都市经济区，将极大地缓解区域交通运输紧张状况，基本满足珠江三角洲地区旅客运输需求快速增长的需要。以广州为中心，以广深、广珠城际轨道交通为主轴，覆盖区内主要城市，衔接港澳地区的城际轨道交通网络，将为珠江三角洲都市经济区的空间整合和整体竞争力的提升提供新的动力。

图 7-4　珠江三角洲地区城际轨道交通线网示意图

资料来源:珠江三角洲地区城际轨道交通网规划 2005—2020[EB/OL].(2005-07-20)[2014-03-20].
http://jtyss.ndrc.gov.cn/fzgh/t20050720_37527.htm.

三、综合生产空间的空间分布特征

综合生产空间一般分布于大城市周围的一些开发区内,也有一些布局于乡镇
或村内。如东莞,大部分地域都以制造业为主,除了一些自然山体构成的生态屏
障空间外,基本上都可以划为综合生产空间。综合生产空间的空间分布受区位条
件、经济基础、产业结构、用地政策以及对外联系等多方面的影响,总体上表现
为交通沿线布局和集聚分布的空间特征。

1. 主要分布于平原和浅山地带

珠江三角洲都市经济区工业化进程快速推进,"自下而上"的城镇化进程也
迅猛发展,已经发展成为名副其实的"世界工厂",整个都市经济区呈现出一片
蔚为壮观的工业景观,都市经济区的生产功能得到充分的体现。从生产空间的空
间布局看,集中分布的态势比较明显,形成了一些大中型的产业集聚区。但同时
也存在大量的分散布局的工业企业,主要分布在大量的村镇级聚落的外围。从地
形分布来看,主要分布于平原和浅山地带。适度利用一些坡度较小的缓坡丘陵,
有利于土地的集约利用和优化配置,是可行的。但过度开发一些生态敏感的斜坡

和山地，容易造成泥石流、崩岩、山体滑坡，引发一些人为的自然灾害。同时，很容易破坏原有的良好的生态屏障，切断一些重要的生态廊道，危及整个都市经济区的生态安全。从对珠三角的实地调研看，部分地区对自然山体的破坏严重，如何加强空间管理，保障生态安全，成为现实中非常突出的一个问题。

2. 主要分布于交通干道沿线

珠江三角洲都市经济区分布着大量的工业企业，主要分布于交通干道沿线。其中主要的生产空间与两条综合交通走廊的分布基本一致，体现出一种交通导向型的空间布局。利用 ArcGIS 空间分析工具对珠江三角洲的高速公路和国道进行缓冲区分析（见图7-5），结果表明，在高速公路两侧5km 范围内，大约分布着64.9％的工业企业，分布着68.9％的物流仓储空间和54％的休闲娱乐空间，各种地域类型沿主要交通干道分布的特征非常明显。由此可见，生产空间和主要交通干道存在着紧密的共生关系，大多数的工业企业倾向于在主要交通干道两侧就近布局。

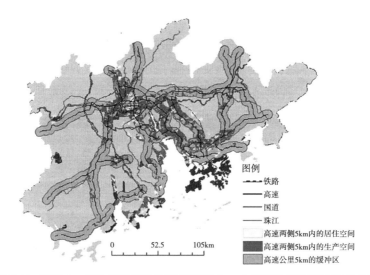

图例
—— 铁路
—— 高速
—— 国道
—— 珠江
□ 高速两侧5km内的居住空间
■ 高速两侧5km内的生产空间
▨ 高速公里5km的缓冲区

0   52.5   105km

图7-5　利用 ArcGIS 处理后的分布在国道 5km 内的居住和生产空间分布图

3. 主要分布于城市核心节点的外围地区

随着产业结构调整和郊区化进程的推进，城市核心节点内部的工业企业逐步转移到了外围以及远郊区，内部主要是以居住和第三产业为主，形成科技的研发和创新基地。目前，以经济技术开发区和高新技术产业区等开发区形式为主要载体，在城市核心节点外围地区形成了主要的都市经济区的生产空间分布区。同时，对于珠江三角洲来说，"自下而上"的城镇化特征也非常显著，表现在产业布局方面就是村办工业繁多，布局混杂，乡村工业化的特征非常明显。从景观格局看，基本上已经不存在传统的村落形态，代之以高楼大厦、工矿企业。连绵不断的城镇景观取代了原有村落的自然界限，处处显示城镇化的空间形态。工业生产和居住生活的混杂无序，社会秩序的混乱无章，使得珠江三角洲的小城镇和乡村只是具备了城市的"形"，而缺少城市的"神"，显示出一种"暴发户"的主观印象。这与麦吉提出的 desa-kato 或者西方社会所研究的"半城镇化"地区非常相近。如何推进这些地区居民的社会转型，逐步实现文明而有序的城市居民的生活方式和精神风貌，是今后这些地区发展中需要解决的一个核心问题。

4. 在珠江口两岸分布最为密集

珠江三角洲都市经济区生产空间的布局（见图7-6），主要分布于珠江三角洲的核心地域，特别是在珠江口两岸分布最为密集，已经形成集中连片的发展态势。而处于珠江三角洲外围地区的生产空间，分布相对零散，呈现"大分散、小集中"的分布态势。在一些区位条件较优越，地势低平的地区呈现小规模集聚，沿着一些重要的交通沿线集聚，其他的外围地区分布相对零散。总体上看，也呈现出一种比较典型的"核心-边缘结构"，由内向外分为紧密圈层和松散圈层，经济实力和工业化水平由内向外逐渐减弱。

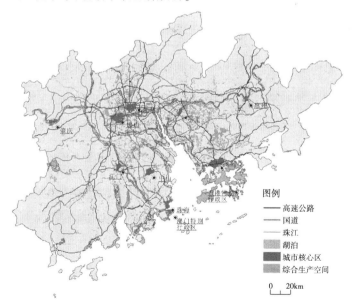

图7-6　珠江三角洲都市经济区综合生产空间分布图

5. 综合生产空间土地利用粗放，提升和挖掘潜力很大

珠江三角洲都市经济区生产空间的分布，呈现遍地开花的发展态势。在综合生产空间的内部和外围，均存在相当面积的空地尚未开发，土地利用比较粗放，这对于人多地少的珠江三角洲来说，闲置浪费相当严重。另外，大量空地的存在，也为生产空间的扩展和新企业、新产业的引进提供了发展空间。在产业升级和产业转移的大背景下，珠江三角洲面临着向外转移低端产业和向内引进高端产业的双重任务。以原有产业的升级更新和新产业的引进为契机，进一步优化产业空间结构，提升产品竞争力，将为珠江三角洲进一步的持续快速发展提供新的机遇。

四、综合物流交通仓储空间的空间分布特征

综合交通物流仓储空间一般分布于大都市外围交通干道附近或交通枢纽处，一般和工业区是伴生的。其分布受交通体系、工业区分布以及产业结构等因素的影响。

1. 交通枢纽区主要分布于城市核心节点，航空枢纽处于外围

珠江三角洲交通网络非常发达，除了有大量的交通干道外，还有为数众多的交通枢纽区做支撑，建立了相对完备的换乘系统（见图7-7）。通过实地的调研发现，珠江三角洲各个城市之间的交通联系比较便捷，在许多镇的公交站都设有向周围各大城市发出的中长途客车，还有一些通往周围各省的长途客车。在有火车站的城市核心节点附近，一般有长途汽车站和公交站的配套分布，但布局上存在不尽合理之处，比如广州火车站，地处老城区的核心地段，人流混杂，长途汽车站在马路对面还有一段距离，而且要经过天桥，给乘客的换乘带来一定的困难，也为坑骗抢等违法行为提供了条件。

除了车站以外，航空枢纽港和大中型的海港码头也是非常重要的交通枢纽。从空间布局看，珠江三角洲的航空枢纽港数量较多，在9个地级以上城市中分布着广州新白云机场、深圳机场、珠海三灶机场、佛山机场和惠州军用机场（已军民合用）5个机场，加上香港和澳门2个特别行政区的国际机场，分布密度可谓是全国最高的。广州机场、深圳机场均已成为目前我国运输最繁忙的机场之一，珠海三灶机场正在发挥越来越重要的作用。由于几个航空枢纽港的分工和定位还不清晰，目前仍存在一定的恶性竞争和不合理分工，合作体制有待理顺。珠三角

的海港码头也存在同样的问题。珠三角的主要港口主要集中在香港、广州（黄埔港）、深圳（盐田港、蛇口港、妈湾港、赤湾港等）、珠海高栏等，是全区重要的对外口岸。总体上来看，珠江口东岸的港口较多，发育较完善，但各个海港的分工和协作力度有待进一步加强。

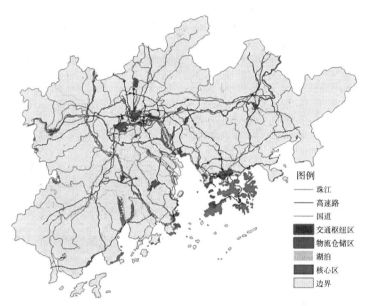

图例

—— 珠江
—— 高速路
—— 国道
■ 交通枢纽区
■ 物流仓储区
　湖泊
■ 核心区
　边界

图 7-7　珠江三角洲都市经济区综合物流交通仓储区的空间分布图

2. 物流仓储区主要分布于城市核心节点的外围

由于发展空间的限制，物流仓储区主要分布于城市核心节点的外围。在一些外围的城镇，分布着众多仓库、家具城、汽车城和各类批发市场。这些物流仓储区是都市经济区所必需的，在区位地租的作用下，大多分布于城市核心节点的外围地区（见图 7-8）。同时，从实地的调研看，很多专业批发市场存在着产业集群的现象（见图 7-9）。比如东莞市厚街镇的家具市场、虎门镇的服装及皮具市场、长安镇的电子电器市场、计算机配件市场、中山市古镇镇的灯饰市场、小榄镇的五金和建材市场等。

图7-8　佛山顺德区的物流中心

图7-9　佛山顺德区专业批发市场——天河五金城

3. 物流仓储区多靠近交通干道和交通枢纽区

物流仓储业以大进大出为主要特征，必须依托主要的交通干道进行布局。通过缓冲区分析发现，物流仓储区多分布于主要的交通干道两侧5km范围之内。另外，物流仓储区和交通枢纽区也存在伴生的特征。特别是在海港码头附近，必定分布着相当数量的物流仓储区。随着大型集疏系统的规范化和标准化，集装箱成为一种主要的现代物资运输方式。在海港码头周边，繁忙的集装箱运输成为一道亮丽的风景线，也成为经济发达，对外联系密切的一种标志（见图7-10）。

图 7-10　广州黄埔港附近大型的物流仓储基地

4. 物流仓储空间和综合生产空间的关系密切

伴随着工业化进程的纵深推进，对专业化和高效化的要求越来越高。为了便于原材料和工业产品的输入输出，物流仓储区接近生产区布局的趋势越来越明显，二者的空间布局关系如图 7-11 所示。在一些较大的规模的开发区中，一般都有物流仓储区的分布。也就是说，生产空间和流动空间是伴生的。但总体上来，物流仓储区的规模档次还不能满足当前生产流通的需要，标准化程度不高，交通服务设施配套不到位，容易造成交通拥挤和干线的负荷过重，影响货物的流通效率。

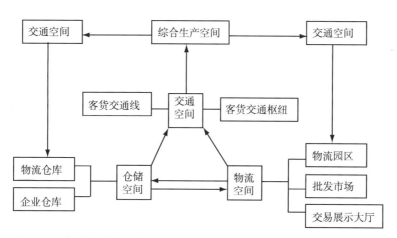

图 7-11　综合物流交通仓储空间构成及其与综合生产空间的关系示意图

五、独立综合居住空间的空间分布特征

独立综合的居住空间是城市居住功能的外向拓展和延伸，是郊区的"新城"。独立综合的居住空间一般选择于交通便利处或环境优美的地域。一般分布于大城市对外联系的主要干线周围，呈轴带状扩展。交通的可达性、城市的人口规模、工业区的分布对独立综合居住空间的区位选择产生重要影响，另外也倾向于生态环境优美的山地边缘布局。

1. 主要分布于城市核心节点周围

随着交通体系的逐步完善和郊区化进程的加快，居住、办公、工业等城市的职能逐步向外围转移。以居住为主体的生活空间在城市核心节点外围进行大范围的开发和集中，并配备相对完善的生活服务设施，形成了独立综合的居住空间（见图7-12）。受距离衰减规律的影响，独立综合的居住空间主要分布于城市核心节点的近缘。利用缓冲区的空间分析发现，独立综合的居住空间距离城市核心节点的距离大概在0—30km的范围内，其中以0—20km的范围内分布最多（图8-13）。由此在每个城市核心节点周围都基本上形成了一个比较明显的居住带，以广州、佛山、肇庆、惠州等城市最为明显。以深圳、珠海、东莞、中山等为代表的新兴城市，居住空间的拓展包括填充式开发和跳跃式开发等形式，独立综合的居住空间分布相对散乱，没有形成明显的居住带。

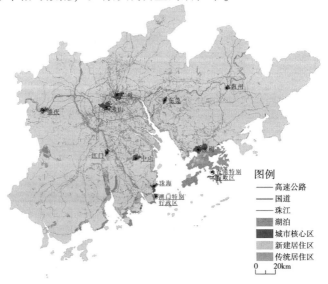

图7-12　珠江三角洲都市经济区居住空间分布图

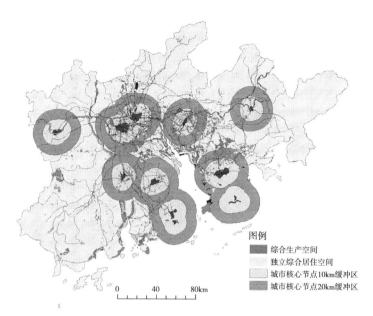

图例
■ 综合生产空间
░ 独立综合居住空间
▨ 城市核心节点10km缓冲区
▩ 城市核心节点20km缓冲区

0　　40　　80km

图 7-13　城市核心节点 10—20km 以内的居住空间和生产空间分布图

2. 总体集中，局部分散

从总体的分布形态看，独立综合的居住空间主要集中分布于广佛都市圈周边地区，在珠海、中山、深圳也有一定程度的集聚，其他地区分布相对分散，呈现"总体集中，局部分散"的空间特征。特别是在广州市番禺区形成巨型的居住组团，新开发的居住区集中连片，空间规模十分巨大，形成最为典型的独立综合的居住空间。相对于广州老城区来说，这些独立综合的居住空间具有相对独立的空间区位，具有相对完善的生活服务设施，以一种"新城"的模式出现。在其他的城市核心节点外围，也存在着许多新的居住区的开发，或者是平地而起，形成相对的"孤岛"，或者与一些传统的老居住区相邻而建，形成鲜明的对照。

3. 独立综合居住空间在交通干道出口处分布集中

独立综合的居住空间主要沿交通干线由城市核心节点向外围拓展。从这些独立综合的居住空间与主要交通干道的空间关系看，在交通干道的出口处或交通枢纽处分布着比较多的新开发的居住区，进一步体现了交通导向型的开发模式（见图 7-14）。在交通枢纽区（干道出入口）5km 的范围内，分布着 62.2% 的居住区（见图 7-15）。由此可以看出，一方面，居住区的开发建设应该和交通干道的建设结合起来。居住区的选址应尽量靠近高速公路出口，或者比较容易接近交通干道。另一方面，现代居住区的开发对高速公路的依赖十分强烈。或者说，高速公路的建设引起了居住区向城市核心节点外围的扩展和蔓延。协调居住区与高速公路的空间布局，对形成合理紧凑的城市空间结构具有重要的作用。

图7-14　独立综合居住空间与地铁、公交换乘枢纽组合布局图

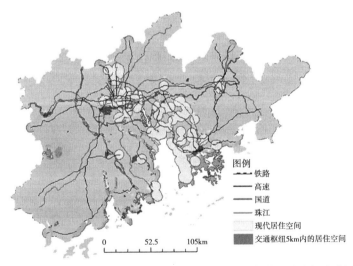

图7-15　珠江三角洲都市经济区交通枢纽区5km内的居住空间分布图

4. 独立综合居住空间对城市核心节点有紧密的依赖和联系

独立综合的居住空间是在郊区化、交通可达性提高和住房需求旺盛等因素的共同作用下形成的。尽管配备了相对完善的生活设施，但由于本身并不能提供充足的就业岗位，也没有高质量的教育和医疗条件，缺少一些高档的娱乐休闲设施。因此，在空间上相对独立的综合居住空间仍然和城市核心节点保持紧密的依赖和联系。每天早晚在住所和城市核心节点间忙碌往返的居民数不胜数。由于政府公共服务设施的缺位，除了私家车以外，独立综合的居住空间与城市核心节点的公共交通并不发达，很多开发商不得不提供多辆"楼巴"往返于老城区和居住区之间，由此带来了诸多的不便。政府应加强独立综合居住空间的配套服务，不断推进公共服务的均等化，才有利于建设新城，分流老城区的交通压力和人口压力。

六、独立综合休闲空间的空间分布特征

独立综合休闲空间在都市经济区中具有重要的功能，不仅为广大居民提供休闲娱乐的场所，还能够改善城市形象，提高居民生活品质。独立综合休闲空间的类型比较多样，包括高尔夫球场、大型游乐场、综合大广场、体育中心、展览馆等类型。独立综合休闲空间也多分布于大都市的边缘区，为城市居民提供丰富多样的休闲娱乐服务。独立综合休闲空间的空间分布受区位条件、自然条件、城市的经济实力等因素的影响。

1. 主要分布于城市核心节点外围

娱乐休闲是都市经济区的重要功能，也是城市居民追求生活品质的客观需要。在都市经济区内部，独立综合的休闲空间已经成为重要的组成部分。从类型上来看，既包括一些体育中心、综合的大广场和主题公园，也包括一些高尔夫球场、大型的游乐场和森林公园，种类比较繁多。从空间分布来看，独立综合的休闲空间主要分布于城市核心节点的外围，并占有比较大的面积（见图7-16）。从功能上看，既承担着休闲娱乐功能，也承担着一定的绿化和生态屏障功能。也有一部分休闲空间是伴随着新区的开发出现的，比如在广州市天河区东部开发的奥林匹克体育中心及航天奇观和世界大观等娱乐休闲空间，都取得了良好的效果。

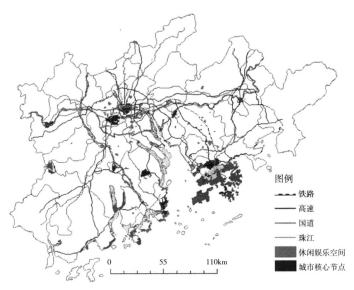

图7-16 珠江三角洲综合休闲空间分布图

2. 依托自然地形地貌布局

独立综合的休闲空间一般占地面积较大，分布于城市核心节点外围，充分利用周围的地形地貌格局，开发有特色有吸引力的娱乐休闲活动。在城市核心节点外围的低丘缓坡地带开发的高尔夫球场，在从化市的山地丘陵地区开发的森林公园和温泉度假村，肇庆鼎湖山森林公园及星湖度假村，都充分体现了自然景观与娱乐休闲功能的良好结合，是一种保护和开发相结合的值得推广的发展模式。

3. 独立综合的休闲空间的形成增强了当地的空间可达性

独立综合的休闲空间分布较为广泛，在整个珠江三角洲都市经济区都有分布。总体上看，独立综合的休闲空间是依托当地的地形地貌条件发展起来的，并不是沿着主要的交通干道进行布局。但是，独立综合休闲空间的开发，带动了当地交通服务设施的完善和发展，逐步实现了休闲空间与主要交通干道的连接，增强了所在区域的空间可达性。

4. 数量多少与城市的人口和经济水平正相关

尽管存在着为数众多的独立综合的休闲空间，但在空间分布上是不均衡的。在几个高等级的城市核心节点，如广州、深圳，独立综合的休闲空间分布较多，而城市等级和经济实力相对较弱的江门、肇庆和惠州等城市，独立综合的休闲空间分布也较少，存在明显的空间差异性，总体上表现为数量的多寡与城市核心节点的人口和经济水平成正相关。

七、绿色开敞空间的空间分布特征

1. 城市中的绿色开敞空间分布太少

绿色开敞空间对调节区域气候，改善都市经济区生态环境发挥着重要的作用。对于城市建成区来说，公共绿地和公园是主要的绿色开敞空间。通过对珠江三角洲的影像分析和实地调研发现，在大多数城市建成区内部的沿街绿化比较好，基本上都有比较整齐的行道树和路边绿地，但公共绿地面积偏少，公园数量偏少，使得居民在闲暇时间的活动场所非常有限，不利于居民的交流和休闲放松。街区公园应该成为今后改善都市经济区内部人居环境的重要方向。

2. 绿色开敞空间以农用地为主

都市经济区内部的绿色开敞空间包括城市建成区内的公共绿地、公园以及大中型的广场和农村地域中的农田和林地，广义上还应该包括河流和水域。但从珠江三角洲绿色开敞空间的构成来看，城市中的绿色开敞空间比重偏少，主要以农用地为主（见图7-17）。这一定程度上反映出珠江三角洲的工业化进程没有很好地与城镇化结合起来，绿化和人居环境建设工作有些滞后，一定程度上将会阻碍现代化进程和生活质量的提高。

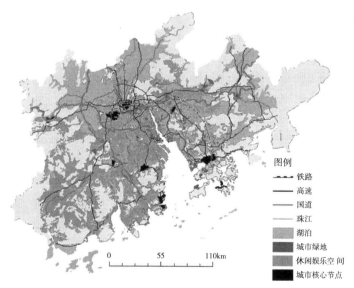

图 7-17　珠江三角洲都市经济区绿色开敞空间分布图

3. 主要分布于珠江口西岸

从绿色开敞空间的空间分布看，主要分布在珠江口西岸，在珠江口东岸和广州北部有小范围分布。这与珠江三角洲内部各城市的工业化进程直接相关。在珠江口东部的城市中，深圳、东莞的工业化进程较快，政府已经取消了农业和非农业人口的区别，把辖区内的人口都算做城市人口，相应地农业用地也陆续转变为工业用地，出现了集中连片的工业景观；惠州市近年来也发展较快，另外有相当面积的丘陵山地，因此总体上来看，绿色开敞空间分布面积不大。而珠江口西部，总体的经济实力和发展势头比东部弱一些，工业用地还没有全面的扩张，因此保留了相当数量的农田。

4. 生产空间与农用地伴生，对绿色开敞空间的侵占严重

工业化的快速推进必然导致农用地的急剧减少。在工业化发达的珠江三角洲，厂房鳞次栉比，到处呈现一片繁荣的工业化景象。自下而上的城镇化模式导致村办企业的大量出现，许多的生产空间与农用地相邻分布，占用农用地的现象非常普遍，开展基本农田保护工作相当困难，农用地进一步减少的趋势非常明显。工厂企业的建设不仅占用了大量的农业用地，而且破坏了当地良好的生态环境。由于工厂布局非常零散，缺少统一的污水处理设施，造成空气污染、水体污染和土壤污染非常严重。

八、生态屏障空间的空间分布特征

1. 主要分布于珠三角都市经济区外围

生态屏障空间以比较高的山地和丘陵为主，主要分布于珠江三角洲都市经济区的外围地区。特别是在珠江三角洲的西北部和东北部分布最为广泛，在地质构造和地形条件的总体约束下，生态屏障空间一般集中连片分布（见图7-18）。由于生态屏障的海拔较高，地势崎岖不平，因此交通路网不发达，受人类活动的干扰和破坏相对较小。珠江三角洲北部地区的生态屏障空间，不仅改善了整个珠江三角洲地区的生态环境质量，而且保障了整个地区的用水安全和生态安全。

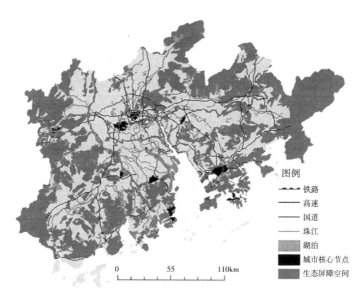

| 图例 |
| 铁路 |
| 高速 |
| 国道 |
| 珠江 |
| 湖泊 |
| 城市核心节点 |
| 生态屏障空间 |

0   55   110km

图7-18 珠江三角洲都市经济区生态屏障空间分布图

2. 生态屏障空间与独立综合的休闲空间分布交错

生态屏障空间具有的良好的生态环境,为娱乐休闲活动的开展提供了条件。都市经济区内部居民对运动休闲的巨大需求促进了生态屏障空间的开发建设,促使一些生态屏障空间转变为运动休闲空间,或者兼具二者的功能。总体上形成生态屏障空间与运动休闲空间交错分布的空间格局。一定程度的保护性开发有利于该地区的经济发展和环境保护。

3. 生态屏障被侵占和破坏的现象严重,危及生态安全

珠江三角洲地区人多地少,人地关系比较紧张。在大量的用地需求驱动下,一些地区不顾生态的破坏,将一些低山丘陵夷为平地进行工业区的开发建设。还有一些高速公路的建设也横穿某些山体,切断了高速公路两侧的天然联系,破坏了生态景观的连续性。还有一些沿山开发的高档居住区和别墅区,也对自然山体造成一定程度的破坏。在一定范围内适度地对坡度较缓的低丘缓坡进行开发建设,有利于增加建设用地的供应量,提高土地利用效率,但对于一些生态敏感区的过度开发容易引起生态环境的破坏和恶化,甚至威胁整个地区的生态安全。

第二节　珠江三角洲都市经济区不同
地域类型间的空间组织

　　地域类型间的空间组织，主要是研究各种地域类型的空间组合关系、形状关系、距离关系和位置关系。都市经济区是一个紧密联系的有机整体，其内部地域类型间的空间组织相对复杂，通过深入分析都市经济区内部各种地域类型间的空间组织特征，可以系统总结各种地域类型的空间组合规律，有针对性地分析都市经济区地域空间结构的形成机理，有的放矢地加以空间管理和优化调控。本章在第四章各种地域类型分布特征的基础上，研究珠江三角洲都市经济区内部城市核心节点、综合交通走廊、综合生产空间、综合物流交通仓储空间、独立综合居住空间、独立综合休闲空间、绿色开敞空间和生态屏障空间等 8 种主要的地域类型间的空间相互关系，特是关注各种地域类型与城市核心节点（城市中心区）及交通干道的空间关系。

一、城市核心节点与其他地域类型的空间关系

　　城市核心节点是都市经济区的技术研发中心、控制管理中心和商业服务中心，承担着都市经济区主要的管理职能，是主要的人口集聚地和消费地。因此，其他各种功能地域类型都直接或间接地与城市核心节点发生着各种各样的社会经济联系。从空间布局上看，其他地域类型多是围绕城市核心节点进行空间组织的，表现出一定的向心型布局规律（见表 7-1）。生产服务业主要集中分布于城市核心节点，并逐渐走向专门化，为整个都市经济区乃至全国服务。外围地区由于有较好的基础设施与核心城市联系，土地成本较低，接纳了扩散的大部分经济活动和人口，其中制造业发展特别迅速，往往占主导地位。这样，在都市经济区内部，形成了城市核心节点与外围地区的紧密联系，外围地区的生产空间以制造业为主体，通过便捷的交通线路联系，形成垂直的产业化分工和一体化空间格局，总体上形成结构上相互依赖又各具特色的有机整体。

表 7-1　城市核心节点与都市经济区其他地域类型的空间关系

空间关系	城市核心节点（C）	图示
综合交通走廊（T）	城市核心节点多位于综合交通走廊上，与其他各种地域类型具有便捷的交通联系，并依托综合交通走廊进行着密切的人员、物资和信息交流	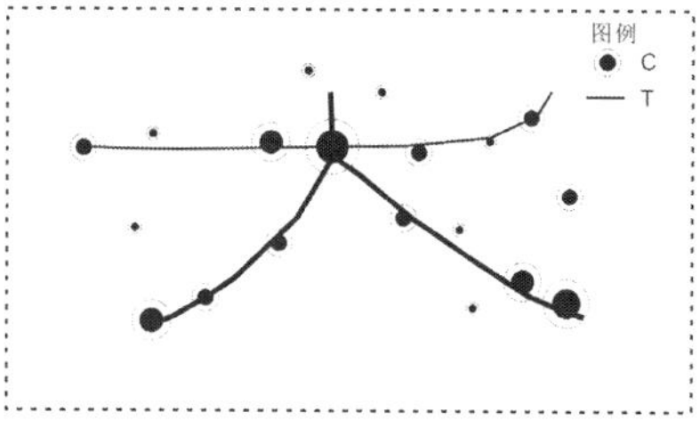
综合生产空间（P）	多分布于城市核心节点外围，二者保持着密切的经济联系和人员往来，分布比较集中，范围比较广大。城市核心节点的等级越高，综合生产空间的范围越大	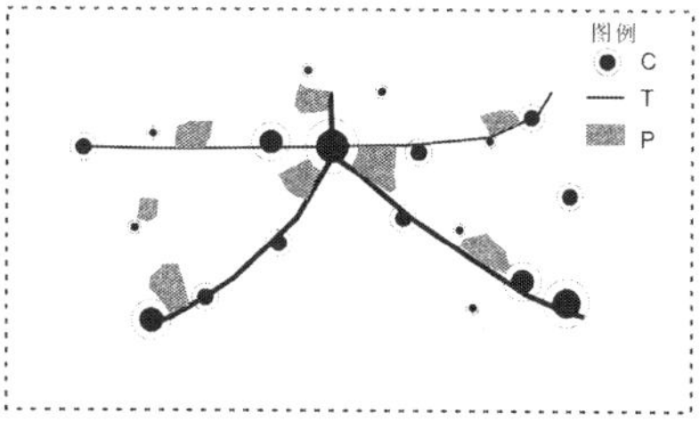
综合物流交通仓储空间（W）	分布于城市核心节点内部主要的交通枢纽处或外围开敞地区，为城市核心节点提供人员、货物的中转、储备、流通的场所	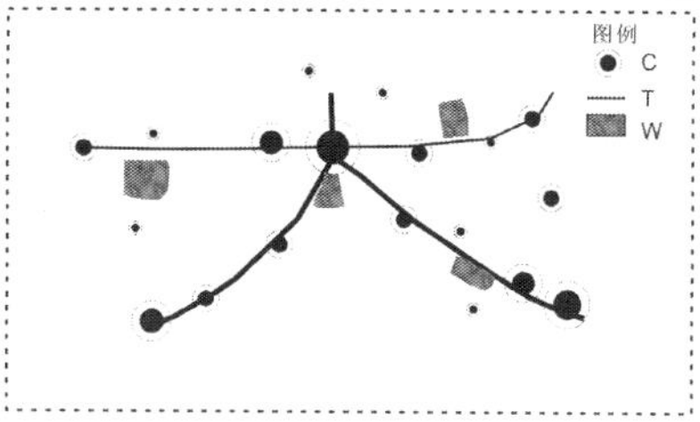
独立综合居住空间（R）	分布于城市核心节点外围，在空间上相对独立，但与城市核心节点保持着密切的联系，特别是在医疗、教育、高档消费上对城市核心节点具有很强的依赖性。随着城市的扩展和空间的填充，有可能融入城市核心节点	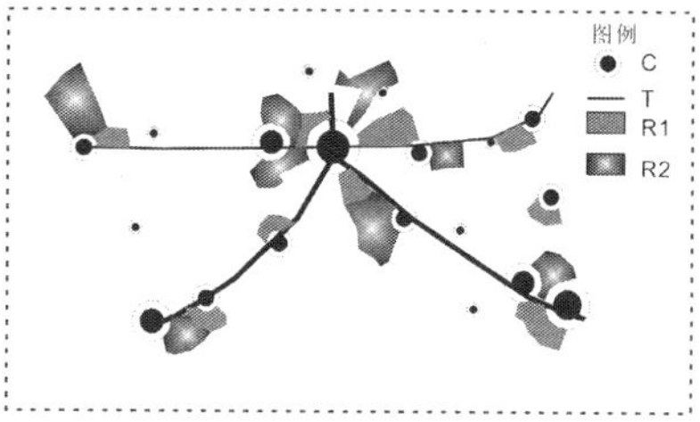
独立综合休闲空间（L）	主要分布于城市核心节点外围，是城市核心节点功能的重要补充。空间上相对分离，但具有密切的人员往来和经济联系	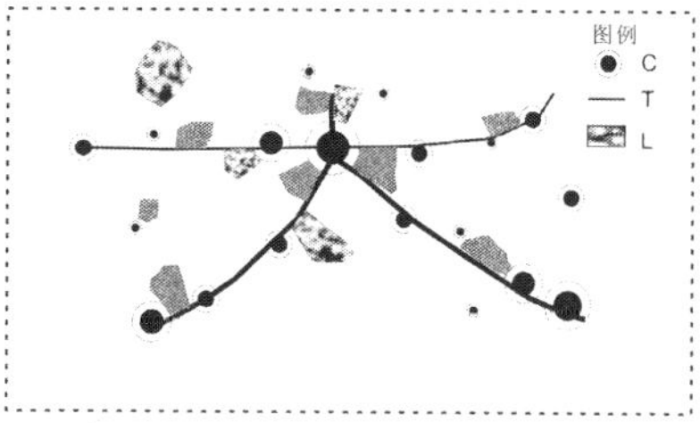

空间关系	城市核心节点（C）	图示
绿色开敞 空间（G）	在城市核心节点中存在少数的公园和广场，大部分绿色开敞空间分布于城市核心节点外围，占有比较广大的面积	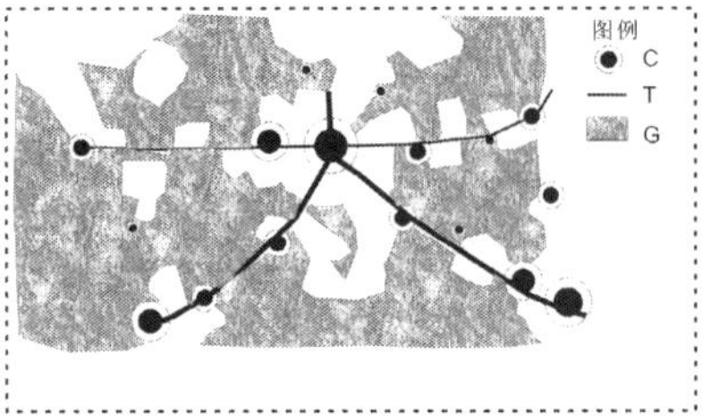
生态屏障 空间（E）	在城市核心节点内部存在少量的山体，大部分分布于城市核心节点外围，面积广大，改善城市核心节点的环境质量	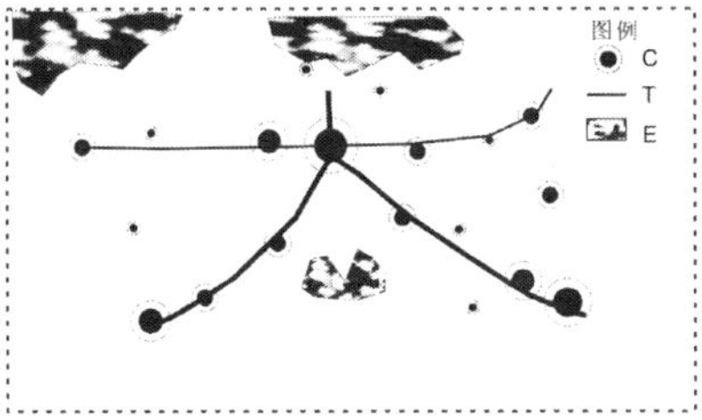

从空间布局上看，城市核心节点处于多条交通干道的交汇处。在重要的城市核心节点中间，容易引起各种人口-产业的空间集聚，形成综合交通走廊。在城市核心节点外围，大规模居住区的成片开发，形成独立综合的居住空间。从珠江三角洲独立综合居住空间的空间分布看，大多分布于城市核心节点外围 30km 的范围内，特别是在 10km 范围内分布最为密集（占 56.9％），呈现出一定的规律性（见图 7-19）。综合生产空间需要城市核心节点提供人才、信息和技术，因此也需要和城市核心节点保持较密切的联系。综合交通物流仓储空间与城市核心节点关系密切，交通枢纽区多在城市核心节点内部或边缘布局。而物流仓储区距离城市核心节点相对较远。独立综合的休闲空间多分布于城市核心节点外围，与城市核心节点具有较强的功能互补性。绿色开敞空间在城市核心节点中有少量分布，大部分布局于城市核心节点的外围。绿色开敞空间的多少也一定程度上反映了城市核心节点的环境质量。生态屏障空间与城市核心节点是相离的，城市核心节点内部的生态屏障一般转化为都市中的运动休闲空间。

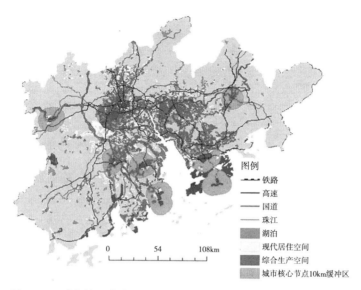

图例

━━━ 铁路
━━ 高速
━━ 国道
━━ 珠江
▓ 湖泊
　 现代居住空间
■ 综合生产空间
▓ 城市核心节点10km缓冲区

0　　54　　108km

图 7-19　城市核心节点周围 10km 与居住、生产空间的空间关系图

二、综合交通走廊与其他地域类型的空间关系

综合交通走廊是人流、物流、信息流的联系通道，与其他地域类型具有比较密切的空间关系（见表 7-2）。综合交通走廊以主要的交通干线为依托，穿过了都市经济区内部主要的城市核心节点。独立综合的居住空间与综合交通走廊具有较强的空间相关性，在快速交通体系的引导下，在城市核心节点的外围集聚并组团分布。综合交通走廊是人员、货物、原材料等运输的主要通道，因此，在综合交通走廊附近吸引了大部分的生产活动（见图 7-20）。

利用 ArcGIS 中缓冲区分析判别各种地域类型与主要交通干道的空间关系（见图 7-20、见图 7-21）。根据对国道两侧 5km 范围的缓冲区分析，再与珠江三角洲的生产空间进行叠加分析，结果发现在高速公路两侧 5km 范围内分布了56.4％的工业区，64.9％的居住空间。在高速公路两侧 10km 范围内，吸引了81％以上的生产活动和86.5％的居住空间。综合交通走廊不仅是生产通道，也是流通通道，与物流仓储空间具有密切的空间联系。大多数交通枢纽区分布在综合交通走廊上，或者由主干道与综合交通走廊相连接。

表 7-2 综合交通走廊与都市经济区其他地域类型的空间关系

空间关系	综合交通走廊（T）	图示
综合生产空间（P）	生产空间的分布具有交通导向性，主要的综合生产空间沿综合交通走廊分布，具有空间分布的集聚性与一致性。在综合交通走廊以外的生产空间也主要分布于高等级交通干线两侧	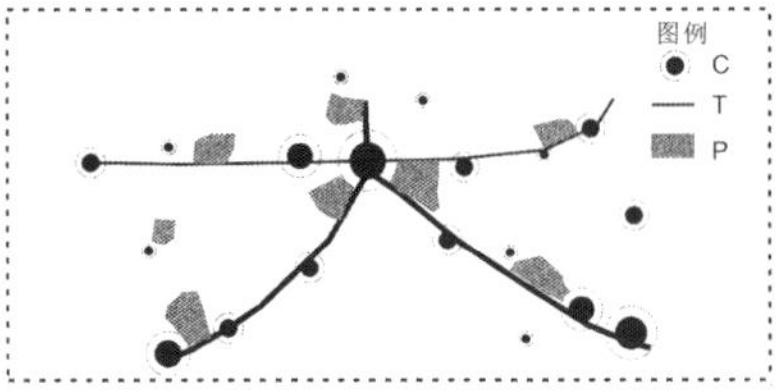
综合物流交通仓储空间（W）	主要分布于综合交通走廊两侧，接近于交通枢纽布局或接近高速公路的出入口布局比较常见。物流仓储空间一般具有较好的交通可达性，在交通网络的节点处分布较为普遍	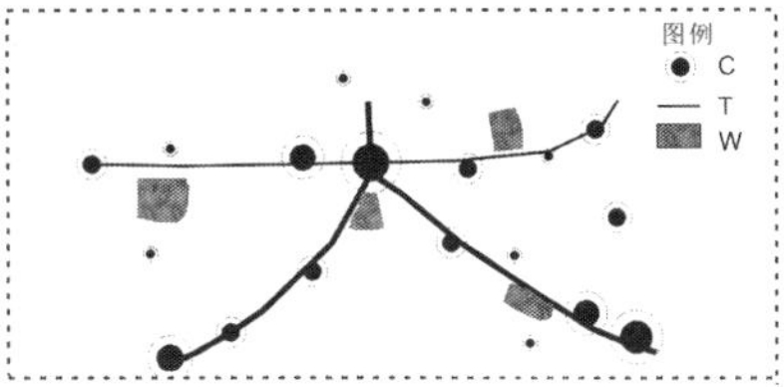
独立综合居住空间（R）	在综合交通走廊两侧多有分布。特别是在高速公路出口处，独立综合居住空间的分布更为常见。通过快速交通干线与城市核心节点保持密切的社会经济联系	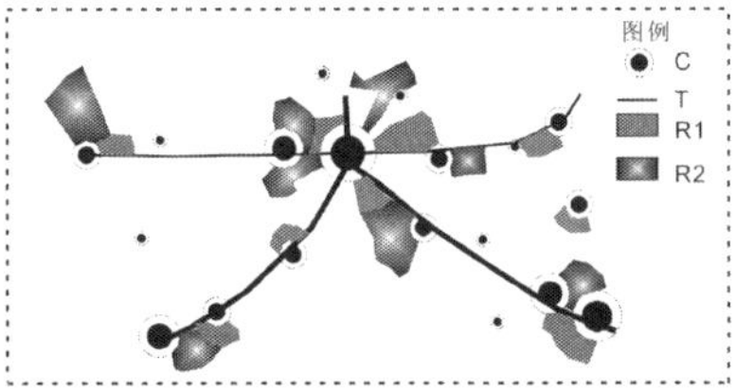
独立综合休闲空间（L）	在综合交通走廊附近有一定分布，更多的是通过交通干线与综合交通走廊相连接。部分独立综合休闲空间分布较偏僻，与其他地域类型缺少便捷的交通联系	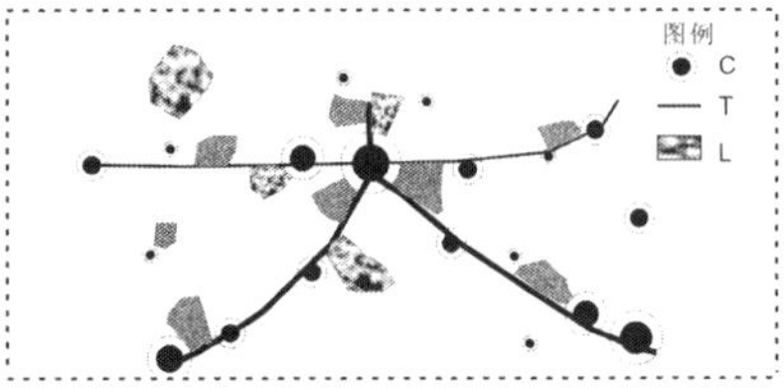
绿色开敞空间（G）	空间分布没有明显的一致性。在综合交通走廊两侧，分布了大量的生产和生活活动，绿色开敞空间分布较少。绿色开敞空间的集中分布区，交通干线分布较少	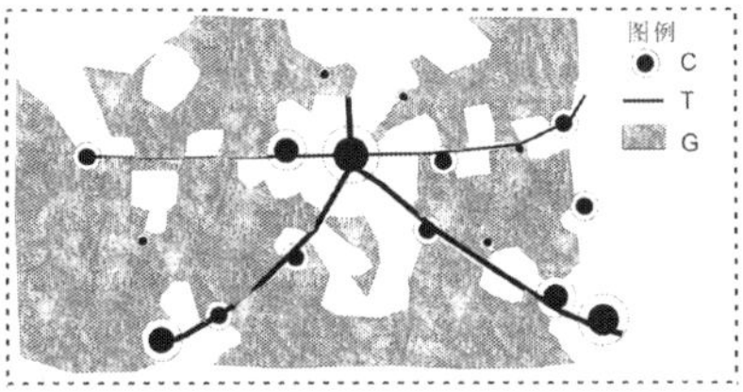
生态屏障空间（E）	综合交通走廊经过了少量的生态屏障空间，总体上呈现空间分离的态势。生态屏障空间主要分布于交通干线较少的偏远山区	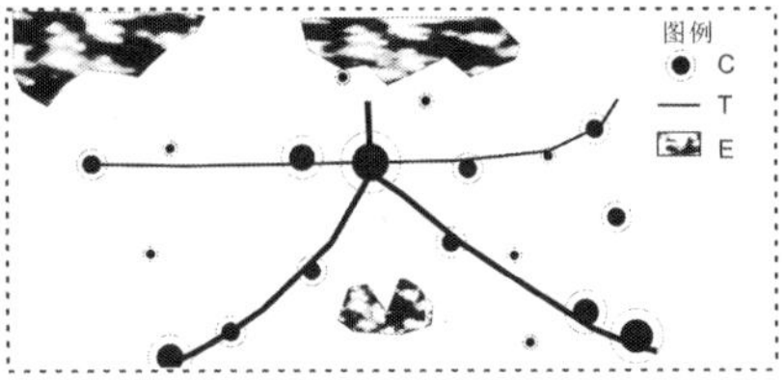

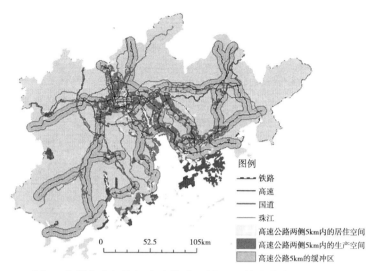

图 7-20　珠江三角洲都市经济区高速公路两侧 **5km** 的生产空间和居住空间分布图

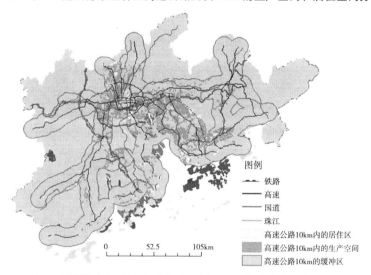

图 7-21　珠江三角洲都市经济区高速公路两侧 **10km** 的生产空间和居住空间分布图

三、综合生产空间与其他地域类型的空间关系

综合生产空间既有规划引导形成的，也有自发集聚形成的，由于占用的空间较大，一般在城市核心节点的外围分布，总体上看，许多综合生产空间的集聚状态与开发区的区位保持一致。另外一部分综合生产空间在综合交通走廊两侧分布，或围绕交通枢纽区展布（见表 7-3）。

表7-3 综合生产空间与都市经济区其他地域类型的空间关系

空间关系	综合生产空间（P）	图示
综合物流交通仓储空间（W）	商品的生产和流通把两种空间紧密联系在一起，因此在空间分布上多是伴生的。一部分综合物流交通仓储空间分布于综合生产空间内部或交错分布，另一部分则分布于交通枢纽处	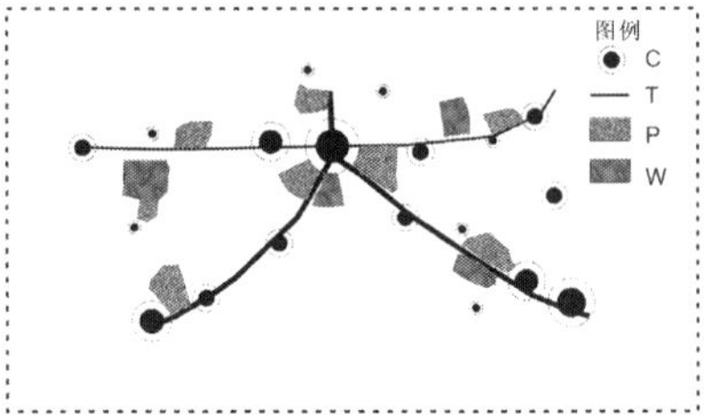
独立综合居住空间（R）	独立综合居住空间和综合生产空间都分布于城市核心节点外围，具有一定的空间关联性，如很可能分布在同一交通干道两侧，但大部分并不是相连分布的，二者的空间分布相隔一段距离	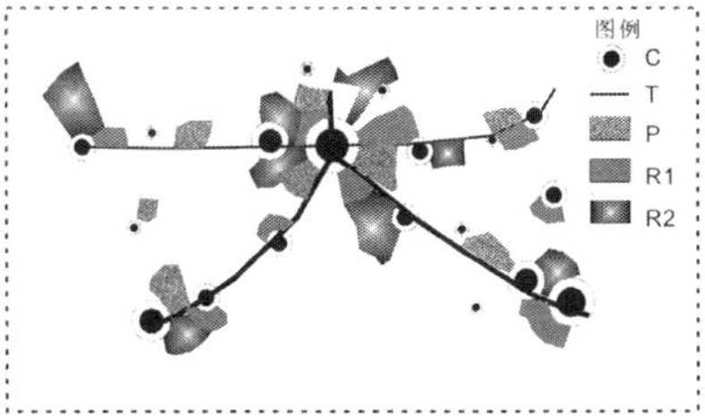
独立综合休闲空间（L）	没有很明显的空间关联性。但二者都分布于城市核心节点的外围。为了满足一些企业老板的业余爱好需要，一部分综合休闲空间如高尔夫球场可能临近综合生产空间布局	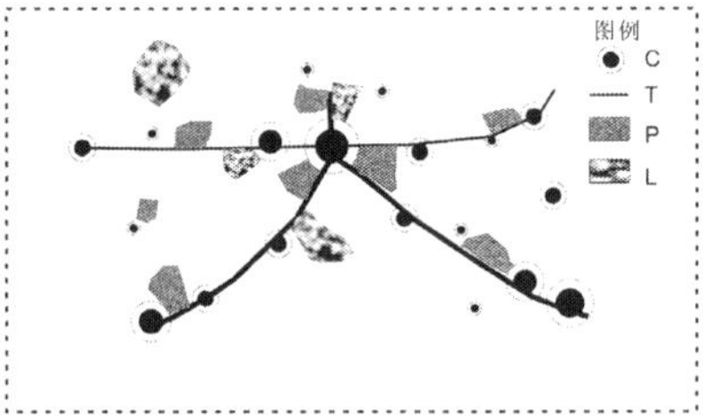
绿色开敞空间（G）	二者具有比较明显的空间关联性。大多数的综合生产空间是作为"斑块"镶嵌在绿色开敞空间这个大"基质"中的。部分地区生产空间的拓展以侵占周边的农田为代价	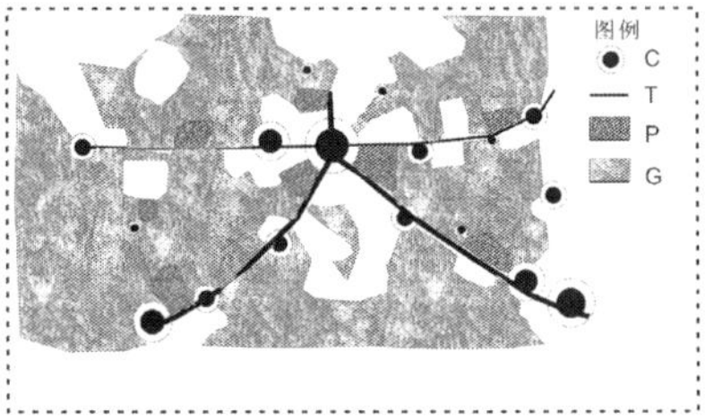
生态屏障空间（E）	生态屏障空间大多不适合工业生产，在空间上是彼此分离的。但在一些地势稍低平的山地边缘，也会开发一定的生产空间。因此，在少数区域会形成二者的交错分布	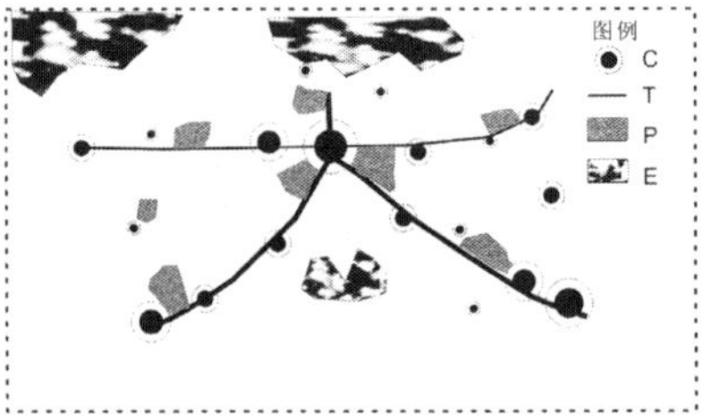

随着郊区化进程的加快和产业结构的升级更替，珠江三角洲的综合生产空间逐渐转移到大都市的外围。独立综合的居住空间也是在都市区的外围分布，二者在空间上既存在竞争，又存在互补关系。综合生产空间的大量产品需要快速便捷的流通渠道，因此，在综合生产空间的附近一般布局有物流仓储区，有些物流仓储区就布局在综合生产空间内部或交错分布。对综合生产空间进行 2km 的缓冲区分析，发现除了少量海港码头外，约有 87.3％ 的物流仓储区分布在生产空间 2km 范围内，可见二者密切的空间关系（见图 7-22）。综合生产空间与绿色开敞空间边界相连，伴随着工业区扩张和农用地减少的过程。另外一些综合生产空间侵占生态屏障空间而发展，造成一定程度的生态环境破坏。

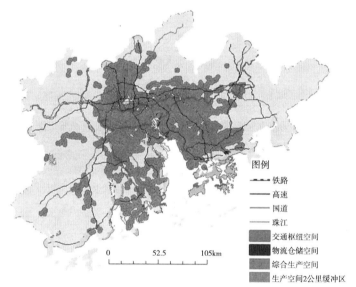

图 7-22　珠江三角洲都市经济区综合生产空间与物流交通仓储空间的空间关系图

四、综合物流交通仓储空间与其他地域类型的空间关系

综合物流交通仓储空间担负着物资流通的功能，与其他的地域类型存在较密切的联系（见表 7-4）。从空间位置上看，综合物流交通仓储空间大部分分布于城市核心节点的外围，它既为中心城区提供服务，又为其他城市核心节点提供服务，也为都市经济区以外的区域提供服务。也有一部分综合物流交通仓储空间分布于城市核心节点内部或边缘，与汽车站和火车站的分布相吻合。

表7-4　综合物流交通仓储空间与都市经济区其他地域类型的空间关系

空间关系	综合物流交通仓储空间（W）	图示
独立综合居住空间（R）	没有明显的空间关联性。但二者都倾向于分布于交通主干道附近，特别是在一些高速公路的出入口有可能出现临近分布	图例 C T W R1 R2
独立综合休闲空间（L）	没有明显的空间关联性。但一般说来，独立综合休闲空间需要便捷的交通运输做支撑，因此，在大部分独立综合休闲空间会有交通线与交通枢纽区相连	图例 C T W L
绿色开敞空间（G）	没有明显的空间关联性。由于综合物流交通仓储空间需要占用比较大面积的用地，一般是由绿色开敞空间转化而来的，因此二者也存在一定的交错分布	图例 C T W G
生态屏障空间（E）	没有明显的空间关联性。在某些生态屏障空间的边缘，可能会有少数物流仓储空间的分布	图例 C T W E

通过实地调研发现，在深圳、东莞、中山等城市的建制镇上，分布着不少的大型批发市场，如汽车、家具、建材等专业市场，这些都是都市经济区发展必不可少的组成部分，而由于这些物流仓储空间占地面积较大，在城市核心节点缺少合适的区位条件而出现功能外溢。为了交通的可达性和便捷性，综合物流交通仓储空间一般沿主要的交通干线布局，与大型的港口码头、航空港具有较好的空间一致性。另外，综合物流交通仓储空间与综合生产空间具有较强的功能互补性，与综合生产空间交错分布的空间特征比较明显。

五、独立综合居住空间与其他地域类型的空间关系

随着交通的不断进步，居住郊区化的趋势越来越明显。独立综合居住空间伴随着郊区化的进程在城市核心节点外围不断涌现，与其他地域类型的空间分布具有一定的交错性和混杂性（见表7-5）。珠江三角洲都市经济区出现的独立综合的居住空间相对集中连片，交通导向型布局比较明显，大多分布于广州天河区东部、番禺区、花都区以及其他城市核心节点的外围新开发的地段。一般来说，独立综合居住空间是城市功能的外向延伸。但由于其配套设施不完善，与老城区存在着密切的联系，如就业通勤或就医上学等。因此独立综合的居住空间和城市核心节点存在着比较大的依赖性，因此应该有较好的空间可达性，与中心城区保持便利的交通联系。

表7-5　独立综合居住空间与都市经济区其他地域类型的空间关系

空间关系	独立综合居住空间（R）	图示
独立综合休闲空间（L）	二者具有一定的空间相关性。独立综合的休闲空间一般具有良好的生态环境或便利的交通条件，常常吸引独立综合居住空间在附近布局	
绿色开敞空间（G）	二者具有较密切的空间关联性。独立综合居住空间的空间拓展，大多也是以侵占绿色开敞空间为主要方式。另外，绿色开敞空间如公园或大型广场等具有的良好的生态环境也常常吸引居住空间就近分布	
生态屏障空间（E）	二者具有一定的空间相关性。生态屏障空间具有的良好生态环境，常常吸引独立综合居住空间的就近布局。特别是一些高档居住区或别墅多选择一些依山傍水的良好区位	

　　独立综合的居住空间与综合生产空间具有空间分布的交叉性和混杂性，但具有相对独立性，在空间发展方向上区位选择的自由度更大。独立综合居住空间与城市核心节点有一定的距离，一般多选择在环境条件优越的浅山地带或农用地上进行建设，整体上看，独立综合居住空间的空间布局比较规整，或者围绕湖泊等自然地物的分布特征比较明显，因此，独立综合居住空间一般分布于绿色开敞空间边缘或生态屏障边缘地带。另外，在独立休闲空间周边集中分布的特征也比较突出（见图7-23）。

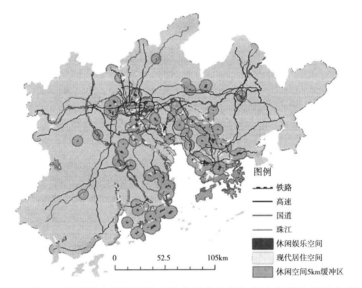

图7-23　珠江三角洲都市经济区独立综合居住空间与综合休闲空间分布关系图

六、独立综合休闲空间与其他地域类型的空间关系

　　随着都市节奏的加快和闲暇时间的增多，生活在大都市里的城市居民对休闲娱乐的需求不断增强，因此，独立综合休闲空间成为都市经济区一种重要的地域类型。一些独立综合的休闲空间是依托自然地形开发的，与绿色开敞空间和生态屏障空间的关系也比较密切（见表7-6）。比如，绿色开敞空间和生态屏障空间也具有一定的休闲功能，因此绿色开敞空间和独立综合休闲空间可能在某一空间上重叠，在更广泛的空间上可能存在着相互的转换。由于环境优势和空间优势的吸引，独立综合休闲空间可能布局于生态屏障空间的边缘。

表7-6　独立综合休闲空间与都市经济区其他地域类型的空间关系

空间关系	独立综合休闲空间（L）	图示
绿色开敞空间（G）	具有较强的空间关联性。一般地，独立综合休闲空间作为"斑块"而镶嵌在绿色开敞空间这个"基质"中。有些休闲活动如高尔夫球场可以同时归属于两种空间，具有一定的交叉和融合	
生态屏障空间（E）	具有密切的空间相关性。许多运动型的休闲空间开发都是选择在生态屏障空间中进行的，因此具有比较明显的交错性和混杂性	

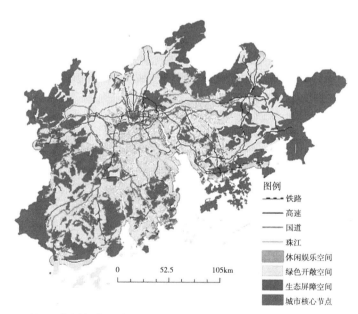

图7-24　珠江三角洲都市经济区独立综合休闲空间与其他地域类型的空间关系图

　　从空间分布看，独立综合休闲空间的分布具有特别的区位要求，主要依托主要的交通干线附近布局。大多在城市核心节点外围零散分布，但在小范围内具有集中布局的态势，形成规模效应，比如处于广州天河区东部的休闲空间组团和深圳欢乐谷的休闲产业组团，都具有比较明显的集群特征，并产生了良好的经济效益。独立综合休闲空间具有比较方便的交通条件，和城市核心节点有方便的交通联系（见图7-24）。综合的休闲空间一般"镶嵌"于绿色空间之上，具有天然的融合性。另外，一部分综合休闲空间临近生态屏障空间布局，具有较强的空间相关性或重合性。也就是说，一部分综合休闲空间也是生态屏障空间，如从化森林公园、鼎湖山自然保护区等。

七、绿色开敞空间与其他地域类型的空间关系

绿色开敞空间主要包括城市绿地和乡村农用地两部分，广义上还包括河流湖泊。绿色开敞空间是"城市之肺"，具有重要的调节气候、改善环境的功能，一定程度上也是城市文明和发达的表征。由于绿色开敞空间分布的广泛性和遍在性，在都市经济区的整体空间格局中成为发展的"基质"或背景（见表7-7）。但空间分布上呈现出一定的交错性，伴随着城镇化进程的不断推进，最容易向其他地域类型转换，为其他类型提供发展空间。就珠江三角洲的实际情况来看，有些城市核心节点中的公园数量偏少，特别是居住小区中的绿色开敞空间更少，不能满足社区居民日常活动的需求。一些开发较早的国家级开发区和省级开发区，已经发展的比较成熟，绿色开敞空间的布局和建设相对较好，整体环境比较理想。

表7-7　绿色开敞空间与生态屏障空间的空间关系

空间关系	绿色开敞空间（G）	图示
生态屏障空间（E）	具有相似的区域功能，在空间上具有一定的关联性。一般来说，在生态屏障空间外围多是绿色开敞空间作为缓冲或过渡	

八、生态屏障空间与其他地域类型的空间关系

都市经济区是高度城镇化的区域，人口、产业高度集中，给本区域的生态环境造成很大的压力，本身的生态屏障有利于改善生态环境，增加环境容量和区域承载力。受区位和地形条件限制，生态屏障一般分布于城市核心节点外围，多为海拔较高的山地丘陵地区。随着工业化进程的加快，工业用地迅速向外扩张，在某些地区将低山丘陵夷为平地用于工业开发，破坏了原有的生态环境，侵占了生态屏障，造成一定的环境影响。另一方面，随着城市居民亲山近水的生态需求越来越强烈，在一些生态屏障的边缘开发了高档的居住区或别墅区，也对当地的生态环境造成一定的影响。高速公路的快捷性和通达性使得线路的选择近似为直线，由此横穿了一些山体，过山隧道对生态环境的影响较小，但建设成本很大。因此，一些地区直接将途经的山体一分为二，不仅增加了山体滑坡、泥石流等地质灾害的风险，而且切断了生态廊道，对自然景观的连续性和动植物的迁徙和扩散形成了人为的阻隔。在生态屏障区开发的休闲空间，在保护中进行开发，具有积极的影响，但应该充分考虑本区域的生态承载力，使得开发和保护相得益彰。

总体来看，都市经济区内部各种地域类型的空间关系错综复杂，又呈现出一定的规律性（见图7-25）。城市核心节点和生态屏障空间是相对稳定的地域类型，其他地域类型空间扩展具有一定的灵活性和空间拓展性。除了绿色开敞空间外，独立综合的居住空间在都市经济区中占有较大比重，其次是综合生产空间。目前已经出现了居住空间、生产空间与绿色开敞空间交错分布的局面，生产生活空间的拓展和绿色开敞空间的减少和被侵占基本上是同步的，目前的空间引导和调控严重缺位或执行不力，对地域空间结构的合理化和有序化造成了很大的困难。

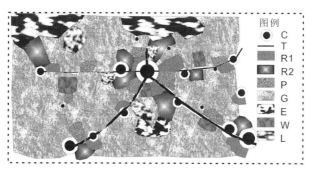

图7-25　都市经济区各种地域类型的空间关系总示意图

第三节 珠江三角洲都市经济区的空间组织

一、地域空间结构的主要特征

1. 各种地域类型的空间集聚特征非常明显

通过对各种地域类型的空间分布特征和空间关系的分析发现，同种地域类型具有空间集聚的空间指向。比较典型的是在综合生产空间和独立综合的休闲娱乐空间的空间分布格局中得到充分体现。从宏观的空间分布看，综合生产空间沿着穗深港综合交通走廊和穗佛中珠澳综合交通走廊进行展布的特征非常明显。在两条综合交通走廊两侧 10km 范围内大约集聚了珠江三角洲 70％ 的生产空间。从中微观的空间尺度看，在珠江三角洲形成了大量的具有专业化特色的专业镇。不同产业在不同的专业镇集聚发展，形成规模经济和范围经济，已经具备了比较大的发展规模（见图 7-26）。

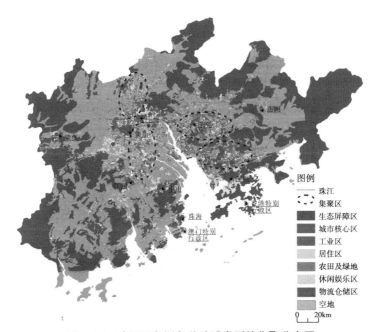

图 7-26 珠江三角洲各种地域类型的集聚分布图

另外，独立综合休闲空间也具有比较明显的空间集聚特征。在广州天河区东部、深圳蛇口区、珠海市香洲区等地区形成比较多的休闲产业集群。这些独立综合的休闲空间不仅产生了良好的经济效益，而且改善了城市形象，成为都市经济区必不可少的空间单元。独立综合的居住空间也有空间集聚的发展态势。在广州市番禺区出现的范围广大的居住组团，形成十分壮观的都市景观，进而吸引了大量人口在此集聚，加快了广州市空间向南拓展的步伐。

2. 核心–边缘的空间结构形态正在向网络化转变

长期以来，小珠江三角洲形成以广州为中心的核心–边缘结构，随着改革开放的深入推进，在香港、澳门的带动下，深圳、东莞、中山、珠海等城市迅速崛起。香港、澳门回归祖国以后，与小珠江三角洲的经济联系日趋加强，逐步形成了深港、广佛、珠澳三大都市区"三足鼎立"的局面，在空间上形成倒"U"型的空间结构形态。2000年以来，珠江三角洲各个城市节点的经济联系进一步加强，产业和功能外溢的发展态势非常明显。中央政府和广东省政府也越来越关注珠江三角洲的协调发展，并先后制订了《珠江三角洲协调发展规划》《广东省城镇体系规划》《广东省国土规划》《珠江三角洲地区城际轨道交通网规划2005—2020》等规划规范指导珠江三角洲都市经济区的发展。以构建方便快捷的交通网为导向的区域空间整合进入发展的新阶段，珠江三角洲的区域空间结构也由核心–边缘结构向网络化结构演进。

3. 都市连绵的发展态势进一步加强

从各种地域类型的空间分布来看，在珠江三角洲的核心圈层，基本上已经是连绵成片的城镇化景观，在珠江口的两岸表现得非常明显。珠江三角洲的城镇化水平已经超过60%，在东莞、深圳已经全部将农村户口转为城镇人口，本地城镇化率达到100%。从景观格局上看也是如此。深圳、东莞、中山、珠海的很多小城镇甚至是农村都已经基本转变为城市景观，村中高楼林立，工厂众多，商贸业发达，完全失去乡村聚落原有的风貌。一些象征现代化的大都市品牌如麦当劳、肯德基落户珠三角的某些村落（在深圳、东莞、广州的某些村较为常见），一些五星级的国际连锁酒店落户到珠三角的某些建制镇（如厚街镇的喜来登酒店），使得珠江三角洲的都市化态势不断增强。沿着一些主要的交通干道也布局了相当多的工厂企业，基本上也是集中连片的发展格局。

4. 地域空间结构分异十分明显

尽管都市经济区呈现连绵成片的发展态势，但地域空间结构的分异特征也非常明显，特别是生产空间和居住空间的分布，总体比较混乱，破碎化特征非常明显。从整体的空间格局上看，都市经济区主要集中于珠江三角洲的内圈层，外围地区连绵化的态势不明显。珠江口东岸的城乡一体化态势更强，而珠江口西岸还有比较多的绿色开敞空间。从交通体系分析，都市经济区主要集中于主要交通干道沿线，一些交通体系不完善的地区城镇化水平相对较低。从单个城市核心节点看，处于核心节点近缘的地区城镇化水平较高，距离较远的地区受到的辐射带动作用相对较弱。总体上看，珠江三角洲各种地域类型的空间演进也存在着明显的地域分异，不同地区的结构形态和空间分布密度存在较大的差异。

二、珠江三角洲都市经济区地域功能结构的主要特征

1. 功能结构特征

一定的地域承担着一定的功能，地域空间结构是地域功能结构在空间上的投影。都市经济区具有经济功能、管理功能、创新功能和生态功能。各种功能的集聚与分散、专业化程度的提高、功能空间的重组都会改变都市经济区的地域功能结构。都市经济区是发育比较成熟的城镇化地区，空间结构复杂多样，功能结构也相对综合完善。总体上看，珠江三角洲都市经济区的功能结构存在以下特征。

（1）集聚与扩散并存。

从珠江三角洲各种地域类型的空间分布看，都市经济区的各项功能不断地进行着调整和优化配置。城市核心节点的功能呈现综合化和多样化的发展态势，集聚了都市经济区大部分高级的管理职能和创新职能。各种跨国公司的总部、高端人才、生产性服务业等在城市核心节点集聚，为整个都市经济区提供人才支持和技术支持。一些专业化的功能不断向城市核心节点的外围扩散，最为明显的是生产功能和居住功能，在外围地区形成综合的生产空间和居住空间。总的来看，珠江三角洲都市经济区各种地域类型的集聚效应与扩散效应并存，不断推进着都市经济区的功能外溢与经济联系。

（2）功能的单一化与混杂化并存。

从主体功能看，珠江三角洲不少地区承担的功能越来越趋向于单一化。比如东莞整个市域，基本上是完全的工业化景观，是比较专业化的制造业城市，总体

上属于综合的生产空间，其他的职能不突出。广州市番禺区形成的独立综合的居住空间，在整个都市经济区中也占有重要地位，广州市从化市则以生态屏障的功能为主体，因此地域类型的单一化趋势比较明显。从各种地域类型的空间组合看，珠江三角洲各种地域类型的空间分布错综复杂，交错分布，功能混杂化的现象比较突出。比如，各个小城镇的中小企业不少仍然是家庭作坊式的小规模经营，楼下生产楼上居住的模式、临街生产内围居住的模式比较普遍，工业生产与居住混杂布局的情况较多。工业生产与农用地的混杂布局、独立休闲空间与绿色开敞空间和生态屏障空间的混杂布局等，为地域类型的识别也带来了一定的困难。

（3）专业化的趋势越来越明显。

珠江三角洲的产业结构不断调整，逐渐从以轻工业为主向轻重工业并重转变，产业结构不断完善的同时，专业化水平不断提高。不少城镇的专业化特色比较突出，比如中山市古镇镇的灯市照明业、小榄镇的五金电器和建材批发、佛山市容奇镇的小家电生产、东莞市厚街镇和凤岗镇的电脑配件生产、虎门镇的服装批发、惠州市惠东县的黄埠、吉隆两镇的制鞋业等，都已经形成了相当大的专业化规模，相关联产业集群化布局的特征比较明显。

（4）具有较强的功能互补性。

各种地域类型不是独立的个体，而是彼此联系，互相关联的，都是都市经济区必不可少的组成部分。综合的物流交通仓储空间与综合生产空间相邻布局，有利于物资的输入输出，促进商品生产的流通。独立综合的居住空间临近高速公路布局，既有利于保持相对的独立性，又有利于与城市核心节点的便捷联系。在生态屏障地区开发的娱乐休闲活动，既满足了广大城市居民的休闲需求，又促进了生态屏障区的保护与开发。总体上看，珠江三角洲都市经济区的各种地域类型具有较强的功能互补性，既相对独立，又具有千丝万缕的各种联系，共同组成一个相互作用相互联系的综合经济区。

总体上看，珠江三角洲地区地域功能结构趋向合理化，空间结构调整与地域功能完善相互促进，相互调适，集聚与扩散并存，专业化趋势不断增强。从小尺度看，在珠江三角洲地区形成了规模庞大的专业村、专业镇和一些大型的专业批发市场。从大尺度看，形成了集中连片的综合生产空间、休闲空间、居住空间等功能地域。各种社会经济活动的大规模集聚给当地的自然生态环境造成了很大的压力，给当地的环境保护工作带来很大的挑战。都市经济区不仅要营造高效的社会经济发展环境，也要营造良好宜居的人居环境，还要注意保护重要而脆弱的生态环境。珠江三角洲的绿色空间和生态屏障空间对珠江三角洲的自然环境具有重要的调节作用，应重新树立科学的空间观，重视山体、水体等自然环境的保护，保障珠江三角洲的生态安全。

2. 珠江三角洲都市经济区地域空间结构与功能结构的优化与互动

结构决定功能，功能反作用于结构，二者是对立统一的辩证关系。都市经济区地域空间结构与地域功能结构是一个有机的整体，相互联系，相互促进，不断推动着都市经济区的优化与提升。地域空间结构的调整会引起地域功能的变化，促进地域功能的演替与优化组合。地域功能的改变也要求地域空间结构做出相应的调整，促进各种社会经济活动空间分布的调整与优化配置，以适应地域功能转变的要求。都市经济区地域空间结构和地域功能的相互作用机理，如图7-27所示。

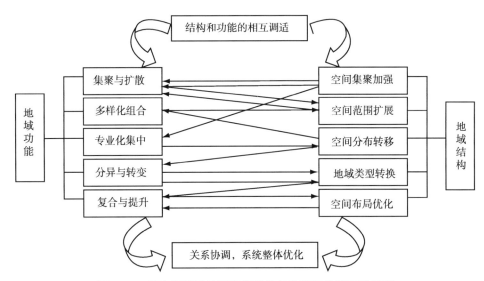

图7-27 都市经济区地域空间结构与功能结构的互动机理

具体来讲，地域空间结构的调整主要包括以下方面。①人口、产业在某个地域的集中，空间集聚加强。②人口、产业从中心区向周边地区扩散，空间分布范围扩大。③社会经济活动的空间转移，实现跳跃式发展。④用地性质的改变，新的社会经济活动取代原有的社会经济活动的空间分布，发生地域类型的空间演替。⑤不同地域类型的空间优化组合，形成更加综合多样的地域空间结构。

地域功能的集聚与扩散，增强了地域功能的辐射力和影响力。而不同地域类型的多样化组合，增强地域功能的综合性和多样性。地域功能的专业化集中，有利于实现规模经济，促进自主创新。地域功能的分异与转变，发生原有地域功能的演替，转变为更具有影响力的地域功能。地域功能的复合与提升，实现地域功能的优化组合。都市经济区的地域空间结构和地域功能结构是相辅相成，相互促进的。各种地域类型的空间集聚，可以引起地域功能的集聚，提高该地区的专业化水平。而各种地域活动的空间扩展和转移，也促进了地域功能的空间扩散，带动周边地区的发展。地域类型的空间变迁同样可以引起地域功能的分异与转变。空间结构的优化与调整可以引起地域功能的复合与提升，增强地域功能的综合性和多样性，提高该地域的区域影响力和竞争力。同样，地域功能的集聚与扩散，也会引起人口-产业的空间集聚和空间转移。地域功能的分异与转变，也带动地域空间结构的重新组合和优化配置，进一步带动地域功能的复合和提升。结构和功能相互引导，相互调适，不断促进都市经济区彼此关系的协调和系统的整体优化。

三、地域空间组织的主体框架

通过以上空间结构特征的总结，可以看出，珠江三角洲都市经济区基本形成了"一环、两片、三轴"的空间形态，呈现出"两片集聚、三轴拓展、多极辐射"的空间演化格局，正在由点轴集聚型向网络化方向发展（见图7-28）。

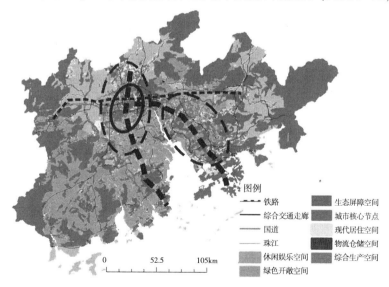

图7-28　珠江三角洲都市经济区地域空间结构分布图

　　一环，是指在广州、佛山两个城市核心节点外围形成的外环路。广州市的内环路由广州火车站前的环市中路、环市西路、南岸路、黄沙大道、六路，经南方大厦向南经人民桥过江到洪德路、南田路、江湾路，向北经东华南路、中山一路、海东路，到恒福路，构成了东西长圆形封闭的内环。佛山市连接禅城区和南海、顺德的内环路也已经建成。围绕广佛都市圈的外环路已经初具规模，正在规划建设之中，其范围包括从广州黄埔区的红山向北经萝岗到太和，向西经环山到乐平；向南到丹灶，再向东经龙山到勒流、鸡洲，再经东涌向北到石碁镇政府，再到红山，完成一个封闭环线。其中围绕广州北部的北二环高速和番禺境内的东二环已经修好通车，围绕佛山的外半环即将修好通车。这个围绕广佛都市圈的外环路，将进一步加快广州和佛山的经济合作和空间整合，增强经济联系和互补协作，提升区域整体的竞争力和辐射带动能力。广佛城际快速轨道交通的建成更加有利于推进广佛都市圈的一体化进程，为两城市的经济发展注入新的活力和全新动力。

　　两片，是指以广州、佛山城市核心节点为中心形成的大型组团和以深圳、东莞为核心组成的大型组团。其中，在珠江口西岸以广州、佛山为核心形成的组团发育较成熟，集中连片布局的态势非常明显，往北延伸到了花都区，往南与中山、江门有集中连片的趋势。这一片的综合功能比较明显，生产空间、流通空间和居住空间在这里高度集聚。另一片是处于珠江口东岸以深圳、东莞为核心的大型组团，以生产空间为典型特色，到处都是工业化的城市景观，以物流仓储为核心的流通空间也非常发达。这两片大型组团集聚了珠江三角洲大部分的人口和产业，是整个都市经济区发展的引擎，也是人地关系矛盾冲突最严重、各种资源环境问题最突出的区域。

　　三轴，是指自西向东连接肇庆、佛山、广州、东莞、惠州的发展轴；在珠江口西岸自北向南沿京珠国道连接广州、佛山、中山、（江门）和珠海、澳门的发展轴；珠江口东岸沿莞深高速连接东莞、深圳和香港的发展轴。随着城际快速轨道交通的建成通车，还将会形成跨越珠江口两岸的第四条发展轴，自西向东连通江门、中山小榄镇、广州南沙区到东莞虎门镇，由此进一步缩短了珠江口东西两岸的距离，有利于推动珠江口两岸的经济整合和空间联系。已经形成的三条发展轴基本上连通了珠江三角洲的所有城市核心节点，构成了珠江三角洲发展的整体骨架，也进一步引导着珠江三角洲都市经济区各种地域类型的空间发展格局。

　　目前，珠江三角洲都市经济区基本形成了"一环、两片、三轴"的空间形态，呈现出"两片集聚、三轴拓展、多极辐射"的空间演化格局。依托广佛都市圈的外环线形成的集聚片区和深圳、东莞城市核心节点形成的集聚片区，吸引珠江三角洲人口、产业的进一步集聚，不断促进珠江三角洲的结构分异和空间整合。在两个集聚区的基础上，沿着三条主要的发展轴进行空间拓展和人口、产业的集聚与扩散，向外拓展都市经济区的各项功能。另外，每个城市核心节点都是区域中的一个增长极，作为一个增长核心辐射带动周边地区的发展。在珠江三角洲的每个城市核心节点，都已经具备比较强的经济实力，能够带动外围地区获得持续快速的发展。从空间分布上看，城市核心节点外围基本上也是城镇化的景观，人口、产业活动的空间分布比较密集，形成多个存在明显集聚效应的功能组团，呈现多极辐射的空间格局。

四、地域空间组织的布局规律

1. 各种地域类型的集聚分布非常明显

通过以上各种地域类型的空间分布特征来看，各种地域类型集聚分布的特征比较明显。从宏观角度看，综合的生产空间主要围绕各类开发区进行空间集聚，沿主要交通干道集聚，在东莞、深圳、中山等城市核心节点外围集聚。独立综合的休闲空间在广州市天河区东部集聚，在深圳蛇口区集聚，在珠海九洲港附近集聚，在肇庆鼎湖山地区集聚。物流仓储空间在广州黄埔港、深圳盐田港、蛇口港高度集聚，如此等等。从微观角度看，许多相关联的产业在小区域的集聚分布也非常明显，如东莞市虎门镇的服装、皮革的集群，厚街镇的家具业集群，中山市古镇镇的灯饰产业集群，小榄镇的五金和电子产业集群等，都呈现出明显的集聚特征，形成特色鲜明的专业镇。

2. 交通导向型空间分布规律

各种地域类型的空间分布，表现出明显的交通导向性。在主要交通干道的两侧，分布了大部分的生产、居住和物流仓储空间。以高速公路为例，利用 ArcGIS 对各种地域类型之间的空间关系进行缓冲区分析和叠加分析，研究表明，在高速公路两侧 5km 范围内，分布了 56.4％的生产空间、64.9％的居住空间和 68.9％的物流仓储空间。在 10km 范围内，分布了 86％的工业企业。在高速公路两侧 10km 范围内，分布了 81.2％的生产空间、86.5％的居住空间和 93.9％的物流仓储区。物流仓储空间也主要依托交通干道的出入口进行布局，特别在航空港、海港和铁路货运站周边 5km 范围内也有比较密集的分布。总体上看,各种地域类型均倾向于临近交通干道分布,这为以后的交通建设和各种产业的空间布局规划提供了可靠的参考依据。

3. 各种地域类型的空间分布具有路径依赖性

一个地区的空间结构总是在原来的基础上完善和扩展起来的。对于都市经济区来说更是如此。都市经济区的城市核心节点,在历史上都是该区域的政治、经济、文化中心,如广州、佛山等城市,具有悠久的历史。综合生产空间的地域分布,路径依赖更为明显,一般都是在原有产业区的基础上成长和拓展起来的,并且具有相关联产业空间集聚的特征。综合交通走廊的形成也是依托主要的交通干道,进一步拓展、新建产生的,并依托已有的交通节点向外辐射,逐步发展成为联系便捷的交通网络。总体来看,各种地域类型的空间分布,路径依赖性非常明显,今后的空间调控也应该参考已经形成的现状格局加以引导和完善。

4. 各种地域类型的向心型布局明显

对于每一个城市来说,城市中心对周边地区的辐射带动作用非常明显,容易形成核心-边缘式的空间结构。对于都市经济区来说,各种地域类型向心型的空间分布也非常的明显。生产空间、居住空间、物流仓储空间、休闲娱乐空间、主要交通干道都是围绕城市核心节点进行空间布局,接受城市核心节点的辐射和带动,同城市核心节点保持着紧密的经济合作和产业联系。因此,距离城市核心节点越近,各种地域类型分布越集中,规模越大。距离城市核心节点越远,各种地域类型的分布则相对分散。

第八章　珠江三角洲都市经济区空间
演化的影响因素与生态环境效应

第一节　珠江三角洲都市经济区空间演化的影响因素

一、城镇化进程与地域功能演化

1. 珠江三角洲都市经济区的城镇化进程

（1）珠江三角洲城镇化速度快，城镇化水平高。

改革开放以来，珠江三角洲经济迅速发展，大大促进了城镇化进程，城镇人口和城镇数量不断增加，城镇规模不断扩大。1990 年全区城镇人口 1696.63 万人，占总人口 71.6%，远远高出全国和广东省的平均水平。2000 年，城镇人口 2981.23 万人，城镇化水平达到 69.5%。2008 年，城镇常住人口已达 3819.64 万人，占常住总人口（4771.77 万人）的 80.05%（见图 8-1）。若把香港（697.8 万人）和澳门人口（55.2 万人）也计算在内，则城镇总人口达 4572.64 万人，占总人口（含港澳地区为 5524.77 万人）82.77%。也就是说，包括港澳在内的珠江三角洲地区城镇化水平已成为世界较高的地区（见图 8-2）。

（2）城市规模不断扩大，城市数量有所减少。

珠江三角洲设市城市数量从 1980 年的 9 个增长到 2000 年的 23 个，随后又减少到目前的 17 个，城市数量有所减少，主要是由于广州和佛山撤县（县级市）设区造成的，由此也导致了都市区和广佛都市圈的空间结构初步形成。建成区面积也由 1980 年的 300km² 增长到现在的 2089km²，建成区面积扩大到近 7 倍，珠江三角洲的城镇化进程持续快速发展，并呈现连绵成片的发展态势（见表 8-1）。

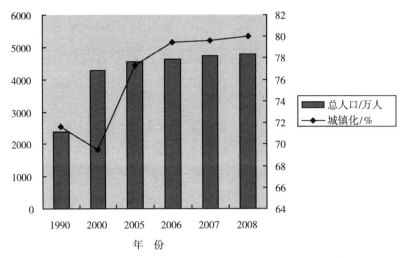

图 8-1　珠江三角洲都市经济区总人口和城镇化水平发展变化图

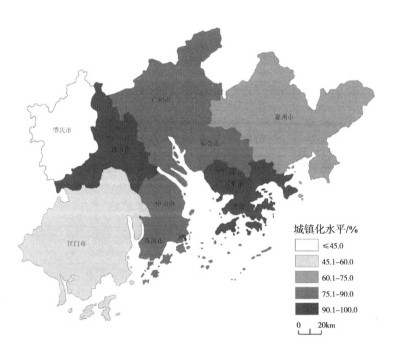

图 8-2　珠江三角洲都市经济区 2008 年城镇化水平

表 8-1　珠三角都市经济区城镇发展指标变化统计

年份	设市城市/个	特大城市（>100万人）/人	大城市（50—100万人）/个	中等城市（20—50万人）/个	小城市（<20万人）/个	建制镇/个	建成区面积/km²	城镇户籍人口/万人
1983	9	2	0	2	4	\		891.71
1987	11		1	4	4	\	385	1049.14
1990	11	2	0	6	3	393	401	1696.63※
1995	27	2	1	14	10	493	543	2125.32
2000	23		9	11	3	374	1134	2981.23※
2005	17		9	5	3	325	2089	3516.06
2008	17		9	5	3	324	2535	3819.64

注:标注※的城镇化水平,是按第四次和第五次人口普查的城镇人口口径计算。

目前，珠江三角洲都市经济区有城市 17 座（只有 3 个县尚未改市），占全省城市总数（44 座）的 38.6%；建制镇 324 个（除个别乡外，已基本改镇）。城镇密度为 59 个/万 km²，城市密度 3 座/万 km²，均大大超过全国平均水平。全区初步形成以广州为中心、以深圳、珠海为副中心、大中小城市和众多建制镇结合、职能特色日益明显、布局比较合理的城镇体系（见表 8-2）。

表 8-2　珠三角都市经济区城市等级规模结构（2008 年）

500 万人以上	2 个	广州、深圳
200~500 万人	2 个	佛山、东莞
100~200 万人	2 个	珠海、江门
50~100 万人	3 个	中山、肇庆、惠州
20~50 万人	5 个	增城、开平、台山、惠阳、高要
10~20 万人	3 个	四会、鹤山、恩平、从化

（3）逐步形成多元化的城镇化发展模式。

20 世纪 90 年代初以来，在政府建设投资拉动和外资、民间资金的多重推动下，珠江三角洲的城镇化发展表现出鲜明的政府主导与地区自发增长相结合的特征，城镇建设模式逐步由计划经济时期的政府单一投资主体转变为多元投资主体并存的局面，城镇化模式也由计划经济体制下"自上而下"的城镇化转变为"自上而下"与"自下而上"共同发展的城镇化格局。城镇发展机制日益市场化，城镇化动力强劲，城镇的可持续发展能力增强。

珠江三角洲涌现出多种城镇化发展模式，包括"以下（乡镇以下的各类企业）促上（市级企业），遍地开花"的东莞模式，"中间（乡镇企业）突破，带动两头（市属、村办企业）"的顺德模式，"以上（市属企业）带下（乡镇以下企业）、一镇一品"的中山模式，"六轮（市、镇、村、经济社、联合体、民营经济）齐转，各显神通"的南海模式，等等。

（4）基本形成一体化的城乡发展格局。

城市拓展和乡村城镇化的双向作用，推动了城乡一体化发展格局的形成。在"自上而下"和"自下而上"的城镇化共同作用下，珠江三角洲都市经济区产品、资本和劳动力在城乡之间快速流动，城市建成区迅速向外扩张，乡村地区广泛城镇化，城市的规模和数量不断增加，形成了大中小城镇相结合、多层次的城镇体系，总体上呈现出集聚性、区域性的趋势。进入 20 世纪 90 年代中期以来，随着产业结构的调整和经济增长方式的转变，珠江三角洲地区各大城市作为社会发展的"龙头"和支柱，产业不断升级和重组，区域发展重心逐步向大、中城市集中，大、中城市在国民经济中的地位日益提高。与此同时，小城镇亦成为新的人口和产业集聚点。

随着珠江三角洲城市群产业结构的整体调整和升级，珠江三角洲城市空间结构和布局也发生了根本性的改变。改革开放以前和改革开放初期，广州市作为广东省的单极中心城市，与周边地区城市之间的关系属于绝对的核心-边缘结构。改革开放以来，深圳已逐步从一个边陲小镇发展成为与广州市毗邻而立的又一个中心城市，珠海、佛山、中山、东莞、江门、肇庆等城市也相继进入了中等城市行列，以广州、深圳为中心的双极结构已成为目前珠江三角洲城市群的结构特征。近年来，珠江三角洲城市功能逐渐多样化，城市交流更加密切，已发展成一个城乡一体、类型完备的多层次城镇体系，双极模式正逐渐向网络化模式演化。

2. 珠江三角洲都市经济区的城镇化进程对地域功能演化的影响

（1）快速的城镇化进程促进城乡景观的剧烈变化。

伴随着快速的城镇化进程，珠江三角洲都市经济区的工业化进程加快推进，城市建成区面积也不断扩大，广大的农业景观逐渐演变为城镇景观，并呈现遍地城镇化的发展态势。特别是在珠江口两岸的核心区，基本呈现"农村城镇化、城镇城市化、城市国际化"的发展态势，形成了连绵成片的城镇化景观。具体表现在：①伴随着大量外来人口的涌入，盘活了农村的住房市场，使得城市外围地区出租房市场十分活跃。于是传统的岭南民居和低层住房逐渐被四五层的楼房所取代，为了最大限度地利用空间，大量的"城中村"以"握手楼""一线天"的形态出现，带来了一系列的环境污染问题和社会治安问题。②伴随着香港"三来一补"企业及外资在珠三角集聚，各个城市和各乡镇纷纷建立工业开发区，使得城镇经济实力不断增强，对外联系越来越广泛，带动了自身的城镇建设，一些五星级酒店越来越多地落户到乡镇，一些麦当劳、肯德基、必胜客等代表西方都市文化的餐饮店甚至开到了珠三角的农村地区，使得许多城镇表现出较突出的城市景观形态。③快速的城镇化进程使得珠三角许多核心城市向大都市区化转变，行政区域不断扩大，城市景观不断向外围蔓延，地铁等城市快速轨道交通向郊区延伸，使得珠三角都市经济区逐渐形成网络化、都市连绵化的区域景观形态。

（2）快速的城镇化进程引起了农业耕作区的急剧减少。

城镇化进程的快速推进，伴随着珠三角地区农田耕作区的急剧减少，珠江三角洲河网密布、桑基农田、蔗基农田的田园风光越来越少，越来越多的农田被工业区、城镇建设所取代。从不同时期的耕地面积变化来看，1980 年，珠江三角洲的农田面积最大，有 104.5 公顷，到了 1990 年，仅剩下 94.21 公顷了，2000 年降到 63.1 hm^2，2005 年减少到 54.21 万 hm^2，与 1980 年相比减少了一半，耕地减少速度非常迅速（见图 8-3）。

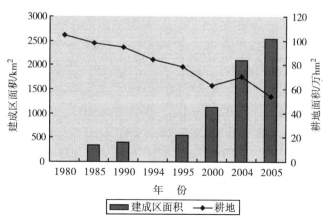

图 8-3　1980—2005 年珠江三角洲耕地及建成区面积变化图

（3）快速的城镇化进程促进城乡居民点的快速扩张。

借助20世纪70年代末期的珠三角城镇形态的解译图像（见图8-4），整个珠江三角洲经济区由于在经济上还是处于起步阶段，各个镇区还未连成一片，在影像上主要表现为分散的点状影像，珠江三角洲经济区9个地级市的城镇用地主要集中在广州、佛山、江门和肇庆，特别是广州，作为珠三角中心城市的地位很突出。深圳和东莞面积很小，特别是深圳，在当时还是个小渔村，在图上几乎找不到它的位置。从图上我们可以发现，人口比较集中的城市，如广州、佛山、肇庆、中山等，都是沿珠江水系的主干河道分布的，而在珠江各个支流上，城镇分布的规模和密度都较小，这表明在当时城镇发展只是处于初级阶段，各个城市群落的发展还没有产生密切的联系。

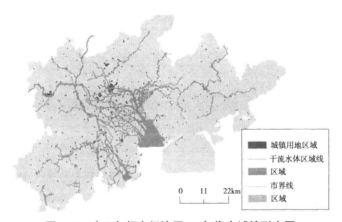

图8-4 珠三角都市经济区70年代末城镇形态图

资料来源：王娇．珠江三角洲地区城市建成区扩展时空过程及影响因素［D］．北京：中科院遥感所，2006.

改革开放初期，珠江三角洲核心区城镇空间形态的扩展刚开始以点状扩张和带状生长为主，城镇之间的交流也较弱，多通过河流水系及为数不多的交通要道联系。随着交通设施的投入力度的加大，各个城镇群落之间的联系大大增强，城镇开始沿着道路网络发展，并在东岸地区形成较为明显的线状空间。珠三角地区的城乡居民点还呈现点状分布，只有广州市老城区和深圳市福田区、罗湖区以及靠近珠江口沿岸形成较大斑块。东莞、中山等城市刚刚起步，还处于较小规模。小城镇发展也刚刚起步，接受产业转移较少，还没有形成专业性的小城镇（见图8-5）。

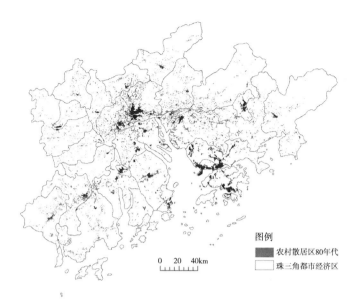

图例
█ 农村散居区80年代
□ 珠三角都市经济区

0　20　40km

图 8-5　珠三角都市经济区 80 年代城乡空间扩展图

　　进入 20 世纪 90 年代，珠江三角洲都市经济区进入持续健康发展的快车道，大中小城市齐头并进，发展迅猛（见图 8-6）。广州市周边地区扩展非常明显，特别是向东部和西部扩展十分显著，基本上与佛山市连成一片。珠江口东岸濒临伶仃洋的区域已经连成一片，向东北部延伸到东莞市区，向东南部延伸到深圳市区，形成一个长条形的城乡集聚带。珠江口西岸城乡居民点扩展迅速，中山市区已初具规模，珠海市向北部扩展明显，基本上形成了集中连片的区域。除了惠州、肇庆、江门等中心城区外，这个时期城乡居民点的空间扩展主要集中于珠江口两岸邻近区域，外围地区城乡居民点的空间扩展相对缓慢。

　　经过十多年的发展，整个珠江三角洲经济区在经济实力上得到了较大的提高，表现在 1995 年的影像图上各地市城乡建设用地面积均有较大增长。广州从 80 年代的 89.62km²，增加到了 1995 年的 246.67km²，面积增长了两倍多；佛山从 1980 年代的 41.1km²，增加到了 1995 年的 115.53km²；而深圳发展更快，1995 年的城镇面积已经达到了 501.9km²，超过了当时广州的建成区面积，成为珠江三角洲经济区另一个发展中心。在影像图上我们可以发现，深圳的城镇区面积有很大一部分是沿珠江入海口一带分布的（占建成区的 60% 以上），呈现带状生长的空间形态。此外，东莞、珠海、江门的城镇面积都有较大增长。从影像图上我们可以发现相对于 80 年代，广州、佛山、肇庆、中山、珠海、深圳、江门、惠州、东莞不但沿珠江水系主干河道进一步发展，在各支流和各条交通要道上也有了较大的发展，城镇之间的联系得到了加强，总的看来，这个时期的城镇扩展形态以同心圆式扩张、星状扩张和带状生长为主。

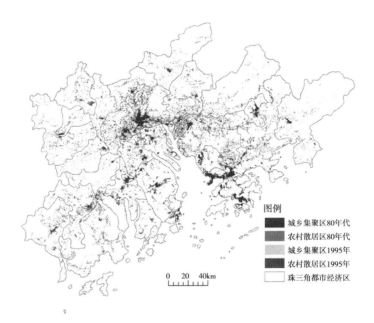

图 8-6　珠三角都市经济区 20 世纪 80 年代至 1995 年城乡空间扩展图

20 世纪 90 年代中期后，城镇建设呈现出渐进式延展，以沿交通干道向两边扩散的方式为主，在珠江口东岸形成连绵成带的发展趋势，广佛地区也开始呈现出都市密集区成片发展的趋势。到了 2000 年，城镇发展在原有布局的基础上进行近域扩散，并且由交通干道串联的密集区作为增长极在这个时期带动作用明显，珠三角东岸形成更密集的发展带，而广佛地区与珠三角西岸北部的城镇一起，形成大范围的都市建设圈层（见图 8-7）。

在 2000 年的珠三角遥感解译图像上（见图 8-7），珠江三角洲各个城市经过 20 多年的发展，城镇面积迅速增加，城镇规模不断扩大，呈现出多中心点的增长模式。广州的城镇面积从 1995 年的 246.67km² ，增加到了 2000 年的 612.3km² 时，城镇面积再次称雄珠江三角洲。东莞从 1995 年的 62.2km² 增加到了 2000 年的 70.3km² ，也主要以带状和星状扩展为主。深圳从 1995 年的 501.9km² 增加到了 2000 年的 581.4km²，城镇扩展速度有所减缓。其他各地市面积也有极大的提高。

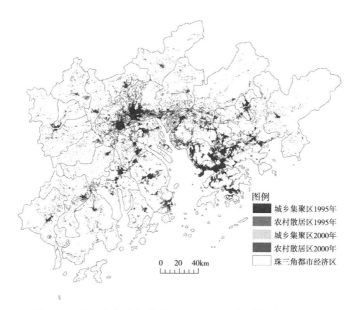

图 8-7　珠三角都市经济区 1995—2000 年城乡空间扩展图

　　进入 21 世纪后，珠三角都市经济区进入快速发展和优化调整期（见图 8-8）。按照广州市"东进西联、北优南拓"的空间发展战略，特别是伴随着广州大学城、科学城、广州新城以及番禺撤市改区等大的规划调整和建设，广州都市区东部和南部获得大开发，以房地产开发为主的华南板块建设加速了广州市南拓的步伐，在番禺区北部形成巨型居住区。东莞和深圳也呈现快速扩展，东莞主要是向南以松山湖经济开发区为主要载体的空间拓展，而深圳主要是发展重心向北部转移，龙岗区、宝山区空间扩展十分显著。伴随着佛山市的行政区划大调整，佛山市的空间拓展与空间整合也十分迅速，并加速了与广州都市区的一体化进程。珠江口西岸，中山、珠海、江门等城市也呈现快速扩展态势，各级开发区星罗棋布，一片繁荣。同时，中小城镇呈现迅猛发展态势，专业镇和特色镇不断涌现，如中山小榄镇的电子电器业、旧镇镇的灯具业、厚街镇的电器家具业、虎门镇的服装皮革业，专业化的水平都非常高，形成具有全国甚至全球影响的商品集散中心，集聚化水平不断提高。

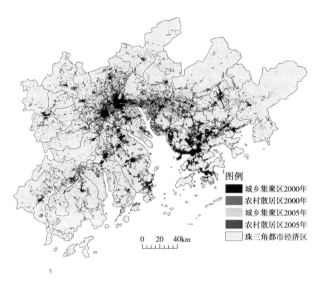

图 8-8 珠三角都市经济区 2000—2005 年城乡空间扩展图

　　珠江三角洲快速的城镇化进程促进了城乡一体化的快速推进和城乡居民点的快速扩张（见图 8-9）。总体而言，20 世纪 80 年代至 2008 年间，珠江三角洲核心区城镇空间形态在不同时期、不同方位上呈现点状分散蔓延、轴线辐射、扇面扩展、填充式增长 4 种基本扩展方式的不同组合，而整体则表现出点状扩张到线状空间出现，再到形成密集发展带和都市建设圈层的动态演变过程。

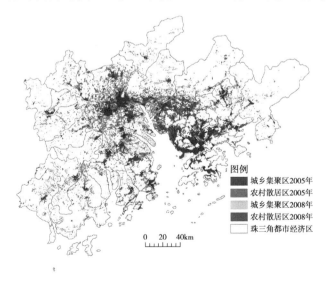

图 8-9 珠三角都市经济区 2005—2008 年城乡空间扩展图

（4）快速的城镇化进程导致都市经济区的生态环境的持续恶化。

城镇化的快速推进，引起了大规模的城镇建设，不仅使耕地面积锐减，而且推进了珠江三角洲的工业化进程。大量的工业企业进驻，排放的大量工业废弃物，不仅污染了大气环境，同时污染了水体以及土壤环境，导致珠江三角洲的生态环境持续恶化。具体表现在以下方面：①酸雨天气不断增加，大气污染比较严重。②珠江水质不断恶化，水体污染日益突出。③重金属污染十分明显，土壤污染亟待治理。④固体废弃物不断增加，处理难度不断加大。关于地域功能演变对生态环境的影响，将在下面的内容中详细探讨。

二、产业转移与功能空间转换

1. 珠三角都市经济区产业发展格局变化

珠三角地区经济的发展主要借助香港、台湾地区和东亚国家制造业的产业转移实现的。改革开放初期，广东经济发展落后，工业基础薄弱，缺乏发展所需的资金，大量劳动力闲置。1978年的工农业产值在全国仅仅排在第22位，人均国内生产总值369元，比全国还低20多元（王珺，2001）。而此时毗邻的香港工业正处在升级调整期，土地、房地产和劳动力价格的上升，迫使传统的劳动密集型制造产业必须寻求新的劳动力市场和要素市场，以降低生产成本维持盈利。凭借毗邻港澳的地缘优势、语言文化相近等亲缘关系加上改革开放"先行一步"的制度优势，珠三角抓住了香港制造业转移的机遇，大力引进香港转移的轻、小工业，实现了初步的工业化。而珠三角制造业也借助港资的推动，发展劳动密集型产业，形成了与香港的前店后厂加工贸易模式。这种加工贸易模式也极大地推动了珠三角加工工业的发展：1979—1996年，香港主要的制造业大约80％以上的工厂或者加工程序转移到了广东，其中转移到珠三角的占94％，1996年，香港在广东开办的"三资"和"三来一补"企业达到了66000家。20世纪90年代中期，东南亚地区又进行新一轮的产业转移，台湾的电脑生产基地开始内迁，珠江三角洲地区特别是东岸的深圳、东莞、惠州等地区抓住机遇，利用本地优势吸引大量台资，建立了外向型的资讯产业加工和制造基地。

经过30多年的发展，珠三角逐步建立了一个以劳动密集型、轻工业、装配加工工业为主的制造业生产基地，产业部门种类主要涉及家电、纺织、家具、玩具、化工、汽车、计算机及其他高科技产业部门等，而产业类型主要是以加工制

造业为主。目前珠三角拥有超过 40 万家制造业企业，工业总产值和贸易出口量
居全国前列，其进出口贸易额高达全国的 1/3 以上，成为全球重要的制造业基地
之一（王珺，2001）。同时珠三角制造业也是带动广东经济发展的主要力量，在
纳入统计的 359 种主要产品产量中，珠三角有 189 种，占广东省 90％以上，其中
84 种全部在珠三角生产加工，如重大技术装备产品和主要高技术产品的汽车、
环境保护专用设备、通信及电子网络用电缆、微波通信设备、集成电路等。在全
省企业 50 强中，珠三角工业企业（集团）占 39 个，在全省工业企业 50 强中，
珠三角占 47 个（明娟，2007）。

珠江三角洲都市经济区的产业演化与空间拓展主要有以下几个方面的特征。

（1）珠三角都市经济区经历了由轻工业向重工业化的发展过程，外向型特征明显。

改革开放之初，珠江三角洲主要以劳动密集型轻型消费品产业为主，洗涤化妆、
服装、日用品、小家电成为珠江三角洲的主要产业。从 20 世纪 80 年代中后期开始，
随着世界电子产业的兴盛，珠江三角洲迅速转型，并成功地打造成为手机、电脑配件
等电子信息产业的生产及装配基地。进入 21 世纪，以石油化工、重型机械、汽车装
配为代表的重工业陆续落户珠三角，珠三角都市经济区的重工业化倾向进一步增强
（见图 8-10）。以石化工业为例，2000 年以来，珠江三角洲陆续建设了惠州石化基地、
广州石化基地和珠海崖门口石化基地在珠江口两岸集聚分布。除此之外，还有汕潮揭
石化基地、茂湛石化基地等大型石油化工企业在广东落户（见图 8-11）。

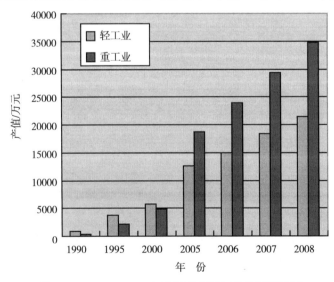

图 8-10　1978—2008 年珠三角轻重工业比重变化图

图 8-11　广东省石油化工基地分布示意图

　　珠三角产业发展的外向型特征主要体现在对外贸易和利用外资上。从进出口来看，外贸依存度较高，珠三角进出口贸易范围已遍布世界 100 多个国家和地区，外贸出口额从 1980 年的 6.2 亿美元增长到 2001 年的 908 亿美元，占全省比重从 28.2％上升到 95.2％，年均增长率高达 26.8％，远高于同期全省和全国水平（分别为 19.7％和 14.0％）。2004 年，外贸进出口达 3417.8 亿美元，比上年增长 22.1％，占全国外贸进出口的 30％以上，外贸依存度多年保持在 120％的全国最高水平。其中，进口总额达 1595.6 亿美元，比上年增长 22.6％，出口总额达 1822.2 亿美元，比上年增长 21.9％。从利用外资来看，珠三角利用其廉价的劳动力资源、土地和便利的交通条件吸引了大量外资进入。到 2002 年，广东利用外资合计达 1576 亿美元，占全国实际利用外资总额的 34.9％。在企业投资中，外资以港澳企业为主，1979—2003 年 5 月在广东投资的港澳企业有 74067 家，合同投资总额 1394.36 亿美元，实际投资总额 888.05 亿美元。在产业和产品产值中，外源成分所占比重较高。2005 年规模以上工业企业主营业务收入，前三位分别是外商投资经济（10465.79 亿元）、港澳台投资经济（9943.81 亿元）、股份制经济（7156.32 亿元）。在产品销售中，"三来一补"的加工贸易模式使得产品外销比率高（明娟，2007）。

（2）珠三角都市经济区集群化发展态势十分明显。

珠三角作为世界重要的制造业基地之一，不仅具有强大的生产加工能力，而且形成了扎根本土、分工与协作紧密的产业群和相当广泛的产品销售网络。珠三角初步形成三大产业分工体系：①珠江西岸的珠海、顺德、中山、江门形成以家庭耐用与非耐用消费品、五金制品为主的集聚地。这是中国最大的家电制造基地，并拥有一批知名品牌。顺德容桂的科龙、格兰仕是国内外知名大型企业。中山以"一镇一品"为特色，北部是小家电、五金（小揽），中部是服装和家具业（沙溪），西北部是灯饰业（古镇），南部以外向出口加工企业为主（三乡、坦洲）。②珠江东岸的深圳、东莞、惠州以电子通信设备制造业为主，是全国最大的电子通信业制造基地。2000年三市的电子通信产业产值达2800亿元，其中惠州的TCL王牌、康力、彩星、乐华等是在国内外市场颇具影响力的彩电品牌。深圳在信息产业、软件产业和电子通信设备等方面具有较强的科技开发能力和市场竞争力。③中部的广州、佛山城区和南海、肇庆是电气机械、钢铁、造船、纺织建材产业带。2000年佛山的电气机械产值为396亿元，占全省的32.7%，同期广州机械装备工业总产值为509亿元，占全省产值的42%，广州在汽车、软件和石化产业方面发展也十分迅速。

同时，支柱产业群的发展也带动了一大批以"一镇一品"为产业特色的专业镇的形成和发展，这些专业镇不但专业性强，而且产供销一体化，形成一定的规模效应。比如，以信息设备制造为主的东莞石龙、石碣、草村、清溪，以家电为主的顺德容桂、北窖；以五金制品为主的中山小揽；以灯饰为主的中山古镇；以皮具为主的花都狮岭；以纺织、针织、服装为主的南海西樵、中山沙溪、东莞虎门、潮阳两英；以玩具为主的澄海澄城；以木工机械为主的顺德伦教；以陶瓷为主的佛山石湾、南海南庄、潮州枫溪；以铝型材为主的南海大沥等。

（3）开发区建设遍地开发，无序发展。

珠江三角洲地处我国改革开放的前沿地区，外向型经济明显。改革开放以后，经济技术开发区、高新技术产业开发区、保税区、出口加工区、物流园区等各种各样的开发区如雨后春笋般崛起在珠三角的大地上（见图8-12）。造船、石化、电子、家电、新材料、新能源等多种产业基地陆续落户珠江三角洲都市经济区（见图8-13）。多样化产业的集聚带来巨大的土地需求，于是许多乡镇级、村一级的开发区或工业园区也陆续出现，呈现"村村点火、户户冒烟"的发展局面，各种类型、不同级别的开发区在珠江三角洲地区集聚，呈现遍地开花的发展态势。

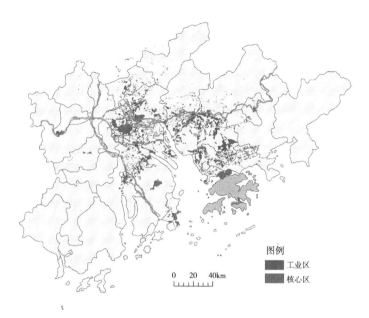

图 8-12　珠江三角洲都市经济区工业区和开发区现状分布图（2008 年）

图 8-13　珠江三角洲各城市主要产业基地示意图

（4）国际产业转移和产业扩散的步伐不断加快。

珠江三角洲地区制造业结构调整经历三个阶段——劳动密集型轻型消费品产

业的发展阶段、以电子信息产业为代表的新兴产业崛起阶段和装备制造业、重化工业的成长阶段,产业结构的调整逐步高级化。但是工业结构调整的直接动因不是来自产业创新,而主要源于国际产业转移。

第一阶段,珠三角劳动密集型轻型消费品产业的快速发展在很大程度上得益于港澳的大量直接投资和技术转移,逐步在珠江三角洲内部转移和扩散(见图 8-14)。

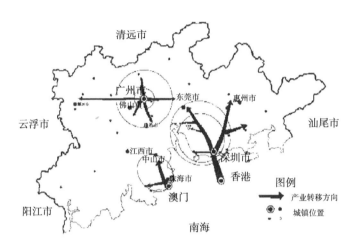

图 8-14 珠江三角洲都市经济区产业的内部转移与扩散

第二阶段,电子信息产业起步于 20 世纪 80 年代末期港台资本的电子、家电代工生产,进入 90 年代以后,以电子信息产业为主的高新技术产业领域的海外资本开始有组织和大规模地投资于珠三角。以 IT 制造业为例,珠三角以台湾 IT产业向内地的大规模迁移为契机,积极引进台资 IT 产业,成功进入全球 IT 产业的分工体系中。特别在东南亚危机后,国际 IT 资本在东南亚的生产基地部分向珠三角集结,加速了珠三角国际性 IT 产品制造业基地的形成。以 IT 制造业为主体的新兴产业代替传统的劳动密集型产业成为珠三角的支柱产业。

第三阶段,装备制造业和重化工业的成长。20 世纪末以来国际重化工业转移进入调整期,美、欧、日等国的跨国重化工业开始将投资重点大规模向中国倾斜,为珠三角发展重化工业提供了良好的机遇。还有,进入 90 年代中,我国轻工业品需求弹性下降,由供给短缺转为相对过剩,轻工业品出口增长对制造业增长的贡献明显减弱,制造业发展必然转向重型化,因此,珠江三角洲内部的产业结构体系出现了明显的转换，部分产业开始向珠三角外部转移。

2. 珠三角产业扩张对地域功能演化的影响

（1）珠三角都市经济区的产业扩张促进生产空间的集聚和集群化发展。

随着珠三角都市经济区经济实力的不断增强和经济环境的不断优化，以港澳台地区为主体的外资企业大量进驻，许多电子信息产业为主体的跨国企业也不断向珠三角地区集聚，不仅促进了单体企业生产规模的不断扩大，而且引起了关联产业在某个地区的集聚，对生产空间产生越来越多的需求，导致产业园区的不断扩大和不断增多（见表8-3）。从不同时期的统计看，20世纪80年代，在珠江三角洲核心区大约有2个国家级的产业园区，1990年代设立了11个，2000年设立了2个，2001—2006年新设立了3个国家级产业园区。各个县市还有省市一级以及乡镇级的工业园区，在珠江三角洲地区呈现密集分布的空间格局。

表8-3　1984—2006年珠江三角洲主要城市设立的国家级开发区

年份	开发区名称
1984	广州经济技术开发区
1987	深圳汕头角保税区
1991	广州高新技术产业开发区、深圳市高新技术产业园区、中山火炬高技术产业开发区、深圳福田保税区
1992	珠海高新技术产业开发区、佛山高新技术产业开发区、广州保税区、广州南湖国家旅游度假区
1993	广州南沙经济技术开发区
1996	深圳盐田港保税区、珠海保税区
2000	广州出口加工区、深圳出口加工区
2001—2006	珠澳跨境工业区（2003）、深圳盐田保税物流园区（2004）、广州南沙出口加工区（2005）

资料来源：中国开发区审核公告目录(2006)。

（2）珠三角都市经济区的产业扩张促进了农田面积的急剧减少。

珠三角都市经济区的产业扩张使得对工业用地的需求不断增大，而工业用地的增加主要以占用农田为主要渠道，除此之外，还开发了一些未利用地以及山坡地。从不同时期的统计看，开发区建设在80年代开始兴起，90年代到达一个鼎盛期，开发区的层级已经蔓延到乡镇以及村一级，呈现遍地开花的局面，由此也导致农田面积的不断减少。

（3）珠三角都市经济区的产业扩张促进了生产空间和生活空间进一步融合。

早期建设的开发区，一般布局于城市发展的外围地区，与城市建成区相隔一段的距离，不利于城市基础设施的配套建设和城镇化发展质量的提高。但随着城镇化进程的不断推进，建成区不断向外推进，而产业园区空间范围也不断扩大，使得城市生活空间与生产空间融合和衔接，生产空间逐步融入城市建设区，成为城市发展的综合体，城市建成区规模不断扩大（见图8-15）。

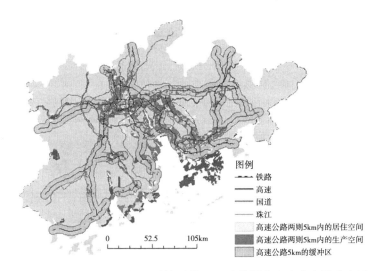

图例
——— 铁路
——— 高速
········ 国道
——— 珠江
▨ 高速公路两则5km内的居住空间
▨ 高速公路两则5km内的生产空间
▨ 高速公路5km的缓冲区

0   52.5   105km

图8-15　利用ArcGIS处理后的国道5km内的居住和生产空间分布图

3. 珠三角产业转移对功能空间转化的影响

（1）珠三角都市经济区的产业转移促进产业集群化发展。

珠江三角洲都市经济区的快速发展，伴随着产业升级换代与同步的产业转移。改革开放之初，珠江三角洲地区主要发展了劳动密集型的"三来一补"加工企业，进入20世纪90年代，以技术密集型为导向的电子信息产业迅速崛起，以制衣、纺织、鞋帽、皮革为代表的劳动密集型产业逐渐向珠三角外围地区转移，将产业空间让位于电子信息以及机械制造等产业。2000年以后，为提升产业和产品的竞争力，减少环境污染，降低能源消耗，一些高污染、高耗能的企业陆续向珠三角外围地区以及广东省外转移，在珠三角的核心城市陆续建设了大型的石化基地、大型零配件生产及汽车装配基地，珠三角的重型化态势进一步增强，并形成了新一轮的产业集群（见图8-16）。

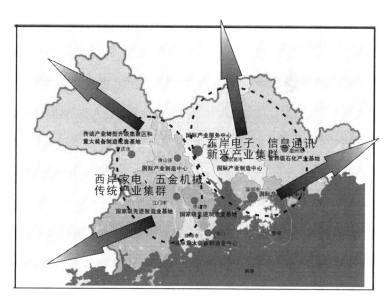

图8-16　珠江三角洲都市经济区内部与外围地区的产业分工与协作

（2）珠三角都市经济区的产业转移提升了产业层次与产业竞争力。

珠三角地区的产业转移也是自身产业更替和升级换代的过程。它包括两个方面的过程，一个是国外先进技术和外资企业向珠江三角洲进行产业转移，不断提高珠三角相关产品和产业的技术含量，增强产品和产业的区域竞争力。另一个方面，是珠三角都市经济区内部淘汰落后产能和附加值低的产业，不断将劳动密集型产业向珠三角外围地区转移的过程。于是，通过引进先进技术和高技术企业，迁出劳动密集型的初级产品加工业，不断提升珠三角都市经济区的产业层次和产业竞争力。

（3）珠三角都市经济区的产业转移引起了生产空间的蔓延。

珠三角都市经济区的产业转移，促进了产业结构的更新换代，同时造成了生产空间的不断蔓延。具体表现在：①一些高污染、高耗能的产业从珠三角核心区域向外围地区转移，不仅扩大了污染源，而且促进了外围地区产业园区的建设和规模扩张。②一些大型外资企业向珠三角进行产业转移，引起了一些关联配套产业在大企业周围集聚，促进了生产空间的蔓延。③城市中一些大型工业园区的建设带动了周边乡镇工业园区的发展，甚至一些村也陆续开发了一些中小型的工业园区，使得工业园区遍地开花，呈现无序蔓延的发展态势。

三、区位（交通）条件改变与地域功能重组

1. 珠三角交通体系发展演变

珠江三角洲都市经济区交通发达，已经建成四通八达、十分稠密的交通网络。公路建设迅猛增长，珠三角经济区公路通车里程由 1990 年的 16256km 增加到 2007 年的 53106km，17 年间增长到 3.5 倍；公路密度为 1.27km/km²，高出广东省平均水平 25 个百分点。已建成的高速公路主要有广州至深圳、广州至开平、广州至三水、广州至清远、惠州至深圳等。京广、京九铁路是珠江三角洲与我国内陆省份客货运输最重要的南北通道，区内铁路运营里程 514km，其中干线里程 466km，主要有京广线、京九线、广深线、广三线。珠三角的主要港口主要集中在香港、广州（黄埔港）、深圳（盐田港、蛇口港、妈湾港、赤湾港等）、珠海（高栏港）等，是全区重要的对外口岸。广州机场、深圳机场已经成为目前我国运输最繁忙的机场之一，珠海三灶机场正在发挥越来越重要的作用。珠三角 9 个地级以上城市 2007 年完成客运量 14.2 亿人次，占广东省总客运量的 67.2%。

珠江三角洲地区路网稠密，交通方式多样，正在构建四通八达的交通网络。根据《珠江三角洲区域协调规划（2004—2020）》（见图 8-17），今后十几年，将形成 5 条贯穿珠三角东西两岸、11 条南北向、纵横交错的高速公路网络；四纵四横的铁路网络，大大提高了珠三角铁路网络的密度；四纵两横的城际快速轨道网络，将珠三角内部已经形成的中心区和将来有发展潜力的服务中心地区联系起来。纵横交错的交通网络和重点建设的城际快速轨道交通系统，将进一步加快区域内部各城市间的交通联系，推进区域一体化进程。珠港澳跨海大桥的建设工作也已经启动，具体的路线选择正在筹划之中。跨海大桥的建成通车，将有利地促进珠江口两岸的经济联系和人员往来，带动西岸的空间开发和优化组合。广佛都市圈外环线的建设也将进一步缩短两地的距离，加快空间融合和一体化的步伐。总之，珠江三角洲交通体系的网络化布局将极大地带动区域内部的空间整合，促进各种地域类型的空间组合与优化配置，逐步呈现出连绵成片的发展格局。

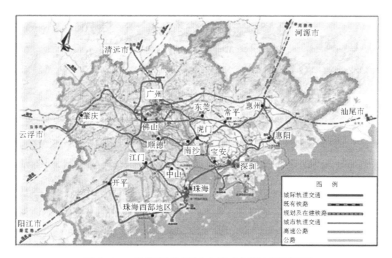

图 8-17　珠江三角洲城市群交通体系规划图

资料来源：珠江三角洲区域协调规划（2004 — 2020）。

2. 珠三角交通条件改变对地域功能重组的影响

（1）交通条件的改善是引起地域功能演化的先导因素。

交通条件是区域发展的关键性引导因素，在地域功能演化过程中，交通条件的改善引起区位发展条件的改善，交通条件在促进区域发展中始终处于先导性因素的位置。不论是确定城市的规模等级结构，还是产业布局的区位选择，交通因素总是发挥着至关重要的作用（见图 8-18）。值得一提的是，以高速公路为代表的快速交通体系大大改善了城市之间的距离，在高速公路出口处，往往形成产业集聚区或者一些新兴的大型居住区。另外，以地铁为代表的轨道交通的大规模建设，也极大地拓展了大城市的通勤圈，带动了城市郊区的开发和建设，增加了地铁口周边的房地产价值。

（2）交通可达性成为都市经济区各项地域功能形成及开发次序的重要因素。

都市经济区形成的前提是都市经济区内部各个要素、各种地域类型之间存在着垂直分工和紧密的社会经济联系。而任何的分工协作和经济联系都以畅通的交通作为支撑，可以说，发达的交通网是都市经济区形成的前提和基础。特别是生产空间、物流仓储空间以及独立综合的生活空间，都依赖于发达畅通的交通体系。另外，区域的交通可达性直接决定了该区域地域功能的形成以及开发次序。比如，深圳的迅速崛起依赖于和香港一衣带水的临近关系，便捷的交通使深圳成为最早接受香港产业转移的地方。当深圳的发展空间出现不足时，才全面向东莞、惠州以及河源地区扩展，交通区位条件是导致这种空间开发次序的主要因素。另外，就是番禺"华南板块"的形成，也是得益于临近广州的便利交通条件，特别是洛溪大桥建成后，大大刺激了番禺北部大面积的房地产开发，形成了主要服务于广州老城区的巨型的居住区。

（3）交通条件改变促进地域功能结构向优化调整的方向发展。

交通条件的改善促进都市经济区内部的产业结构调整，使得配套和关联产业可以在更大的区域空间范围内进行布局。交通条件的改善也强化了不同地域的主导功能，使其能够在都市经济区范围内找准自身发展定位，并不断改善和加强同其他功能区的社会经济联系。另外，珠三角都市经济区轨道交通网的建设、城市地铁线的建设，使得各城市以及整个都市经济区都在进行新一轮的空间调整与优化整合，促使都市经济区地域功能结构的有序化、合理化、高级化和网络化。

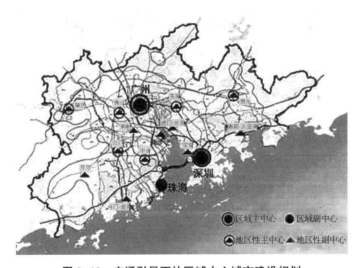

图 8-18　交通引导下的区域中心城市建设规划

四、人口流动与地域功能演化

1. 珠三角都市经济区人口的自然变动

改革开放以来，珠三角都市经济区人口自然增长经历了由快到慢的发展历程。人口自然增长率由 1980 年的 11‰降到 2000 年的 5.07‰，比广东省人口自然增长率低 1.58‰。2008 年，珠三角都市经济区的人口自然增长率为 5‰左右，维持在一个较低水平。其中，人口的出生率经历了一个先增加后减少的过程。人口的死亡率逐渐降低，并维持在一个较低的水平。

2. 珠三角都市经济区的人口变动

改革开放以前，珠江三角洲地区相对封闭，外来人口数量很少。80 年代以后，随着户籍制度的逐步放开与珠三角大量外资企业的进驻，用工需求不断增强，开始越来越多地吸引全国各地的人口向珠三角集中，特别是向深圳集中。根据几次人口普查数据，1982 年第三次全国人口普查，深圳市登记人口为 35.19 万人。1990 年，第四次人口普查时，登记人口达到 166.74 万人。2000 年，第五次人口普查时，深圳市人口达到 700.88 万人。20 年的时间，深圳已经从 1980 年仅有 30 多万人口的边陲城镇变成了拥有 700 万人口的特大城市。特别是从 1990 到 2000 年，深圳市常住人口比"四普"时增加 534.14 万人，增长 3.2 倍，平均年增速 14.96％。2008 年深圳市常住人口已突破 1000 万人，发展成一个巨型城市。

1990 年以后，广大农民工向珠三角各个城市转移和集聚，东莞、中山、惠州等城市迅速崛起，小城市和小城镇也获得了长足的发展。如东莞市虎门镇，常住人口已达到 40 万以上，厚街镇也达到 30 多万人，中山小榄镇的常住人口规模也在 30 万人以上，已经达到中等城市发展规模。正是由于全国各地农民工大量涌向珠三角，才推动了珠三角外向型经济和劳动密集型、技术密集型产业的快速发展，并逐步发展成为全球重要的制造业基地。

3. 近年来珠三角都市经济区的人口演化态势

近年来，伴随着产业结构的升级换代和全球经济危机的影响，珠三角都市经济区对外来人口的吸引能力有减缓的发展态势。特别是 2008 年到 2009 年，全球金融危机严重打击了以加工出口为导向的珠三角企业，一大批中小企业一夜间倒闭或蒸发，使得大量农民工回流。2009 年春节后，许多企业出现了"用工荒"的现象。

另外，随着产业结构调整和升级，对农民工的需求越来越少，而对于掌握专业技术工人的需求不断增大，但面临着我国中职、高职教育整体落后的情况下，最近几年还无法满足广大技术性企业对专业技术人才的需求。

4. 人口变化与人口流动对珠三角都市经济区地域功能变化的影响

（1）人口流动促进了珠三角都市经济区人口的空间集聚。

人口流动是珠三角都市经济区人口规模不断扩大的主要原因。像深圳、东莞等城市，外来人口规模远远超过了本地户籍人口，甚至达到本地户籍人口的三四倍。人口的流动，特别是外来人口在珠江三角洲地区的集聚，不仅给迁入城市带来了充裕而低价的劳动力资源，还带动了当地的住房市场和消费市场。大量外来务工人员在大城市边缘区集聚，形成了众多的"城中村"。另外，珠三角都市经济区的蓬勃发展吸引了国内外大量的高端人才进驻，增加了城市高端住房市场的需求。随着国际贸易的增加，形成了一些黑人集聚区、日本人集聚区以及港台同胞集聚区。

（2）人口流动促进了珠三角都市经济区的城乡居民点的混合化。

珠三角都市经济区人口的流动促进了人口规模的不断增加，也导致了城乡居民点规模的不断扩大。同时，不同收入、不同层次的外来人口分散到不同类型的城乡居民点中，引起城乡居民点的混合化和杂居化。首先是大量低端的房地产市场被激活，广大城中村中集聚了大量的外来人口。另外是激活了一般居住区的闲置住房，通过租赁的方式引入了一些中高端的外来务工人员。

（3）人口流动促进了珠三角都市经济区旅游休闲功能的不断改善。

人口流动引起了流入地社会经济承载量的不断增加，也不断拉动迁入地的消费需求。随着交通条件的不断改善和人们闲暇时间的不断增多，人们对于休闲活动的需求不断增加，由此也引起了旅游休闲用地的不断增加（见图8-19）。一方面，一些资源品位优越、旅游吸引力强的景区吸引越来越多的国内外游客进行参观，也需要开辟一些高品位的运动休闲场所，如高尔夫球场。另一方面，国内外大型企业的进驻，需要都市经济区不断完善会议服务和休闲度假的功能，一些高端的会议酒店及休闲度假区也相继出现，并呈现持续快速的发展态势。

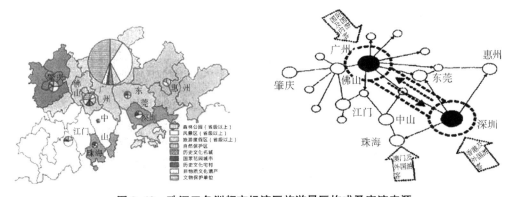

图8-19 珠江三角洲都市经济区旅游景区构成及客流来源

五、区域政策与地域功能演化

1. 珠三角都市经济区区域政策演化历程

珠三角都市经济区的区域政策演变大致分为三个阶段。第一个阶段是改革开放为珠江三角洲的崛起提供了难得的发展机遇。凭借得天独厚的区位优势，珠江三角洲都市经济区迅速崛起。第二个阶段，是 2000 年以后，为了加强香港与大陆的社会经济合作和联系，签订了《内地与香港更紧密经贸关系安排》（CEPA），珠三角地区获得了新一轮的发展动力。第三个阶段是 2009 年，为了应对全球经济危机，发展具有全球经济影响的都市经济区，广东省政府制订了《珠江三角洲经济区改革发展纲要》，进一步明确了各城市的分工协作与未来发展方向。

（1）改革开放政策以及经济特区先行先试的方针促进了珠三角地区的率先崛起。

中共十一届三中全会后，中国区域政策出现了重大转折。国家采取了一系列措施，实施了向沿海地区倾斜的区域发展政策。尽管区域政策向沿海地区倾斜的面积比较广，但最大的受益者是广东珠三角地区。由于广东邻近香港和澳门，远离中国的中心地带，而且经济上相对落后，被中央选择实施特殊政策和"摸着石头过河"的战略机遇下，广东与中央形成了良好的互动关系，成为改革开放的试验田。1980 年，中央先后将深圳和珠海划为经济特区进行先行先试。中央对广东充分放权，珠三角地区率先大胆尝试。特别是与香港仅有一水之隔的深圳，其经济路径选择基本上师承香港，政府奉行"积极不干预政策"，主要营造良好的发展环境，经济活动主要由市场力量自动调节。因此引发了珠江三角洲地区一场自下而上的变革，乡村城镇化、乡镇经济如星火燎原般迅速蔓延。

1984 年，国家批准广州作为 14 个沿海开放城市之一。珠江三角洲各级地方政府为发展本地经济，普遍通过灵活变通使自己的权力得以实际放大，这种灵活性主要是规避当时中国计划经济中无处不在的种种审批权。与 80 年代中国宏观经济的短缺背景配合，这种放权模式能够迅速调动各种资源，大规模制造供给能力，令珠江三角洲的经济实力在短短 10 年时间内在贫乏的基础上崛起到全国的前列位置。1992 年，以"珠江水、广东粮、岭南服"为代表的珠江三角洲轻工产品大举北上，可以看作是广东前一时期大规模投资的结果。

（2）加强珠三角与香港的经济联系与合作。

90 年代后期，中央的政策优惠集中于上海，华南地区强劲的发展势头受到了遏制，这种情况在 1998 年以后尤其明显。2003 年，国家领导人先后视察广东，对珠三角的发展提出了更高的要求，要求广东加快发展、率先发展、协调发展。2003 年 6 月 29 日，中央政府与香港特别行政区政府签署了具有划时代意义的《内地与香港更紧密经贸关系安排》（CEPA）。而近期香港的发展及其与珠三角的一体化问题，也得到了中央前所未有的重视，这不仅有利于构建以香港和广州为中心的华南经济圈，也有利于推动和促进中国参与东盟 10+1 经济合作关系。在这个背景下，包括广东、香港、澳门在内的大珠三角内部的整合获得了突破性进展。

在中央新的区域政策下，广东省从战略高度重新确定了粤港经济合作发展的总体思路：争取通过十年到二十年的时间，把包括广东和香港在内的大珠三角建设成为世界上最具活力的经济中心之一，广东要发展成为世界上最重要的制造业基地之一，香港要发展成为世界上最重要的以现代物流业、金融业为主的服务业中心，香港要发挥服务业的作用，广东要发挥制造业的作用，实现双赢。这个提法，确定了粤港关系"新前店后厂"的模式，它强调 CEPA 的作用，也希望将 CEPA 中中央政府对香港的支持落实为广东未来自身的政策优势，重现广东在 80 年代引领中国改革开放潮流的做法，改变 90 年代广东因上海崛起而出现的政策劣势。

在初步整合大珠三角的情况下，广东省方面又提出了"泛珠江三角洲"的概念。"泛珠三角"实际上就是沿珠江流域的省份合作、共同发展，通常叫"9+2"，它包括广东、福建、江西、广西、海南、湖南、四川、云南、贵州等 9 个省（区），再加上香港和澳门。这"9+2"面积占了全国的五分之一，人口也占了全国的五分之一，GDP 占了全国的三分之一。"泛珠三角"区域的经济特点，一是经济发展很不平衡，东部、中部、西部都有；二是资源很丰富，特别是广西、云南、贵州等地，水利、矿产自然资源十分丰富；三是这 9 个省（区）互补性很强，广东有的它们没有，广东没有的它们有，再加上香港和澳门，呈现出了整体的互补性。广东省在 2003 年 9 月份提出"泛珠三角"计划后，迅速得到了周边 8 个省（区）和港澳两个特别行政区的积极响应。因此，踏入 21 世纪，珠三角经济焕发出新活力，在中央政府区域政策调整的作用下，珠三角在中国对外开放中的战略地位再次得到确认；粤港澳"大珠三角"整合成功和优势互补，意味着这个地区在全球产业分工中的地位将进一步凸现;"泛珠江三角洲"概念的提出和实施,意味着"大珠三角"将获得广大而深远的经济腹地。

(3) 颁布实施《珠江三角洲地区改革发展规划纲要》。

依托毗邻港澳的区位优势,抓住国际产业转移和要素重组的历史机遇,珠江三角洲都市经济区率先建立开放型经济体系,成为我国外向度最高的经济区域和对外开放的重要窗口;带动广东省由落后的农业大省转变为我国位列第一的经济大省,经济总量先后超过亚洲"四小龙"的新加坡、香港和台湾,奠定了建立世界制造业基地的雄厚基础,成为推动我国经济社会发展的强大引擎;人口和经济要素高度聚集,城镇化水平快速提高,基础设施比较完备,形成了一批富有时代气息又具岭南特色的现代化城市,成为我国三大城镇密集地区之一。但由于国际金融危机不断扩散蔓延和对实体经济的影响日益加深,珠江三角洲地区的发展受到严重冲击,国际金融危机的影响与尚未解决的结构性矛盾交织在一起,外需急剧减少与部分行业产能过剩交织在一起,原材料价格大幅波动与较高的国际市场依存度交织在一起,经济运行困难加大,深层次矛盾和问题进一步显现。在新形势下,广东省政府制定并颁布了《珠江三角洲地区改革发展规划纲要》,并将其上升为国家战略,旨在推进珠江三角洲地区加快改革发展,充分发挥自身优势,着力解决突出问题,变压力为动力,化挑战为机遇,把国际金融危机带来的不利影响降到最低程度,加快推动经济社会又好又快发展,既是该地区转变经济发展方式的必然选择,也是我国当前保持经济增长的迫切要求和实现科学发展的战略需要。

2. 区域政策变化对珠三角都市经济区地域功能演化的影响

(1) 区域开发政策决定了珠三角都市经济区开发强度。

作为改革开放的前沿阵地,珠江三角洲地区承接了国内外各种产业的转移,成为全球重要的制造业基地。由于宽松的区域发展政策和先行先试的发展条件,使得珠江三角洲地区能够突破常规,大胆改革创新,除了一些国家级和省级的开发区外,一些乡镇和一些村也自行建立了一些中小型的开发区,使得珠三角地区呈现村村点火、户户冒烟式的遍地工业化发展模式。珠江三角洲地区实现了粗放式的开发,开发强度较大,但土地集约利用水平偏低。

(2) 区域规划政策决定了珠三角都市经济区的地域功能格局。

国家"十一五"规划明确提出了四大主体功能区的发展理念,并对全国进行了主体功能区划。由于珠江三角洲都市经济区国土开发密度已经较高、资源环境承载能力开始减弱，因此被划分为优化开发地区。因此，今后珠江三角洲都市经济区在加快经济社会发展的同时，应该更加注重经济增长的方式、质量和效益，实现又好又快的发展。也就是说，在今后的发展过程中，珠江三角洲都市经济区应该按照国家对该地区的主体功能定位进行调整人口、产业以及空间布局，通过技术提升、内涵挖潜和结构优化，不断提升该区域的集约化水平。国家的区域规划政策决定了珠三角都市经济区未来的发展方向、优化途径和调整思路。

（3）区域招商引资政策决定了珠三角都市经济区外向型的空间格局。

2003 年 CEPA 出台后，香港实行零关税，对外资的吸引力加大，对珠三角的投资环境也提出了更高的要求。因此，珠三角进一步完善了投资环境。继续加强基础设施建设，目前已正式启动了珠港澳大桥、珠三角城际快速轨道交通线网等大型项目的投资建设，极大地完善了投资环境；同时采取有效措施解决了电力缺口等能源问题。另外，在软环境方面，珠三角都市经济区按照国际惯例去管理外资企业，改革现行的审批制度，取消地方性不合理的收费项目，并采取有力措施建立必要的监督机制，加强对招商引资的监管，树立坚固的信用体系。

针对珠三角的中小型企业较多，产业结构急需升级的情况，珠三角都市经济区加大发展了机械装备制造、高新技术等产业和汽车、石化等基础产业以及在产业链中配套的上下游企业开展有目的的招商引资，特别是加强了和港澳地区的合作，尤其是依托香港这个国际金融中心的服务业，吸引了大量海外的风险投资。同时，有针对性地引进国外先进技术和管理经验，积极地与世界一流跨国企业进行战略性、整体性、长期性、实质性的合作，不断开拓世界市场。另外充分地利用了香港的服务业优势，通过"制造业在珠三角，服务中心在香港"的"大珠三角"模式，吸引跨国企业到珠三角设厂，总部可设在香港，进一步形成了外向型、国际化发展的新局面。

（4）区域政策决定了珠三角都市经济区的集约利用水平。

改革开放之初，为了促进地方经济发展、增加税收，对产业国际转移，珠三角一般都来者不拒，引进了大量劳动密集型、低附加值的产业。而这些已有的产业布局利用先占优势，对后来的产业带来了一定的阻碍作用，使珠三角的产业结构难以实现合理化和高级化，甚至，其在大陆的经济地位面临被长三角取代的危险。由于珠三角都市经济区的土地资源日益紧缺，产业结构继续升级，劳动力用工成本也不断升高，从 2005 年开始，广东省制订了一系列产业引导政策，推动一些技术含量低、环境污染大、能源消耗高的企业向珠江三角洲外围乃至省外转移，缓解珠三角的资源环境承载力，不断优化产业结构。特别是我国"十一五"期间制订了明确的能耗目标后，珠三角加大了产业结构调整力度，关闭迁出了一批高耗能、占地多的中小型企业，不断提高珠三角都市经济区的集约化水平。

第二节　珠江三角洲都市经济区空间演化对生态环境的影响

一、都市经济区生态环境的演化特征与主要问题

1. 空气污染加重的趋势基本得到控制

2000 年以来，珠江三角洲煤烟型空气污染加重的趋势已基本得到控制。根据 2005 年空气环境质量监测结果，珠江三角洲城市空气中二氧化硫、氮氧化物、总悬浮颗粒物和降尘的年日均值分别为 $0.033mg/m^3$、$0.054mg/m^3$、$0.130mg/m^3$、$6.02t/(km^2 \cdot 月)$，与 2000 年相比均有不同程度的下降。

但珠江三角洲空气污染依然严重，由单纯的煤烟型污染发展到以生产性污染与消费性污染为主的复合型污染，以氮氧化物浓度超标为特征的机动车尾气型空气污染日益突现。2005 年广东省 21 个地级以上市和顺德市空气质量综合污染指数从大到小排序的前 10 个城市中有 7 个位于珠江三角洲。酸雨污染仍相当严重，区域内降水 pH 全年均值达 4.84，其中酸雨 pH 值依然较低，年均值达 4.60，频率高达 53%。另外，各城市监测结果显示，空气中可挥发性有机物的污染日趋突出，个别城市光化学污染征兆时有出现。

2. 水环境质量部分好转，整体恶化

1995 年以后，珠江三角洲都市经济区的环境监测与治理力度不断加强，县级以上的县城及工业区基本配建了污水处理厂。污水处理能力有了很大程度的提高，该区水环境恶化的趋势已基本得到控制，部分污染严重河段的水质状况呈好转趋势。2005 年该区 9 个地级市的城市饮用水源水质综合污染指数平均为 0.30，比 1995 年下降了 12.6%；该区内 23 个江段中，水质达标的江段有 15 个，占 65.2%，比 2000 年有所增加。

但珠江三角洲水环境污染依然很严重，区域间相互影响，矛盾突出。城市饮用水源水质达标率低，区内饮用水源水质各项监测指标年均值全部达标的只有肇

庆市；跨地区污染问题突出，深圳与惠州、东莞与深圳、广州与佛山、中山与珠海等均存在不同程度的跨区污染问题；部分流经城市的江段污染加重，综合污染指数平均值为 0.96，比 2000 年增加了 4.9％，深圳河、江门河、珠江广州河段、东莞运河、珠海前山河、佛山汾江河等污染严重。

近岸海域水质污染不容忽视。区内入海河口近海水域例行监测的市段均不符合海水二类标准，氮、磷污染严重，石油类多处出现超标，有机污染严重，富营养化加剧，使得珠江口海域赤潮频生，赤潮的范围和频率逐年增加。

3. 噪声污染有所改善，但建筑工地噪声问题突出

2000 年以来，广东省城市禁鸣喇叭使噪声污染有所改善，但问题仍十分突出。根据 2005 年的统计，区域噪声源构成中，生活污染源占 54.6％，成为主要噪声污染源；其次是交通，占 23.1％，而且建筑工地噪音污染问题也比较突出。城市交通干线噪声监测值超标现象普遍。各类污染源中声强较大的是交通，其次是工业和建筑施工。城市功能区噪声污染最严重的是广州和深圳，超标率分别为62.5％、60.0％；城市区域噪声污染最严重的是佛山和深圳；道路交通噪声污染最严重的是深圳。

4. 固体废弃物处理能力明显提高，处理范围有待扩大

工业固体废物处理率、利用率显著提高，但仍有相当数量的工业垃圾没有得到处理，甚至是一些危险工业固体废物得不到妥善处理，2000 年该区未经处理的工业垃圾达 107.34 万吨，其中含危险废物 2647 吨；生活垃圾数量增长幅度大，但与之相配套的收集、处理设施不够，尤其是缺乏无害化处理设施；难以降解的泡沫饭盒和塑料胶袋（俗称白色垃圾）污染日益突出；医疗垃圾和危险废物的安全收集、处置不够。未得到妥善处理的固体废弃物总量逐年增加，污染土壤和地下水，影响人们的生产和生活环境。

5. 生态环境保护力度不断加强，但生态环境整体仍比较脆弱

1990 年以后，珠江三角洲都市经济区开始重视区域绿化和植树造林，到2000 年，珠江三角洲生态环境保护和建设有了很大的发展，已全面实现绿化达标。但在 2000 年到 2005 年，绿化和造林力度有所减弱，城市绿地被吞食、规划绿地被挤占的情况依然时有发生。而且森林生态系统总体质量差，人工幼林数量多，处于初建脆弱阶段，生态公益林中 Ⅰ 类林比例低，林木年均生长量也低于全国平均水平。自然保护区面积偏低，而且自然保护区的类型和区域分布发展很不

平衡，绝大部分为森林生态系统，集中分布在山区，海洋和海岸生态系统及自然遗产生态系统类型的很少。乱捕滥猎和乱挖滥采现象屡禁不止，野生动植物数量和种类骤减，生物多样性受到严重威胁。

农业生态环境不容乐观。禽畜养殖污染日益严重，水土流失面积大幅度增加，农药施用强度在逐年加大，化肥施用水平高于全国平均水平，远远超出发达国家设定的安全上限。

6. 土壤污染日趋严重

珠江三角洲都市经济区土壤污染日趋严重，主要集中在经济发达的珠三角核心区。2005 年全省共有污灌土地面积 1.39 万 hm²，其中严重污染的农田面积为 966.83hm²。在珠三角地区，除了深圳和珠海外，其他城市的各种重金属平均含量都已明显超过了广东省土壤背景值（见表 8-4）。同时，土壤受有机物污染和类激素物质污染的问题也开始显露，并成为土壤污染的一个新趋势。

表 8-4　珠三角地区部分城市土壤重金属元素含量情况　　　　　　mg/kg

城市	分项	Cu	Pb	Zn	Cr	Ni	Cd	As	Hg
广州	最大值	145.00	215.00	902.00	64.00	28.00	1.00	31.00	5.34
	最小值	7.58	22.20	32.00	12.00	4.50	0.30	0.50	0.08
	平均值	40.80	80.80	321.00	34.00	13.00	0.50	18.00	1.57
深圳	最大值	117.00	62.80	1076.00	390.00	252.00	0.56	28.40	0.25
	最小值	3.03	13.40	36.80	4.40	10.80	0.11	0.64	0.004
	平均值	33.40	39.20	162.00	68.00	58.30	0.26	6.33	0.08
珠海	最大值	76.10	132.00	153.00	656.00	180.00	0.41	5.86	2.61
	最小值	11.00	7.38	39.60	5.11	6.69	0.12	1.03	0.19
	平均值	36.30	55.20	77.30	68.70	53.80	0.18	3.19	0.65
中山	最大值	168.00	139.00	1037.00	91.10	78.00	0.56	19.20	1.54
	最小值	11.40	32.40	56.80	8.01	4.50	0.11	2.19	0.11
	平均值	47.30	57.80	230.00	54.00	39.30	0.38	11.80	0.45
佛山	最大值	85.10	151.00	586.00	82.90	54.50	0.96	29.40	2.10
	最小值	14.90	23.20	72.30	21.70	4.50	0.17	2.04	0.40
	平均值	40.70	71.30	554.00	51.50	32.20	0.58	16.60	1.06

续表

城市	分项	Cu	Pb	Zn	Cr	Ni	Cd	As	Hg
广东省土壤背景值		11.20	28.90	35.80	34.80	8.80	0.04	7.10	0.056
GB15168-1995 二级		50.00	250.00	200.00	150-250*	40.00	0.30	30-40*	0.30

注:GB15168-1995 二级为国家土壤环境质量标准二级标准;*号表示不同的土地使用范围。

二、不同发展阶段地域功能演化对生态环境的影响

1. 对草地的影响

改革开放以来,珠江三角洲都市经济区的地域演化对生态环境产生了深刻的影响。1980—1995 年,草地面积由 2006km² 增加到 2350km²,随后便进入持续减少的发展时期,到了 2008 年,草地面积为 1120km²,13 年间的时间减少了一半左右,减少速度极为迅速(见图 8-20)。

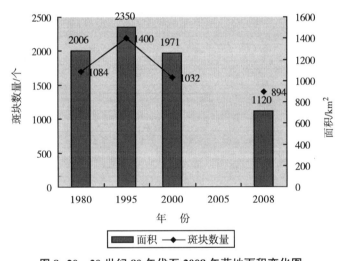

图 8-20 20 世纪 80 年代至 2008 年草地面积变化图

草地减少量在珠江三角洲都市经济区的核心区最为明显。特别是深圳市和东莞市,1980 年还有较大斑块的草地分布,到了 2008 年基本上全部消失了,生态环境质量令人担忧(见图 8-21)。

图例
▨ 绿化休闲区
☐ 珠三角都市经济区

0　20　40km

图例
☐ 珠三角都市经济区

0　20　40km

图 8-21　1980 年（上）和 2008 年（下）草地变化对比图

2. 对林地的影响

与其他土地利用类型相比，林地面积在 2000 年以前基本保持稳定，变动不太明显。2000—2005 年，林地面积由 6695km² 减少到 2443km²，减少面积十分巨大。到了 2008 年，又有了一定恢复，林地面积达到了 3738km²（见图8-22）。

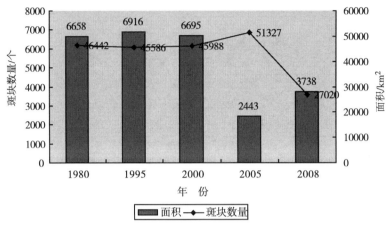

图8-22　20世纪80年代至2008年林地面积变化图

　　从2000年、2005年和2008年三期的遥感影像解译结果来看，两个时期林地变化差异较大（见图8-23）。2000—2005年，林地减少主要出现在东莞市东南部和深圳市北部，另外减少比较明显的是广州市南沙地区。2000年，番禺市撤市改区以后，广州市加快了南拓的步伐，陆续将丰田汽车、广州石化等重工业项目向南沙布局，导致了用地需求急剧增加，工业用地毁林占用的情况比较严重。2005—2008年，林地减少明显的地区集中于东莞市、惠州市和广州市东部。这和东莞市松山湖工业区的开发、广州天河区东拓战略直接相关。

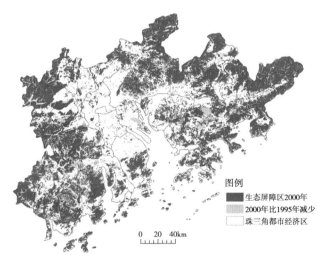

图8-23（a）　珠三角都市经济区2000—2005年和2005—2008年林地减少量对比图

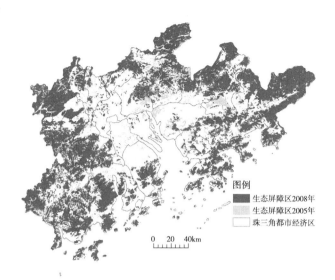

图 8-23（b）　珠三角都市经济区 2000—2005 年和 2005—2008 年林地减少量对比图

3. 对水域的影响

从 5 期遥感影像的解译情况来看，珠三角的水域面积呈现不断增加的发展态势，但是水域斑块的数量却不断减少（见图 8-24）。这其中的原因一方面是珠三角不断加大水库和水利设施建设，水库面积和库容有较明显的增加。另一方面是2000 年以后，随着珠江口的海水养殖业的发达，珠江口的水面得到了充分利用，在土地利用类型中作为养殖水面列入了水域关联区的统计导致的。

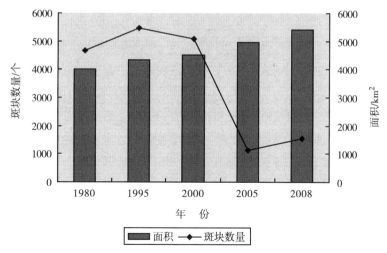

图 8-24　珠三角都市经济区 20 世纪 80 年代至 2008 年水域变化统计图

　　从 20 世纪 80 年代和 2008 年水域的空间分布对比图来看（见图 8-25），水库面积都有所扩大，特别是珠江口西岸，单个水体的面积明显增加。另外，在 2008 年的土地利用图中，把珠江口外侧连接伶仃洋的近海水域都划为了养殖水面，这应该是导致水域面积急剧增加的主要原因。

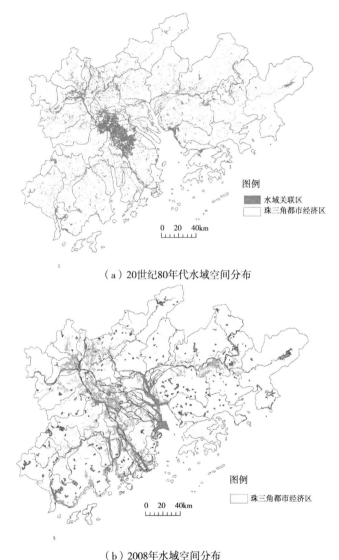

（a）20世纪80年代水域空间分布

（b）2008年水域空间分布

图 8-25　珠三角都市经济区 20 世纪 80 年代和 2008 年水域关联区空间分布图

第九章　珠江三角洲都市经济区
空间演化的驱动力分析

第一节　经济驱动力

一、经济导向与产业选择

珠江三角洲都市经济区处于改革开放的前沿阵地，外向型的经济一直是其发展的方向和主要特征。20世纪80年代，以香港为主的"三来一补"型企业大量落户珠三角，特别是东莞和深圳，开始了珠江三角洲乡村工业化的进程，同时也促进了农村地域向城镇地域形态和功能的转化。90年代，电子信息产业的崛起使得相关的配件生产和配套产业在整机装配厂周围集聚，不断拓展着产业空间和产业发展规模。

近年来，随着珠三角重工业化的发展态势不断明显，在惠州、南沙等沿海地区开辟了大块的石化工业园区。另外，建设了大型的汽车装备和制造业基地，都极大地推动了珠三角都市经济区地域功能的急剧变化，特别是农田耕作区向工矿产业区的发展转变。

二、经济区位与经济效益

凭借临近港澳台和东南亚的区位优势，珠江三角洲与这些发达的地区保持紧密的经济联系和发达的对外贸易。由此也吸引了大量的外商直接投资和跨国公司在珠三角落户，形成了一大批以出口贸易为导向的加工制造业基地。也正是由于临近香港的区位优势，使得深圳市率先崛起，由一个小渔村变成了目前超过500万人口的超级城市，并实现了市域范围内100％的城镇化水平。随着深圳市开发强度的不断加大，产业发展空间不足时，进一步向东莞及外围地区扩散，也带动了东莞市地域空间和地域功能的急剧变革。

由于经济区位的影响，导致城市核心区以生产性服务业为主体的产业集聚，同时，促使占地较多、经济效益差的产业不断向外部转移。另外，临近大城市的经济区位促进了外围地区城乡景观格局的剧烈变化，外围的居住区、工业区不断涌现，不断强化和拓展城市的生产功能和居住功能。

三、产业发展与产业扩张

产业发展是经济发展的主要推动力，产业扩张促进了珠江三角洲生产空间的集聚和地域功能的发展演替。作为全球重要的制造业基地，珠江三角洲都市经济区的产业已经具备了庞大的发展规模，由此也导致了生产空间在整个地域空间格局中占有重要比例。同时，随着产业结构优化升级和产业转移步伐的不断加快，珠江三角洲都市经济区的生产功能也发生了相应的调整和空间整合，一些相关联的产业空间集聚的态势不断强化，而一些劳动密集型产业和高耗能、高污染的产业逐步向外围地区转移，由此产生了珠江三角洲都市经济区规模较大的产业演替和空间演替。

以广州市为例，由于广州城市西面和西南面均有行政区划的或地理上的"门槛"难以跨越，20世纪八九十年代，"东进"构成了广州城区扩张的主攻方向，也成为产业空间扩展的主要方向。1984年，在政府主导下经国务院批准在黄埔东部珠江干流与东江汇合处设立了国家级的广州经济技术开发区。开发区的建设吸引和承载了大量工业企业进驻广州，其中包括许多外资企业，初步形成了广州工业化发展的增长极，也带动了黄埔区的建设。1985年在广州市东部新成立天河区，并以1987年举办的"全国第六届运动会"和2000年的"九运会"为动力，推动了天河地区大规模的城区建设，使其成为集商务、体育、交通、旅游、贸易等功能于一体的综合新城区。因此，天河区在快速城镇化的同时，逐渐强化了广州市城市中心区的地位，广州城市也在沿江的狭长地域内形成带状的组团式城市形态（见图9-1）。

在2000年和2005年广州进行行政区划调整之后，广州又以兴建大学城、新客站、亚运村、南沙开发区等重大举措，使"南拓"成为城市的主导方向之一。经过多年建设，多中心、组团式网络型城市结构框架已见雏形。在规划的调控下，广州城市从原来的同心圆圈层式扩展形态走向多核式分散组团和轴向发展形态。

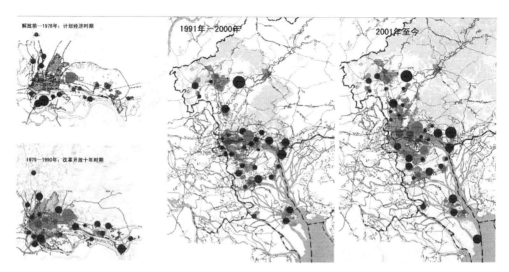

图 9-1　重大项目引导下的广州城市地域功能与空间拓展历史演进

资料来源:广州 2020 战略产业专题(2007)。

第二节　社会驱动力

一、人口流动与人口集聚

人口流动和人口集聚是都市经济区地域功能演变的重要动力。特别是外来人口众多的珠江三角洲都市经济区，外来人口在区域地域功能演变过程中扮演非常重要的作用。首先，外来人口的大量增加带来了大量的住房需求，促进了都市经济区生活空间的不断扩展。其中一些低收入外来务工人员，大量集中于大城市边缘区的城中村，促进了城市社会空间结构的变革。其次，珠江三角洲都市经济区有非常发达的乡村工业，吸引了大量的外来人口，由此也促进了农村散居区规模的不断扩大。最后，人口的集聚带来了多样化的人才，为不同层次的产业发展提供了支撑条件，同时推动了产业的升级与转换，强化了都市经济区向集约高效的方向发展。

二、政府意愿与政策导向

1. 国家的政策框架为珠江三角洲都市经济区的崛起提供了良好的制度环境

20 世纪 80 年代是我国改革开放初期阶段，此时国家大力推行的是"控制大城市，重点发展一批中等城市和小城市"方针指导下的农村城镇化，城市建设也进入恢复期。在国家严格控制大城市的情况下，大城市土地供给受到较强的限制，农村城镇化作为重点被推动着。由此对乡村及小城镇产生强烈的政策倾斜，使得乡镇、县等小城市比大、中城市更具吸引力。由于农村地区提供了更低廉的土地、更充足的劳动力和更灵活的优惠措施，在投资金额、签约条件和环保指标上更没有大城市这么严格，在劳工雇佣、待遇、福利等方面亦没有受国家的严格管制；并且投入的外资主要是来自港澳的中小规模、劳动密集型的制造业资本，技术成分不高（肖志平，2000）。在这种情况下，考虑到成本关系，改革开放初期的外资企业对珠江三角洲广大农村地区的投资兴趣要大大高于城市地区。"积极发展小城市"的政策无疑很好地抓住了发展机遇，然而，长期以来，中国城市的经济增长只注重外延扩张，走的是一条以片面追求高速度为特征的经济增长方式，这在改革开放初期的珠江三角洲都市经济区表现尤为明显，以小城市为导向的发展政策又更进一步加剧了珠江三角洲地区内土地利用的分散化和高消耗发展。伴随经济、社会、城市建设变化而来的就是 20 世纪 90 年代东莞、南海、顺德等农村城镇化地区均质而破碎的"半城镇化"的用地景观。

2. 地方政府的发展意愿激活了珠三角都市经济区的发展活力

改革开放以前，中国奉行计划经济体制，财政的控制权高度集中在中央政府。1978 年以来，伴随着市场机制逐步确立，中央政府下放了更多、更大的权力给地方政府，使其逐渐转变为提出和采用主动的风险策略。这一过程被称为"分权"，而中央和地方政府的权力关系则是通过财政分成制度来调节的。为了鼓励地方经济发展的积极性，在 20 世纪 80 年代初，财政体制逐渐转变为"财政包干"制度。各级政府收入明显增加，于是充分地调动了各级政府经济发展的积极性，各级政府积极开展城镇建设和发展。

1988 年以来，土地和住房的商品化和市场化使得城市内产生了与土地相关的巨大收益。而在 1994 年实行财政分权之后，通过低价征用高价出售所获得的土地出让金成为政府财政收入的重要来源，这样外围土地开发成为政府内在需求，相应的土地资源管理放松，政府部门积极征用农村集体土地，积极参与到市场开发当中，通过行政力量低价"圈地"，并以"优惠地价"及其他优惠政策吸引投资商，从而极大地刺激了外围用地开发。

分权主要通过各级政府向下一级政府的层层"放权"，使地方政府有更多的自主权，让地方政府有充分的积极性打破条条框框进行创新，珠江三角洲地区作为经济改革的先发区域，在改革开放初期，城市总能获得一些先试先行的优惠政策，其中关于分权最典型的当属行政区划调整，如1985年国务院决定开放珠江三角洲以后，省政府通过行政区划调整，增设了东莞和中山两个县级市，在1988年经国务院批准之后，又将东莞和中山升格为地级市。

三、规划调控与空间约束

在市场经济体制下，由于主体的多元化，原来单纯行政指令式的城市空间发展模式已不能适应新的城市建设形势。地方政府对本地区发展的安排转向主要通过发展战略与规划方案的调整、地铁和快速干线等交通基础设施的布置、重大项目的布局等规划手段来引导和实现。

然而，各地方政府作为不同的利益团体，有着各自的发展目标。对于珠江三角洲核心区地区，广东省政府立足于避免区域发展失衡和缓和区域矛盾，各市级地方政府则更看重本市自身的发展，因此各政府之间也会彼此为争夺稀缺资源而展开竞争。由于规划成为改革开放后城市综合调控的主要手段，各地方政府的发展目标和意图也始终贯穿在规划之中，通过规划手段，尤其是城市总体规划的空间调控，政府意志被施加于土地利用与城镇空间形态的发展过程。

出于平衡地区发展、减少城市间恶性竞争的目的，广东省建委于1995年组织编制了珠江三角洲城市群地区的第一版规划，即《珠江三角洲经济区城市群规划——协调与可持续发展（1995—2010）》。该规划将珠江三角洲经济区作为一个地域整体，对各项要素的布局进行了整合与协调；同时，为防止城镇空间无序蔓延，还创新性地提出了都会区、市镇密集区、开敞区、生态敏感区四种用地模式，以及分区开发的若干策略（见图9-2）。该规划的编制在一定程度上优化了区域空间结构，缓和了区域矛盾。

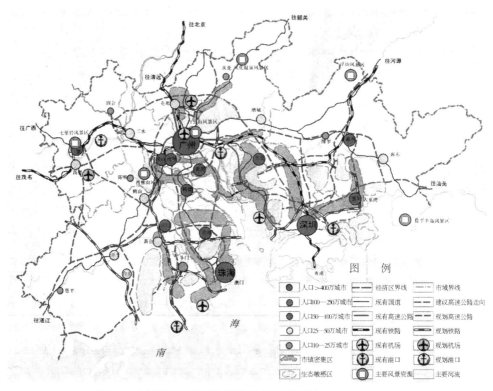

图 9-2　珠江三角洲城市群协调发展规划图（1995—2010）

资料来源：珠江三角洲经济区城市群规划。

2003 年广东省组织开展《珠江三角洲城镇群协调发展规划（2004—2020）》的编制。该规划从空间、产业、基础设施、区域管治、机制等多个方面进行详细论述，提出了"强化中心，打造'脊梁'；提升西部，优化东部；拓展内陆，培育滨海；扶持外圈、整合内圈；保育生态，改善环境"的空间发展总体战略（见图 9-3）。该规划指明了珠江三角洲地区的发展方向，在这一战略的指导下，对小珠江三角洲城市群的区域空间结构、产业空间结构以及生态环境体系、交通运输体系进行了总体布局，同时还在体系上对各个行政城市进行分级、分类布局，提出了相应的空间管治措施。与此同时，小珠江三角洲地区的各个城市以及城镇的规划也纷纷出台。

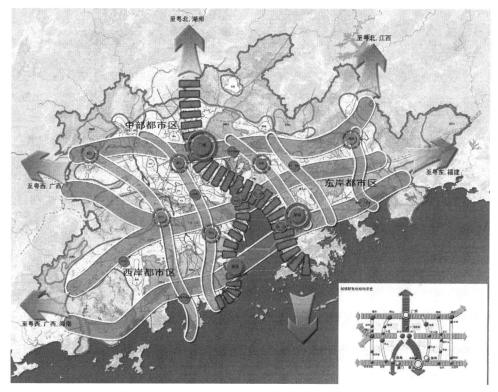

图9-3　珠江三角洲城镇群"一脊三带五轴"的规划格局（2004—2020）

资料来源：本书编委会.2007.珠江三角洲城镇群协调发展规划（2004—2020）[M].北京：中国建筑工业出版社.

2006年粤港两地联合启动《大珠江三角洲城镇群协调发展规划研究》，提出要通过"共同制定城市与区域发展战略、协调资源开发利用、环境保护与城镇交通发展、促进区域和人居环境改善、促进区域间功能互补"等举措把大珠江三角洲建设成世界最具发展活力的城镇群之一。

以上几次与珠江三角洲城镇群发展相关的规划表明，广东省政府一直在积极推动珠江三角洲地区的协调发展。政府通过上述一系列规划，对珠三角城市群的空间演化方向、空间拓展规模、地域功能结构、空间利用效率以及发展速度进行了人为的干预与调控，优化了城市群的空间结构和功能结构，从而也在很大程度上促进或改变了珠江三角洲地域功能演化的原有轨迹。

第三节 自然驱动力

一、土地自然属性与类型

土地的自然属性是地域功能发展演变的基础与前提。耕地和林地之间的互相转换、耕地和草地的互相转换，除了国家和地方的土地利用政策相关外，都与他们的自然属性相近密切相关。一般而言，水田和旱田之间的互相转化，有林地和疏林地之间的转化，和当时的自然条件是密切相关的。同时，水体和滩涂之间的转化，也是和当年的降水量密切相关的。这些地域功能的演变都是由自然因素本身引起的，同时与用地的自然属性密切相关。

二、地形条件与地域功能演变

地域功能的演变与地形条件也具有非常直接的关系。通常来讲，山地地形一般以林地为主要植被类型，被看作生态屏障区。同时，山地能够为人们提供野外休闲旅游之用，因此，有可能被转化为绿色休闲空间。一些坡度较缓的草地，有可能被开发成高尔夫球场，转化为绿色休闲空间。随着人们对亲近自然的向往，在一些生态屏障区，可能会开发一些高档别墅区或度假区，由此转化为生活空间。总之，地形条件也是影响地域功能演变的重要因子之一。

第四节 交通引导与区位重塑

一、城际快速轨道的同城化效应

珠江三角洲都市经济区是联系紧密的经济网络，高速公路和城际快速轨道成为都市经济区的联系通道和重要支撑。广九高速铁路的开通，不仅密切了深圳和香港之间的联系，也进一步拉近了广州和香港之间的距离，使广州和香港之间的经济联系不断加强，互补协作也越来越明显。

二、高速公路与生产空间布局

高速公路成为对外联系的主要通道之一，在区域经济发展中扮演越来越重要的角色。尽管高速公路的建设引起了地域的分割，但是有高速公路出口的地方都已成为发展最快的地方，也是产业区和物流仓储区集聚的地方。因此，高速公路建设是引起地域功能演变的重要驱动力，特别是推动生产空间集聚和生活空间集聚的重要力量。同时，高速公路也是城际交通走廊的重要组成部分，是都市经济区空间组织的重要载体和联系通道。

三、地铁延伸与生活空间拓展

随着大城市的不断扩展，城市交通堵塞也越来越严重，严重影响了居民的交通出行和对外联系。地铁的建设有效地缓解了大城市的交通堵塞问题，特别是拉近了城市边缘区和城市核心区的社会经济联系。有地铁出口的地方，一般房地产的价格远高于周边没有地铁出口居住区的。因此，城市地铁的建设极大地拓展了都市区的通勤范围，同时带动了外围生活空间的开发和大规模建设，对于缓解老城区人口压力，改善人居环境发挥了十分重要的作用，也成为引领都市经济区生活空间向外部拓展的重要驱动力。

第五节　区域分工与合作

一、区域基础设施的共享

珠江三角洲都市经济区的形成和发展，以区域性基础设施的共建共享为基本支撑。在区域性基础设施在规划、建设、管理、运营等各个环节，都需要相关城市的协作和配合。随着轨道交通的不断完善，珠江三角洲都市经济区一体化发展的态势越来越明显。如广佛地铁线路的贯通，推进了两市智能交通和公交一卡通工程，统一运营服务规范和标准，实现了城际公共交通运营一体化管理，加强了广佛两市的社会经济联系和一体化进程。同样，在城际边界区域建立的物流仓储区，也是同时服务于周边几个地市，产生集聚规模效益。同时，跨区域高压电网建设，大型供水设施，统一信息平台建设，也为都市经济区的发展提供了较好的支撑。另外，大型科学仪器、数字资源、教育设施、医疗设备、体育设施等资源性基础设施统筹规划建设与共享，也有利于实现集约利用和共同发展，防止重复建设，提高利用效率。

二、区域产业分工与合作

珠江三角洲都市经济区的产业发展呈现专业化、集群化发展态势，产业链条不断拉长，分工协作程度日益加深。整体来看，珠三角的第二产业正在由轻工业转向重工业和信息化产业，由劳动密集型行业转向技术密集型行业。而广州、深圳和珠海的第三产业聚集效应加大。整体上各城市的专业化程度稳步上升。随着广东省政府"双转移"政策的实施，珠江三角洲都市经济区各城市之间的产业转移与疏散将不断增多。通过产业分工、协作及承接转移，可以合理配置资源，推进城市之间合理分工，增强区域发展活力与竞争力。

三、区域休闲空间共享

随着珠江三角洲都市经济区交通网络的日益完善和人们对休闲度假需求的不断提高，旅游区、公园、广场等休闲空间已不再是某个城市的专属空间，城际之间的人口流动与旅游需求不断增强，特别是处于城市外围的休闲空间，已转变成为区域性休闲空间，服务的人群已逐步从城市内部转型为服务于整个都市经济区的人口为主体。一方面，区域休闲空间的共享，有助于提高区域休闲空间的利用效率；另一方面，也对区域性休闲空间的供给与共建共享提出了新的要求。区域休闲空间和休闲娱乐项目不断增多，与周边城市的交通可达性不断提高，为加强区域融合与区域一体化提供了新的动力。

第六节　空间结构与功能转化

一、结构与功能转换机理

都市经济区的空间结构是在长期演化过程中逐步形成的，既有自然规律，也有规划调控的引导作用。空间结构是抽象的、内涵的联系，是都市经济区的空间表征，分别以经济、社会、用地、资源、基础设施等方面的系统结构来表现。而都市经济区的功能是本质的、主导性的一种区域综合作用和表现形式，体现了都市经济区发展的动力和战略地位。都市经济区空间结构的变化往往引起功能的变化，结构或功能的变动都会引起彼此的响应和相应的变动。如广深交通走廊的建设，加快了工厂、企业的集聚，形成了具有创新发展活力的产业带，实现了由廊道空间结构向产业集聚功能的转变。同样，区域功能定位的转变也会进一步改变区域空间结构。如南沙新区的设置，先是一种功能的转变，进而带动番禺区和南沙区空间结构、产业结构的变动、重组与优化。

二、空间自组织与功能优化

在城市发展的初期阶段往往以少数几个功能为主，如政治、军事功能等，随着城市的发展其功能也不断增多，即为城市功能的集聚。此时，由于都市经济区内各城市之间经济联系比较少，城市体系相对也比较封闭，为满足城市内部及周边地区的需要，各城市就会建立比较完整的功能体系。尽管功能全，但服务能力弱。"弱而全"的功能体系，在城市经济由封闭逐步走向开放的过程中，与其他城市之间产生了激烈的竞争。随着都市经济区的发展进入成长和形成阶段，各城市的规模也在不断扩大，城市之间的经济联系也愈来愈密切，城市的功能也进一步增强并开始向其他城市扩散，使得城市内部"弱而全"的功能体系被打破，城市之间的功能由单一竞争向竞争合作转变。进入都市经济区发展的成熟阶段，在市场力和政府力的共同作用下，都市经济区内部通过密切的社会经济联系构成一个有机整体，在与外界不断进行能量交换的过程中，系统产生了自组织功能，不断调整和优化自身结构，合理配置城市功能，以适应外部环境的变化，并提高都市经济区整体的经济效益和对外服务功能。由不同规模的城市等级体系在空间上整合所形成的都市经济区，有利于汇集区域整体力量，形成区域竞争优势，增强对国内外经济要素的吸引力从而创造出更大的经济效益。由此可见，都市经济区的功能整合具有自组织性，不断推进分工协作，最终在功能上互补共同促进，做大做强，实现都市经济区内部的互利共赢。

第七节　珠江三角洲都市经济区地域空间
组织形成演化机理分析

都市经济区地域空间结构的形成，受自然因素、区位因素、交通因素、经济因素、社会及制度因素、历史因素等多因素的共同影响。所谓演化机理，是指事物形成与发展变化的驱动力及作用的方式和途径，也就是形成演化原因的深层次系统剖析。探讨珠江三角洲都市经济区地域空间组织的形成演化机理，有利于深入把握都市经济区地域空间组织的形成机理和作用机制，有助于把握都市经济区发展演化的基本态势，并有针对性地进行发展调控和空间管理，规范都市经济区疏密有致、协调有序地健康发展。珠江三角洲都市经济区地域系统的形成演化，是多种力量共同作用的结果。既有空间自组织的自然驱动，也有制度、规划调控、行为偏好等空间他组织的多种驱动力量，共同促进了珠江三角洲网络化的空间组织形态。

一、自然条件的天然约束

自然条件为都市经济区各种经济活动的开展提供了基础和可能。都市经济区集聚了大量的人口和产业活动，需要非常优越的自然条件做支撑。适宜的气候、肥沃的土壤、充足的水源、平坦的地形、丰富的资源、宜居的环境、良好的生态和广阔的腹地等要素共同构成了都市经济区形成的自然基础（见图9-4）。具体来讲，都市经济区产生于城市分布相对密集的地区，而城市密集地区都是由历史上农业发达地区逐步演化而来的，一般具有适宜的气候和肥沃的土壤条件。都市经济区范围广大，需要占据比较广大的面积，相对平坦的地形条件能够为都市经济区的形成提供广阔的发展空间。都市经济区人口规模巨大，各种社会生产活动的用水量也非常巨大，这就要求必须有非常充足的水源供应，临近大江大河或大型水库的区位条件具有潜在的优势。都市经济区经济规模巨大，经济发达，需要比较丰富的资源禀赋作保障。都市经济区要吸纳大量的人口集聚，需要有良好的生态承载力，具有宜居的自然环境。另外，都市经济区是一个复杂的社会经济系统，需要有广阔的腹地范围做支撑。综合以上各种自然条件，一般在河口三角洲地带和大平原地区容易形成都市经济区。

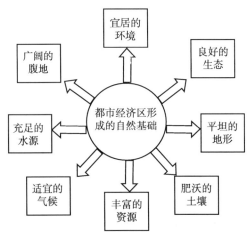

图9-4　都市经济区形成的自然基础

　　珠江三角洲地处热带、亚热带地区，属于河口冲积三角洲，因此气候条件优越，地势平坦，河网稠密，在历史上就成为农业发达的地区，较早地出现了城市，并逐步发展成为城镇密集地区，成为岭南地区最大的人口集聚地。但是珠江三角洲地区的平原面积不大，只有 1.1 万 km^2，仅为长江三角洲平原面积的 7%（李罗力，2005）。珠江三角洲的外围地区，特别是东北部和西北部，基本上被山地和丘陵所覆盖，开发利用的难度比较大。山地环绕的自然地理条件给珠江三角洲的经济发展带来了难以克服的空间障碍，因此以生态屏障空间为主体的结构形态得以形成，也大致框定了珠江三角洲都市经济区的直接辐射范围不可能连续地向外扩散，因为山体的阻隔而形成了相对稳定的直接腹地范围。由此也造成了自古以来岭南地区和中原地区交通困难，联系较少，形成相对独立的经济区。相对而言，珠江三角洲南面靠海的地形为它和东南亚地区的经济联系和人员往来提供了便利，有利于发展都市经济区的外向型经济。

　　尽管珠江三角洲地区水量充足，但随着经济的发展，水质性缺水和工程性缺水的问题越来越突出，这也促使珠江三角洲都市经济区在发展经济的同时，越来越重视环境保护和生态修复，重视生态屏障空间和绿色开敞空间的合理开发与保护。正由于用水用地条件以及生态环境脆弱性的约束和限制，要求珠江三角洲都市经济区必须越来越重视空间安全和生态保障，注意水源地的保护和集约利用土地，形成合理有序的地域空间结构。

二、路径依赖与区位的优化配置

　　任何社会经济活动都受原有基础的影响，都是在原来的发展框架下继承和发展起来的（见图 9-5）。都市经济区的人口集聚，存在明显的路径依赖。一般来说，都市经济区众多的择业机会吸引了流动人口的空间集聚，而想到外地务工的农村劳动力一般通过已有的关系网络投奔亲友，这样进一步加剧了人口的集聚。广州市存在的黑人集聚区和港台居民集聚区，也是在路径依赖的作用机理下逐步形成的。而主导产业的选择、产业结构的演进也是在原来基础上逐步进行的，原来的产业基础和产业特色对后来的产业发展产生深远影响。城市的空间扩展也是在历史发展的基础上逐步向周边扩展起来的，由此才形成了大多数城市的圈层式结构。同样，交通网络的形成也是不同历史时期逐步完善起来的，已有的交通干线对新干线的区位选择产生重要影响。多条主干道的叠加和网络化扩展，容易形成都市经济区重要的综合交通走廊。

三角洲平坦的地形条件为珠江三角洲城乡聚落的发展与演替提供了良好的基础，并形成了相对稳定的城镇等级规模结构。广州最初形成城市雏形的赵佗城，距今已经有两千多年的历史，并在此基础上逐步向高等级的城市形态演进。正由于城市发展的路径依赖，使得广州市的中心商务区历经千年在北京路没有发生转移。由于珠江三角洲南面靠海，海外贸易非常发达，在历史上也出现了比较繁荣的"海上丝绸之路"，至今仍然保持了发达的外向型经济。2006年底，珠江三角洲的出口总额2887.45亿美元，进口总额2181.97亿美元，占广东省的进出口总额的96％，占全国进出口总额的28.8％，可见珠江三角洲都市经济区在全国对外贸易格局中的重要地位。伴随着外贸枢纽港的崛起，目前已经形成了规模巨大的物流仓储空间。同时，珠江三角洲偏轻型的产业结构也是在长期的历史演化中逐渐形成的，尽管近几年重化工业获得了突飞猛进的发展，但目前的服装皮革、洗涤化妆、中小家电、食品餐饮业等轻工业仍然占据近半壁江山，这也是由于产业发展的路径依赖造成的。

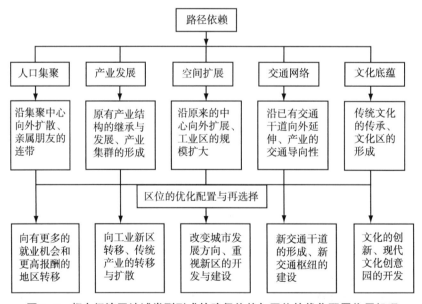

图9-5 都市经济区地域类型形成的路径依赖与区位的优化配置作用机理

尽管都市经济区各种地域类型的区位选择受到路径依赖的影响，但不同的社会经济活动具有自主选择性，可以进行区位的优化配置和重新选择。因为不同的活动具有不同的区位需求，具有不同的区位选择倾向。而相似的生产活动具有相似的区位选择倾向，由此也形成了同种产业在某些地区的集聚。人口的集聚和转移一定程度上依赖已有的人际关系网络，但如果其他地区有更多的就业机会或更高的劳动报酬，也会吸引大量的流动人口集聚。产业的演替既包括原有产业结构的提升和改善，也包括新产业的产生和原有产业的更新和转移。新区的开发可以吸引大量的产业入驻，实现区位资源的优化配制。而新的交通干道建设也可以提高区域的交通可达性，为产业的空间布局提供新的区位选择。

珠江三角洲规模庞大的综合生产空间的形成以及独立综合的居住空间的形成，一定程度上是不同的生产活动进行区位择优选择导致的。人口-产业在交通干道沿线的集聚与扩散，也主要是空间区位竞争与优化配置的结果。可以说，区位可达性是各种生产活动进行区位选择的重要决定因素。区位可达性包括经济区位的可达性和交通区位的可达性。经济区位的可达性是指与经济实力和技术水平较强的地区的临近性和相似性。比如香港对深圳的直接带动作用，进而对东莞的拉动作用，主要是由经济区位的可达性导致的，这也可以进一步解释为什么珠江三角洲东岸城市总体比西岸发展快，其主要原因之一就是东岸邻近香港，经济区位可达性比较好，而西岸的澳门总体规模太小，不足以带动珠江口西岸城市的发展，由此也导致了同为经济特区的珠海发展状况并不理想，和深圳发展的差距越拉越远。

三、地价的引导与调控

经济活动的空间布局总是以提高经济效率、获取更多的利润为主要目标，地价高低也成为空间区位选择的重要考虑因素。一方面，土地本身的价格因位置和通达度条件的差异，在都市经济区中不同组成部分土地价格是不同的。由于距离衰减规律的存在，距离城市中心越近，地价越高，距离城市核心节点越远，地价越低（见图9-6）。

另一方面，经济因素（如生产活动类型）对都市经济区的功能分区产生重要影响。工业、商业、住宅活动的经济能力的差异，导致他们对地租的支付能力也不同。商业活动要求稠密的人口和最好的通达性，其地租支付能力也最强，空间区位最接近市中心，在一些主要道路相交处也是较优选择的区位。相对于工业区位，住宅对中心距离和通达性的敏感性较差，其地租支付能力也较弱，空间区位选择的自主性较强。另外，不同的企业和产业具有不同的付租能力，投资强度高、付租能力强的企业可以选择区位较好、地价较高的区位，比如一些高新技术开发区和一些产业园区，相对也形成一些高端产业及其配套产业的集群。而一些经济规模小，付租能力弱的企业就在相对偏远的地方布局，如在一些镇上或者是一些村里布局。由此引起不同类型产业活动的空间分异，也引起了不同规模不同附加值的生产活动的空间分异。

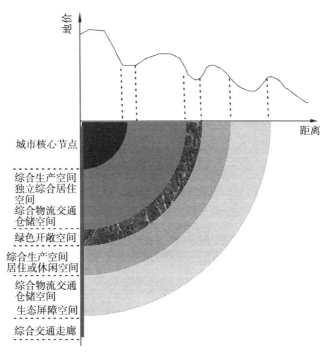

图9-6　都市经济区各种地域类型随地价和距离的空间变化示意图

　　独立综合的居住空间的形成也与地价的空间差异直接相关。在城市核心节点内部的交通通达性最好，房价也最高，而处于城市核心节点外围的地区，建设用地的供应相对比较充足，地价也便宜，因此住房价格也低，成为大多数工薪阶层的主要选择。城市人口的大量的居住需求和城市核心节点外围的低价格形成发展合力，一起推动着居住郊区化的进程，在城市核心节点外围不断地扩散和集聚，由此形成了规模庞大的居住组团。物流仓储空间一般在城市核心节点的外围布局，也主要是由地价决定的。像家具、汽车、五金建材等批发市场，需要占据比较大空间范围，城市外围相对较低的土地价格和充裕的空间供应为这些物流仓储活动的开展提供了便利条件。正由于地价杠杆的存在，使得不同的生产活动只能在特定的地域范围内进行区位选择，由此也导致了类似产业的空间集聚和不同产业的空间分异。

四、规划调控与政策引导

随着社会经济的不断进步，我国各级政府的主要职能也逐渐由经济管理转到社会管理和公共服务上来，越来越重视运用规划手段和政策手段调控区域的发展。都市经济区作为优化开发的主要的区域，各级政府更应该重视空间管理，构筑合理有序的地域空间结构，提高空间的利用效率和运行效率。政府通过制定适当的人口政策（户籍政策）、土地政策、产业发展政策、税收政策以及招商引资政策和区域合作政策等，有效地加强区域调控。同时，都市经济区各级政府制定的城乡总体规划、城乡土地利用规划、城市社会经济发展规划以及各种区域规划和国土规划，都对都市经济区地域类型的形成产生重要影响（见图9-7）。

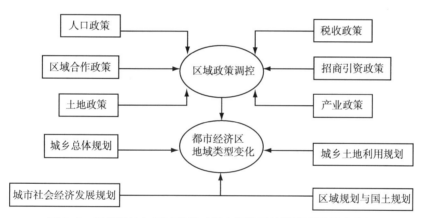

图9-7　规划调控与区域政策对都市经济区地域类型的影响途径

珠江三角洲都市经济区空间格局的形成，有其内在的机理，也有外力的推动。城市政府通过区域与城市规划的手段，可以有效地推进区域的开发进程，改变区域发展的基本格局。比如开发区的规划建设、交通干道的规划建设，都是改变区域发展格局的重要推动力。各种规划政策的实施，有利于引导空间结构的合理化和有序化，同时有助于拓展都市经济区的空间范围，增大都市经济区的空间容量和区域承载力。城市空间发展战略规划的有效实施可以改变城市的发展方向，引导各种空间的优化配置和结构调整。如广州市空间发展战略规划的实施，改变了广州市"云山珠水"的历史格局，逐步演变为"山、海、田、城"的空间结构。

优惠的政策和特殊的制度也对都市经济区的空间格局产生深远的影响。经济特区的设立推动了深圳、珠海的经济腾飞，同时也促进了深港经济的互补与承接，引导都市经济区各种经济活动的空间集聚与扩散。珠江三角洲先前一步的改革开放政策，为珠江三角洲都市经济区的崛起获得了先发优势，引入了大量的"三来一补"企业，并逐渐由生产加工基地转变为全球重要的制造业基地。这种自下而上的工业化发展模式也极大推动了珠江三角洲的乡村工业化和乡村城镇化，目前已经形成了连绵成片的城市景观，实现了当地居民由农民向城市居民的转型，极大地增强了地区的综合经济实力。

五、劳动地域分工与合作

作为社会劳动分工的空间形式，劳动地域分工理论与经济区划紧密结合，一直是指导生产地域综合体开发建设的经典理论。人类经济活动按地域进行分工，各个地区依据各自的条件和优势，着重发展有利的产业部分，以其产品与外界交换，又从其他地区进口所需产品。这种现象称为劳动地域分工（陈才，2001）。劳动地域分工主要表现为区域生产专业化，但当时更强调政府的计划指导，而忽视了市场对资源配置的基础性作用。石崧（2005）认为，在新的形势下，应该在市场和企业配置资源的基础上研究地域分工，他认为劳动空间分工对各种社会经济现象有更强的解释能力，大都市区是多尺度空间分工的叠加，并从劳动空间分工的视角对大都市区的空间组织进行了系统的研究。

都市经济区空间结构的形成也是多尺度劳动地域分工与协作同时叠加的结果。本区域的劳动地域分工引导着各地的分工与互补联系，推动着工业化进程的发展，进而带动了整个区域的城镇化进程。另外，都市经济区在全球化的经济体系中占据竞争优势，全球劳动地域分工和市场竞争给都市经济区的发展注入新的动力，加速了都市经济区的城镇化进程。从整体看，都市经济区整体的空间结构和单个城市具有很多的相似之处。城市核心节点相当于单体城市的 CBD，是综合的控制、管理、商贸与技术研发中心。综合的生产空间和独立综合的居住空间等也是单个城市的重要组成部分。各个城市休闲空间的组合就构成了都市经济区的综合休闲空间。单个城市具有的生产、交通、流通、休闲的功能，在都市经济区中也得到充分体现。都市经济区地域空间结构的形成，是内部不同地域分工和协作的结果，是在长期的发展过程中功能演替和空间优化配置的结果。

不同地域的竞争与合作是区域发展中的普遍现象。对于都市经济区来说，本身是一个相互经济联系非常密切的"利益共同体"，具有比较强的互补性，在长期的历史发展中越来越表现为承担不同的地域功能，因此彼此的分工合作大于竞争。区域内部互相配合、互相支持，促进生产要素的自由流动和空间重组，实现各种生产空间的优化组合，形成区域经济的系统合力，提高整个区域的经济运行效率。政府间的高层对话频度不断增加，合作项目和合作领域不断拓宽，合作形式更加多样化。不仅是经济合作领域发展迅猛，而且在重大工程、基础设施建设和环境保护方面取得突破性进展，共同推进着珠江三角洲都市经济区的区域整合与整体优化。

六、居住偏好与居民的区位选择

城市具有基本的居住、工作、交通、休闲等功能，居民的空间行为是促进城市各种功能空间和流动空间形成的重要动力。随着交通体系的完善和社会经济联系的加强，城市居民的日常活动逐步突破了本地城市的界线，与周边地区发生着密切的联系，人流、资金流、技术流密切联系的区域即是都市经济区的大致范围，联系频繁的通道即构成都市经济区的综合交通走廊。随着社会经济的发展，人们日益重视居住环境质量和生活品质的提高，往往倾向于购买高档的别墅区。也有一些中低收入水平的居民，会选择在郊区购买低中档的住宅。不同收入阶层有不同的住房需求，在中心城区外围容易形成一些独立综合的居住空间。

珠江三角洲的经济发展带动了人口的集聚和空间规模的扩大，极大地推进了本地区快速的城镇化进程。城镇人口规模的扩大产生巨大的住房需求，推动了居住郊区化进程。一部分是家庭收入较低的阶层追求较低的房价迁往郊区居住，更大一部分是为了摆脱城市的喧嚣和拥挤，到郊区追求恬静优美的居住环境，家庭小轿车的普及进一步加剧了郊区化的趋势。由此，城市核心节点外围的房地产以中高档的为主，大部分的别墅区也是在环境优美、依山傍水的郊区布局，因此形成了众多的独立综合的居住空间。另外，城市居民对生活质量的高层次追求，也促进了休闲空间的开发，众多的高尔夫球场、运动健身俱乐部、高档娱乐设施在城市核心节点外围不断涌现，促成了独立综合休闲空间的形成。

第十章　珠江三角洲都市经济区的
演化态势与主要问题

第一节　影响珠江三角洲都市经济区
空间演化的因素分析

一、影响珠江三角洲都市经济区空间演化的传统因素

珠江三角洲都市经济区各种地域类型空间分布格局的形成，是社会-经济-生态系统中多种因素共同作用的结果。经济的、社会的、自然的、历史的各种因素相互影响，交互作用，形成了都市经济区形态多样、结构复杂的地域空间结构（见图10-1）。总的来看，地势平坦、区位优越的自然条件为珠江三角洲各种地域类型的形成提供了基础的框架，外围环绕的山地为都市经济区腹地范围的拓展设置了天然的障碍。良好的发展基础、便利的交通条件、雄厚的经济实力为各种地域类型的空间集聚和空间扩散提供了根本性的保障。灵活的制度环境和改革开放的先发优势为珠江三角洲各种地域类型的形成提供了不竭的动力和发展活力。区位临近、文化同宗的发展环境为吸引港澳的资金和企业的转移创造了条件。

1. 自然因素

自然因素是影响人类各种生产和生活活动最基本的因素。自然条件不仅是都市经济区产生和形成的空间载体，也是保证其可持续发展的重要保障。早期的人类生活于土壤肥沃、水源充足、自然条件优越的地区，逐步形成人口密集地区并转变为城市，然后形成了城市密集地区。珠江三角洲的地形与地貌条件为都市经济区各种地域类型的形成提供了可能。各种地域类型的形成，必须依托原有的自

然地貌和地形。在河流附近容易形成聚落，并逐步发展成为城市。高大的山体成为整个区域天然的生态屏障，也容易开发成为娱乐休闲空间。而生产空间和居住空间一般选择在地势平坦的地方。在天然的港湾附近容易形成物流仓储区，如此等等，区域自然的地形与地貌条件影响都市经济区地域空间结构的基本框架，也直接影响着不同地域类型的区位选择和开发次序。山体和水系决定了珠江三角洲基本的生态格局，平原地区为生产空间和居住空间的形成提供了基础。另外，珠江三角洲不同地区的生态容量和环境承载力也决定了各种地域类型的开发强度和集聚规模。

2. 区位因素

不同的生产活动具有不同的区位需求，不同的区位条件也具有不同的地域功能。根据分析视角的不同，本书从交通区位、经济区位和政治区位等方面阐述区位因素对都市经济区各种地域类型的空间选择的影响。都市经济区内部的主要交通干道、高速公路、铁路以及河流航道等，构成连接都市经济区内外的主要交通线，也构成都市经济区地域空间结构的基本骨架。交通条件是都市经济区各种地域类型形成的催化剂，一定程度上决定了各个地区的开发秩序。通达的交通条件容易形成具有竞争力的区位优势，吸引一些产业和人口的集聚，率先发展起来，在一些主要的交通干道两侧，工业区的分布最为密集，形成人口-产业的集聚区。同时，便利的交通条件是物流仓储空间进行区位选择的先决因素。交通条件的改善容易引起城市空间的拓展，高速公路的修建带动居住区的开发，形成独立综合的居住空间。在广州番禺区形成的范围广大的独立综合的居住空间就是在洛溪大桥和番禺大桥开通的情况下发展起来的。因此，对外的重要交通干线是影响地域类型形成和布局的重要因素。交通因素是所有的生产活动进行区位选择必须考虑的因素，在都市经济区的发展中扮演着越来越重要的角色。

政治区位决定了都市经济区各种地域类型的成长机会和发展空间。深圳经济特区地位的确立为加强同香港的合作提供了条件，大力引进三资企业，迅速形成了大面积的生产空间。广州作为广东省的省会，其特殊的政治区位保证了自身的竞争优势，也吸纳了大量的资金、技术和人才的空间集聚。经济区位直接影响各种地域类型的空间联系和经济协作机会。如深圳的崛起，除了本身作为经济特区的制度优势以外，临近香港大都市的区位条件也是非常重要的因素。香港强大的经济实力和资金支持为深圳各种地域类型的发展提供了发展动力。深圳的崛起又带动了东莞的迅速发展，各个乡镇的村办企业、民营企业、外资企业遍地开花，形成规模浩大的综合生产空间。

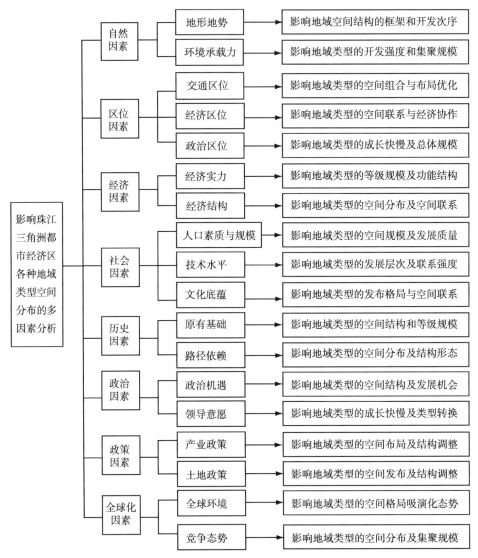

图 10-1 珠江三角洲都市经济区各种地域类型空间分布的多因素分析

3. 经济因素

经济因素是影响各种地域类型空间格局形成的最重要的因素，影响都市经济区各种地域类型的功能结构和空间联系。经济实力决定了城市核心节点的规模等级和空间规模，进一步决定了该区域提供的就业机会的多少，影响人口的空间集聚。不同的城市核心节点的经济实力与产业结构决定了城市之间联系的紧密程度，进一步地引导城市间的交通需求，推动交通体系的建设与发展。随着各个城市核心节点的经济实力不断增强，城市之间的联系和交流不断扩大，因此城际快速轨道交通已经成为今后重点建设的一项主要内容。经济发展水平与产业结构也决定了物流仓储空间的布局。经济发展的速度也影响着生产空间和居住空间的扩展速度。另外，随着经济发展水平的不断提高，人们的收入水平也不断提高，越来越追求高品质的生活方式，对娱乐休闲空间的需求将会越来越大。

4. 社会文化因素

社会文化因素是一个很宽泛的概念，包括人口的素质和规模、技术水平和本地的文化底蕴等方面，在都市经济区的形成和发展中扮演着重要角色。都市经济区人口的素质与规模影响地域类型的空间规模和发展质量。随着社会经济开放程度不断提高，人口的社会流动性也不断增强，人口向都市经济区的空间集聚是一个长期的趋势。1990 年珠江三角洲地区常住外来人口占总人口的比例约为13.6%，2005 年增长至47.5%，近两年，外来人口总量有超过本地人口的趋势。人口的集聚与规模的不断扩大，为珠江三角洲提供了更多的劳动力，促进了综合生产空间的扩大再生产，会进一步促进居住空间的扩展以及娱乐休闲空间的开发。科技发展水平也是影响都市经济区不同地域类型形成的重要因素，各地的技术水平影响地域类型的发展层次和联系强度。香港、广州和深圳的科技实力比较雄厚，成为整个都市经济区的创新源，成为级别最高的城市核心节点，因此其他中小城市和他们的经济联系和交通通信联系也最为频繁，辐射带动周边地区的发展。

社会文化因素对珠江三角洲都市经济区各种地域类型的形成产生间接影响。"敢闯敢干""敢为天下先"的创新精神为珠江三角洲成为改革开放的前沿奠定了良好的基础，为地区经济的发展也注入全新的活力。作为我国著名的"侨乡"，为引进外资，发展"三资"企业奠定了良好的基础。语言同宗、文化同源的特殊优势也便于港、澳投资和企业向珠江三角洲的转移。社会文化因素加剧了居住空间的分化与集聚，促进了独立综合居住空间的形成。另外，随着对生态环境重要性的认识不断深入，对生态屏障的保护力度将进一步加大，有利于良好的生态安全格局的形成。

5. 历史因素

区域发展的历史基础也对都市经济区的形成产生重要影响。一般历史基础好的地方，经济发展的潜力就大，一旦获得了某种发展动力，将会迅速地崛起。所有的生产和生活活动都有一定的历史继承性，城市核心节点也是在长期的历史演化过程中形成的。广州成为珠江三角洲都市经济区重要的城市核心节点，也经历了几千年的历史积淀。作为"海上丝绸之路"的发源地，珠江三角洲外向型经济由来已久，对目前的产业结构和产业格局仍产生深远的影响。在长期的历史发展中形成的区域空间格局和功能结构，也对珠江三角洲都市经济区目前的地域类型产生深远的影响。既有的交通体系对生产空间的配置具有较强的导向作用，产业发展也有较强的路径依赖，在原有的产业格局上进行空间集聚和外向扩展。

6. 政治因素

政治因素也是影响都市经济区发展的重要因素。一些重要的政治事件改变某些区域的政治区位，获得无与伦比的发展机会。如经济特区的设立让深圳、珠海等城市获得更多的发展权限和更自由的政策选择，凭借"政策洼地"的集聚效应获得优先的发展并迅速崛起。而香港和澳门特别行政区的回归又给珠江三角洲的快速发展提供新的机遇，进一步推进了区域经济一体化的发展步伐。在我国各项法规和法制还不健全的情况下，某些政府领导的发展意愿也可能促使某些地区非常规开发，促进一些新的生产空间或休闲空间的快速成长。区域各类规划的实施更是能够加速各种地域类型的形成，并影响各种地域类型的空间组合和空间演替。

7. 制度与政策因素

制度在经济发展中所起的作用无可比拟，特定的制度安排影响经济发展的速度和质量。珠江三角洲是中国改革开放的试验田，率先推行的改革开放政策为珠三角赢得了良好的发展机遇，不仅吸引了大量的"三来一补"企业，还引来了大量的资金和技术，促进了都市经济区的快速发展。完善的市场经济为珠三角的经济发展注入全新的活力，良好的制度环境为珠江三角洲参与国际竞争提供了条件，进一步吸引了大量外资企业的进驻，形成范围广阔的生产空间。正是由于经济特区的特殊政策，促进了深圳的经济腾飞，进一步又带动了东莞的异军突起。另外，特区的招商引资政策和更灵活的审批、管理政策也吸引了大量产业的空间集聚。各个城市的人口政策影响着人口的空间集聚规模，产业政策引导着整个区域产业结构的变化，同时也影响着各种生产空间的形成和演化。而土地供给政策与土地价格也在一定程度上决定了各种地域类型的区位选择和区域布局。

8. 全球化因素

20 世纪中期以来，随着世界贸易的增加和新的国际劳动分工的逐步形成，世界各地的社会经济联系越来越密切，全球化的趋势越来越明显。经济全球化成为高速增长地区发展的主导因素（陆大道，2003）。经济全球化把全球各个城市纳入一个相互联系的经济网络，跨国公司在各国经济中的地位也越来越重要，极大地推动了信息、技术、管理和金融等生产性服务业的全球化进程。都市经济区的核心城市往往是全球城市体系的重要节点，是组织区域内外各种联系的"门户城市"，在区域经济中发挥重要的指挥和控制作用。全球化进程增强了全球各地的经济、文化联系，促进了各种生产要素在全球范围内的快速流动。经济全球化加快了世界各地的人口和产业集聚进程，加快了各地的区域经济一体化进程，并逐步使单个城市的竞争转变为"城市—区域"或都市经济区之间的竞争。经济全球化要求各地区必须加快经济协作和技术创新，不断提升区域的整体实力。因此也要求都市经济区内部的各个产业加快整合力度，推进各种产业的集群化发展，规模化经营，提高区域的综合竞争力。

二、影响珠三角都市经济区空间演化的新因素与新形势

1. 劳动力短缺与劳动力成本上升越来越凸现

从 2008 年 4 月份开始，伴随着美国次贷危机的深入推进，逐渐引发了全球性的金融危机，失业率不断增加，人们的消费需求也受到了很大的抑制。这导致了以出口为主要导向的珠江三角洲都市经济区的外贸出口受到了很大的打击，不少以零配件加工和出口为主的中小型企业资金链中断，难以为继，更有一些外资企业卷资外逃，"一夜蒸发"，出现了大量裁员甚至倒闭的现象，由此也引发了大量农民工回流和回乡创业，尽管从国家到各级政府都采取了相应的补贴措施，但收效甚微，并没有阻挡回乡的大潮。到了 2009 年，大量农民工回老家过春节后不愿返回珠三角继续找工作，造成了 2009 年初的"务工荒"的现象，不少企业想恢复生产而找不到熟练的技工。由此对珠江三角洲都市经济区的制造业企业造成了沉重的打击。

另外，2010 年以来，深圳某公司连续出现工人跳楼自杀现象，这迫使企业

为一线工人平均加薪在 20％以上，由此也导致了这些外资企业需要支付的工资迅猛增加。劳动力成本的大幅上升，挫伤了外资企业继续留在珠三角地区发展和创业的激情，陆续出现了外资企业迁往内陆的事件。如富士康公司已经决定将主要的生产车间由深圳迁往河北廊坊和河南郑州。由此也将进一步削弱珠江三角洲都市经济区劳动密集型产业的市场竞争力和市场份额，产业转移和产业技术升级换代已迫在眉睫。

2. 人民币升值对珠三角的制造业出口带来巨大冲击

近几年来，人民币不断升值，1 美元兑换人民币的汇率从 2000 年的 8.8 元跌到目前的 6.5 元左右。特别是近两年来经济危机的冲击导致美国欧盟等发达国家经济衰退比较明显，国内市场低迷。在此背景下，一些激进派把矛头再一次指向中国，提出议案促使人民币升值。尽管中国政府一再坚持独立自主的货币政策，但是人民币升值的预期一直存在，且很可能会逐步升值。而人民币一旦升值，汇率进一步降低，对珠三角的制造业及产品出口将造成沉重的打击。

3. ECFA 的签订为密切珠三角和台湾的联系提供了较好的制度保障

2010 年 6 月 29 日，海基会和海协会在重庆碰面，签订了《两岸经济合作框架》（ECFA），这个合作框架的签订，进一步促进了海峡两岸的经济联系，规范和引导了两岸经济合作的领域和具体措施，有利于增进两岸社会经济交流和外贸出口，对珠江三角洲都市经济区未来的发展带了新的机遇。

ECFA 的签订，对中国大陆地区产生深远影响。其中影响最深远的当属台资企业最多的长江三角洲都市经济区，其次就是珠江三角洲都市经济区。ECFA 的签订对珠江三角洲都市经济区的影响大致包括以下几个方面：首先是进一步吸引台资和台商到珠江三角洲都市经济区投资创业；其次是作为主要的对外贸易口岸，增加珠江三角洲都市经济区与台湾的贸易往来；最后就是加强了彼此的技术合作和品牌合作，增强区域竞争力。

4. 香港、澳门与珠三角的一体化进程不断加快

由于历史原因，造成珠江三角洲东、西两岸经济发展不平衡，西岸地区相对东岸仍有较大的发展空间。珠江三角洲现有的公路网重心比较偏重东岸，粤港 5 个口岸全部在东岸。2009 年，酝酿已久的粤港澳大桥正式获得国家批准开始启动建设，由此连接起香港、珠海和澳门。粤港澳大桥的修建，进一步拉近了香港澳门同珠江三角洲都市经济区的社会经济联系，粤港澳大桥的兴建有利于加强香

港及深圳的珠江东岸、珠海及澳门的联系，使整个珠江三角洲区域交通网络最终完成，畅通无阻，提升三地互补功能，推动区域经济的大发展，适应经济国际化与区域经济一体化的需要，从而进一步促进珠江三角洲都市经济区的空间优化与功能整合，形成珠江口东西岸连通、环路通畅、交通便捷的统一整体。同时，有利于与中国大西南交通运输的连接，扩大港澳珠三角向中国西南部发展的空间。从更广的范围讲，进一步开拓与东南亚各国的商机，并推动中国与该区建立自由贸易区。

第二节 珠江三角洲都市经济区的演化态势

一、空间上都市连绵化

珠江三角洲都市经济区已经具有较好的发展基础，目前呈现出良好的发展态势。外来人口很多，一直保持着较快的城镇化速度。随着工业化和城镇化进程的快速推进，珠江三角洲都市经济区将呈现出空间上都市连绵化的发展态势。具体表现在交通体系的网络化布局、生产空间的集聚化态势、城乡空间一体化的格局逐步显现以及重要发展轴线的空间拓展等方面。

1. 交通体系的网络化布局

珠江三角洲地区路网稠密，交通方式多样，正在构建四通八达的交通网络。根据《珠江三角洲区域协调规划（2004—2020）》（见图10-2），今后十几年，将形成5条贯穿珠三角东西两岸，11条南北向，纵横交错的高速公路网络；四纵四横的铁路网络，大大提高了珠三角铁路网络的密度；四纵两横的城际快速轨道网络，将珠三角内部已经形成的中心区和将来有发展潜力的服务中心地区联系起来。纵横交错的交通网络和重点建设的城际快速轨道交通系统，将进一步加快区域内部各城市间的交通联系，推进区域一体化进程。珠港澳跨海大桥的建设工作也已经启动，具体的路线选择正在筹划之中。跨海大桥的建成通车，将有力地促进珠江口两岸的经济联系和人员往来，带动西岸的空间开发和优化组合。广佛都市圈外环线的建设也将进一步缩短两地的距离，加快空间融合和一体化的步伐。总之，珠江三角洲交通体系的网络化布局将极大地带动区域内部的空间整合，促进各种地域类型的空间组合与优化配置，逐步呈现出连绵成片的发展格局。

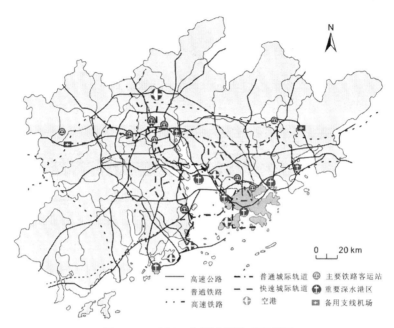

图 10-2　珠江三角洲交通体系规划图

资料来源:本书编委会.2007.珠江三角洲城镇群协调发展规划(2004-2020)(上卷)[M].北京:中国建筑工业出版社.

2. 生产空间的集聚化态势

珠江三角洲工业化进程较快,比较明显的是乡村工业非常发达,在东莞、深圳、佛山、中山等城市,村办企业和镇办企业遍地开花,整体呈现一种繁荣的工业景象。随着土地供应的日益减少和环境保护力度的不断加强,各种产业的空间集聚和结构调整成为必然的趋势。可以预见,未来的土地利用将更加集约,空间集聚态势进一步加强,逐步实现产业的集群化发展、规模化经营,形成各类专业化程度高的生产空间。同时,在调研中也发现,在珠江三角洲的许多开发区、科学城和工业园中,仍然存在大量的空地被圈占但没有开发利用。也就是说,尽管珠江三角洲的土地供应比较紧张,但目前还有比较多的发展空间,还有很大的发展潜力可以挖掘。随着土地利用的监督力度逐步加强,这些闲置用地的再开发将为新产业的发展提供更多的空间选择机会,也为零散分布的小企业集中布局提供条件。

3. 居住郊区化

随着社会经济的不断进步，人口向都市经济区的空间集聚是长期的趋势。大量人口涌入城市，带来巨大的住房需求，势必造成中心城区过度拥挤，住房供不应求。中心城区的高房价也让许多工薪阶层不得不在房价较低的郊区买房。由此将极大地带动郊区房地产的开发，引领居住郊区化的潮流。另外，高收入阶层也越来越重视生活质量，倾向于选择环境优美的区域，因此，郊区的高档别墅也成为引领居住郊区化的重要力量。另外，珠江三角洲发达的交通通信网络缩短了区域内部的空间距离，空间可达性空前提高，也对居住空间的外向扩展起到了积极的推动作用。因此，相邻城市的同城化效应使得居民的居住区位选择空间更大，交通体系的网络化将有力地带动居住空间的外向扩展，并逐步发展成为集中连片的格局。

4. 城乡一体化

珠江三角洲相对完善的市场经济体制为中小企业的良性快速发展提供了良好的发展环境，促进了乡村工业化的快速推进。"自上而下"的城镇化与"自下而上"的城镇化并存，带动了乡村城镇化的快速发展。广大的本地农民"洗脚上田"，逐步转向了第二、三产业，开始转向城镇居民的生产和生活方式。中小城镇的乡村工业化如火如荼，迅速改变了珠江三角洲的乡村景观，农业用地大多转变为工业区和居住区，成为连绵成片的城市景观。珠江三角洲中小城市强大的经济实力，也极大地带动了珠江三角洲农村地区的发展。深圳市已经率先完成户籍制度改革，本地居民实现了100%的城镇化率。东莞、中山等城市也正在加快户籍制度改革的步伐。城市空间的外向扩展和乡村城镇化的共同作用，不断推进当地的城镇化进程，呈现出城乡一体化的发展态势。

5. 重要发展轴线的拓展

珠江三角洲交通体系的网络化发展带动了城镇体系的网络化布局，沿着主要的交通干道已经形成了三条主要的发展轴线，分别是处于珠江口两岸的主发展轴和连接肇庆、佛山、广州、东莞、惠州的东西向发展轴。目前处于发展轴两侧的区域已经基本实现了集中连片的发展格局，未来一段时间内，将逐步由点轴式扩展向网络化扩展转变。同时，单个城市核心节点的圈层式扩展也比较明显，城镇化地域不断扩大，连绵化的空间发展态势越来越明显。

都市经济区内部各种地域类型之间具有密切的社会经济联系，相互作用，共同形成了一个网络化、开放式的空间格局，逐步实现区域城乡空间的有机融合。珠江三角洲都市经济区发育基本成熟，经济规模比较庞大，各种功能相对健全，城镇化进程快速推进。珠江三角洲各城市间的城际快速轨道交通已开始施工建设，珠港澳跨海大桥也正在积极筹备，随着珠江三角洲交通网的不断完善，区域内各城市的交流联系更加快速便捷，将极大地推动区域内部各地域间的社会经济联系。中心城市的空间扩展态势将进一步加快，城市核心节点的功能不断向郊区转移，人口和产业的空间集聚态势不断加强，形成多种产业的专业化集群和地域分工。由于珠江三角洲的城镇分布比较密集，快速的工业化进程加快了城市空间的拓展，并逐步演变为集中连片的发展态势，都市连绵化的空间形态正在逐步形成。

二、结构上等级合理化

珠江三角洲都市经济区城镇化进程较快，中心城市获得了长足的发展，特别是广州和深圳的发展规模不断扩大，经济实力不断增强，加强了与香港的经济联系和分工协作，正在逐步形成多中心的等级规模结构。另外，中心城市也在加快一体化的步伐。近年来，广州市和佛山市进行了幅度较大的行政区划调整，理顺了区域内部的行政管理体制，拓展了城市的发展空间，促进了各种要素资源的优化配置。同时，广州和佛山正在推进广佛都市圈的规划和建设，深圳和香港一体化的呼声也越来越强烈，珠海横琴岛与澳门的联合开发也被提上日程，整体上呈现出一种多中心组团的发展态势。积极促进港澳与深圳、珠海的空间整合和紧密合作，充分发挥"门户城市"在都市经济区中的协调和控制作用。

尽管珠江三角洲都市经济区呈现都市连绵的发展态势，城市核心节点仍然占据主要的支配和控制地位，是都市经济区的技术研发和商贸中心，也是高素质人才的集聚地。从总体的等级分布来看，城市核心节点的集群化分布比较明显，总体上呈现一种组团化、协作化的结构形态。中小城镇的空间整合也在加快推进，近年来珠江三角洲都市经济区撤乡并镇的工作开展力度很大，不断做大城镇规模，并逐步规划建设城镇组团，推动相临城镇的空间整合，不断提升城镇的经济实力和综合竞争力。通过结构变动和空间整合，不断推动都市经济区空间结构的有序化和等级规模结构的合理化。

三、功能上协调互补化

随着政府职能的转变，城市政府逐步退出经济的直接管理，把工作重点转到社会管理和公共服务上面，逐步构建服务型政府。今后政府将加强空间的管理和调控，更加重视规划的约束和调控作用。目前，珠江三角洲已经开展了《珠江三角洲区域协调发展规划》及各项专项规划，即将结题的《广东省国土规划》从功能区和空间管制的角度对珠江三角洲的功能结构和空间整合具有很好的指导作用。这些规划的实施将进一步明确珠江三角洲各个城市的功能定位，加强各城市之间的功能联系，促进珠江三角洲内部各个地域的分工和协作，逐步提升珠江三角洲都市经济区的整体竞争力。

按照主体功能区的思想，不同的区域应该承担不同的主体功能，充分发挥各个区域的优势，实现区域整体效益的最大化。珠江三角洲都市经济区经过多年的发展与整合，地域功能的专业化分工已经比较成熟，区域内部的功能结构也逐步趋向合理化，功能互补性不断增强。一方面表现为不同地域的功能专业化态势加强，形成一些重要的专业化的产业集聚区，将会在全国乃至世界经济格局中占据重要地位（见图10-3）。人口集聚的态势进一步加强，在城市核心节点外围将会出现越来越多的独立综合的居住空间。另一方面则表现为不同地域的功能联系和互补性增强。伴随着城际快速轨道交通的建成通车，珠江三角洲不同地域之间的经济联系将进一步加强，将不断发挥出"同城化"效应，推动不同地区之间的分工与协作。

图10-3　佛山顺德区模具制造产业集群

伴随着城市核心节点外围的房地产开发和工业外迁，都市经济区内部的功能不断向外扩展，郊区化进程不断加快。在开发的初期可能只是单一的居住功能或工业生产功能，但随着人口和产业的不断集聚，需要的服务和消费不断增多，由此产生越来越多的就业岗位和商业设施。当地人口的消费需求拉动了临近商业和休闲空间的开发建设，随着劳动力的需求和商业的进驻，逐渐发展成为一个综合性的区域次中心，但一般会有一种主体的功能，如居住或工业生产，形成一种相对独立的地域类型。研究表明，都市经济区的不同地域类型之间存在着明显的功能关联性和空间相关性，一种地域类型的形成有助于推动其他配套设施的建设，也会诱导其他地域类型的开发和建设，不断优化该区域的功能结构和区位配置，形成联系紧密的功能结构。

四、人口和产业的集聚态势可能趋缓

改革开放30多年来，珠江三角洲的人口和产业一直呈现集聚发展的良好势头。特别是20世纪90年代以后，更是进入了持续快速健康发展时期（见图10-4）。人口规模增长迅速，城镇化水平快速提高，年均增长速度达到7.3％，珠江三角洲的城镇化水平从1990年的55.6％上升到2006年的82％，基本达到了发达国家的水平。珠江三角洲的经济规模也在不断扩大，地区GDP总量在2006年达到了21424亿元，约占全国GDP总量的1/10。凭借先发优势和优越的发展环境，珠江三角洲在1990年基本上接纳了全国外商直接投资的一半，还接纳了众多的"三来一补"企业，促进了乡村工业的快速发展。实际利用外资额在2002年以前一直保持较快的增长势头，2003年以后出现下降趋势，近两年有回升的迹象，但2006年的实际利用外资额和2000年基本相当，利用外资规模出现趋稳的势头（见图10-5）。总体上看，2003年后珠江三角洲的外商直接投资占全国的比重不断降低，到2006年，仅占全国外商直接投资的20％左右。

总体判断，未来珠江三角洲的人口增长和外商直接投资有趋缓之势，主要原因有以下几个方面。首先是新《中华人民共和国劳动合同法》对珠江三角洲的产业发展产生不利影响。随着新法的实施，政府越来越重视保护劳动者的权益，对企业的要求也越来越苛刻，要给企业内所有工人支付各类保险和社会保障，给企业带来很大的财政压力，特别是对于中小型的乡镇企业来说，可能会超出本身的承受能力，由此导致一些企业破产、外资撤走。外资企业在珠江三角洲占有半壁江山，对珠江三角洲的经济发展具有举足轻重的贡献。外资企业的撤离和乡镇企业的倒闭将给珠江三角洲都市经济区的发展带来很大的打击，进而影响人口和产业的大规模集中。

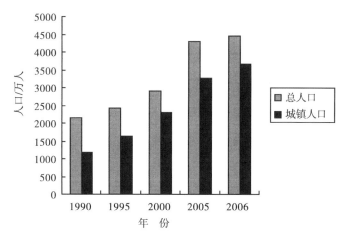

图 10-4　珠江三角洲 1990 年后的总人口和城镇人口增长变化图

资料来源：广东省统计局.广东统计年鉴[M].北京：中国统计出版社,1991,2001—2007.

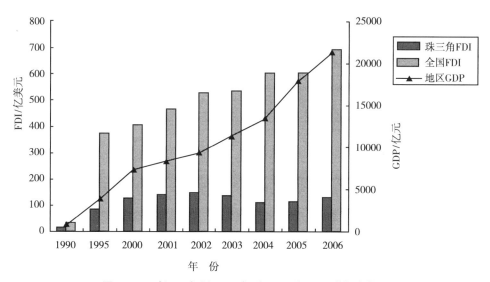

图 10-5　珠江三角洲 1990 年后 GDP 和 FDI 增长变化图

资料来源：广东省统计局.广东统计年鉴[M].北京：中国统计出版社,1991,2001—2007.

其次是产业结构升级换代的影响。随着经济全球化的进程加快，在全球范围内的原料和产品的市场竞争越来越激烈。都市经济区作为参与全球竞争的主要单元，技术更新和产业结构高级化的进程不断推进，珠江三角洲将逐步淘汰转移原来的劳动密集型产业，增加知识、技术密集型和资本密集型的高技术企业。这些高技术企业的用工数量相对减少，而对劳动者的文化程度要求较高，由此使得教育水平较低的大部分劳动力无法找到合适的就业岗位，势必减缓人口向珠江三角洲的集聚态势。

再者是珠江三角洲发展环境的影响。珠江三角洲大部分劳动密集型企业劳动强度太大，工资报酬较低，居住环境较差，使得近几年前往珠江三角洲的务工人员不断减少，"用工荒"的现象比较突出，已经成为制约企业持续健康发展的一个重要因素。另外，城市房价在高位攀升，使得大多数的外来务工人员望楼兴叹，无力在城市定居置业，回乡创业者增多。这些都构成了珠江三角洲都市经济区人口和产业进一步集聚的限制因素。

但换个角度讲，珠江三角洲都市经济区已经具备了较强的发展实力和市场竞争力，具备了较好的自我发展和自我调整能力，应该有能力积极应对这些不利因素，维持本区域的持续健康发展。正在酝酿中的户籍制度改革，一旦有大的突破和政策调整，将进一步刺激广大农村的富余劳动力向城市集聚。因此，未来还存在一些不确定因素，使得珠江三角洲的空间集聚出现波动性增长。

第三节 珠江三角洲都市经济区空间演化中存在的主要问题

一、空间发展混乱破碎，土地利用比较粗放

珠江三角洲都市经济区发育比较成熟，形成了相对稳定的地域空间结构。但从不同地域类型的空间分布及地域组合看，总体上分布比较混乱，各种地域类型的分布错综复杂，犬牙交错。特别是工业的布局，大到一些国家级的开发区，小到每个村的每家农户，都有不同等级的工业企业分布，不少企业与居住区混杂，造成很大的环境污染和交通堵塞。另外一些工业企业侵占了周边的农田，与农田相间分布，不仅造成农田面积的急剧减少，而且造

成了比较大的土壤污染、大气污染和水体污染。正由于各种地域类型的空间分布比较混乱，空间集聚性不强，规模效益不高，土地利用比较粗放，造成了比较严重的土地浪费现象。

　　通过珠江三角洲的遥感影像解译和实地调研发现，珠江三角洲地区还有很多开发而未利用的空地，大多分布在开发区、科学园和一些乡镇周围。根据本研究对图像处理结果的不完全统计（见图10-6），珠江三角洲目前共有空地817块，面积最小的仅6400m²，面积最大的一块为10.7km²，分布在珠海市横琴岛，第二大的空地面积7.6km²，分布在广州市南部番禺区境内。珠江三角洲目前共有空地面积约298.8km²，其中广州、东莞和深圳的空地面积最大，浪费最为严重，各个城市的空地面积统计如表10-1所示。在寸土寸金的珠江三角洲地区，竟然存在如此大面积的空地，不得不引起政府相关部门的重视和反思。这也与很多专家所提的"珠江三角洲地区土地利用已经基本饱和，需要加快产业升级改造和向外转移"的观点相冲突。从实地调研看，不同层级的开发区都存在不同程度的土地闲置和土地浪费现象（见图10-7至图10-9），工业用地仍然比较粗放，通过闲置土地的开发、土地整理、内部挖潜等方式，加强土地的管理和集约利用，不断提高土地利用效率，珠江三角洲还有比较大的发展空间。

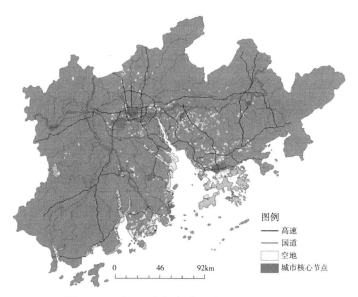

图例
　—— 高速
　—— 国道
　□ 空地
　■ 城市核心节点

0　　46　　92km

图10-6　珠江三角洲都市经济区空地分布图

表 10-1　珠江三角洲各个城市用地面积统计表

城市	耕地面积/万 hm²		建成区面积/km²			空地面积/km²
	1995 年	2005 年	1985 年	1995 年	2005 年	2007 年
广州	13.2	13.1	218	259	735	52.86
深圳	0.4	0.2	48	88	713	62.82
佛山	9	5.6	14	32	130	18.64
珠海	2.8	1.7	14	56	106	65.14
中山	4.2	3	27	23	36	13.72
东莞	4.7	3.4	8	17	42	62.17
惠州	13.6	14	8	23	94	15.02
肇庆	13.9	16.6	9	21	56	2.9
江门	16.7	14.2	10	24	100	5.52
珠三角	78.5	71.8	356	543	2012	298.8

资料来源:中国城市统计年鉴[M]. 北京:中国统计出版社,1986,1996,2006.

注:空地面积据由笔者处理的遥感影像得来。

图 10-7　广州科学城大片未开发的空地

图 10-8 广州永乐经济技术开发区大片未开发的空地

图 10-9 中山市小榄镇大片未开发的荒地

二、功能结构不甚合理

通过改革开放 30 多年的发展,珠江三角洲都市经济区发育基本成熟,成为广东省乃至华南地区的增长极,形成了比较综合的功能体系。但总体上看,珠江三角洲主要是以生产功能和流通功能为主体,创新功能和辐射带动功能还比较弱，腹地范围十分有限，不利于整个地区提高经济运行效率和综合竞争力。从单个城市核心节点看，发育比较完善，功能比较综合，但不同城市核心节点之间的功能相似，没有形成错位发展的良好格局，造成了不必要的内部竞争。发育比较好的城市核心节点有香港、澳门、广州、深圳，形成了多中心的功能结构。而这些"门户城市"在产业结构的发展趋势上表现出明显的相似性，表现为加工制造业在广州、深圳以及其他城市核心节点的竞争，金融、贸易和航运、物流等生产性服务业在香港、广州、深圳之间的竞争。适度的竞争有利于提高生产水平和产业结构的升级换代，但过多的恶性竞争造成无谓的内耗，亟待加强宏观调控。从不同地域类型的功能联系看，部分地域联系通道不够顺畅，功能联系与互补性较弱，需要进一步提高地域功能专业化水平。另外，珠江三角洲的工业发达，对整个区域的生态环境造成很大压力，应该重视整个区域的生态安全，重视加强生态脆弱地区的环境保护工作。

三、区域分工和整体的竞争力有待提升和完善

由于历史继承性，珠江三角洲各个城市在 20 世纪 80 年代和 90 年代，"三来一补"型的加工企业非常发达，形成了以轻工业和加工制造业为主体的产业结构。21 世纪以来，开始逐渐转型，但仍然以低附加值的产品初加工和组装为主，缺少高端产品，还没有掌握一些高技术产品的核心技术，因此，加工制造业受跨国公司和海外市场的影响较大，自主创新能力不强。产业结构雷同的现象仍然十分严重，缺少合理的区域分工，造成无谓的内耗和恶性竞争，没有形成发展的合力。城市核心节点的产业联系还不够多，没有形成上下游紧密联系的产业链，经济互补性不强。由于整体缺少高端核心技术和产品，导致产品的质量不高，缺少市场竞争力。同时，也由于产品的附加值不高，导致该地区在国际上的影响较弱，综合竞争力不强。

另外，尽管珠江三角洲都市经济区已经在空间上形成连绵的城市景观，但是在发展中仍然各城市独立为政，制定各自的经济发展战略和城市规划。从区域全局看，随着城镇化程度的不断提高和都市经济区内部各地区的联系日益频繁，区域内的基础设施和公共服务设施的规划和建设不匹配的矛盾越来越明显。行政界限割裂了统一的经济发展策略，与区域经济合作和协调发展的矛盾越来越大，已经开始制约整个区域的整体竞争力。表现在交通基础设施方面，各地争上机场、港口、火车站等区域性交通基础设施项目，而跨城市的区域性基础设施发展与共

享，以及公共服务设施建设难以协调，区域资源重复配置或衔接性差，难以充分发挥各种设施的经营效率和服务水平。如何优化珠江三角洲都市经济区的功能结构，促进区域内部的经济协作，实现错位发展，共同提升区域竞争力，成为珠江三角洲今后发展中面临的一个关键问题。

四、区域生态格局受到较大的破坏，环境问题突出

珠江三角洲快速的工业化进程，以侵占大量的农业用地和生态用地为代价。建设用地的快速拓展使自然生产力受到严重的破坏，农业用地面积急剧减小，传统的果基、桑基鱼塘等循环经济和生态农业的人工生态系统也在迅速萎缩，著名的"华南坡地"系统正在被城市建设用地（住宅、工厂和道路等）肆意地分割着。区域生态用地较少，生态功能不明确。一些关键性的生态过渡带、生态节点和廊道受到破坏，如山体边缘过渡带、河流的交叉口、河道生态廊道，还没有建立起生态防护体系，平原地区河网的生态安全保护体系严重不足。城市的生态隔离带残缺不全，城市绿地系统建设有待加强，环境污染比较严重。

图 10-10　高速公路建设对山体的破坏

高速公路的建设拦腰切断了一些山体，断绝了山体的天然联系，同时也引发了泥石流、山体滑坡等地质灾害（见图 10-10）。零散的工业布局造成严重的面源污染，导致当地的河流水质下降，增加了流域治理的压力和负担。在生态屏障边缘开发的一些高档居住区和别墅区，也对生态屏障造成很大的破坏，容易引起

崩塌和水土流失，一些连续的自然景观和生态格局受到破坏。总体上看，珠江三角洲地区缺少严格的生态保护和环境保护规划，还没有充分认识到保护环境和生态安全的重要性，生态-景观格局受到持续破坏的趋势令人担忧。珠江三角洲已经承载了非常大的产业规模和人口规模，需要完整的生态屏障作为基础的支撑。提高对珠江三角洲空间安全的认识，加强生态修复和环境治理工作，成为当前刻不容缓的重要任务。

五、区域整体形象有待进一步提升

经过30年快速的工业化和城镇化进程，珠江三角洲都市经济区的经济社会发展取得了可喜的成绩，整个区域获得了长足的发展，乡村景观逐步向城镇景观转型，呈现出城市区域化的发展态势。但是，由于珠江三角洲实行的是"自下而上"和"自上而下"的双轨式城镇化道路，各个村镇基本上是就地工业化和就地城镇化，没有实现人口和产业的空间集中，因此，"村村点火、户户冒烟"的情况在珠江三角洲地区非常普遍，从景观上看到处都是工业厂房，到处都是四层以上的楼房，但一般都是农民在自家原住地址推倒重建，缺少统一的规划指导，楼房之间的间距太小，也缺少村内的主干道，给机动车的通行、供排水和防火等工作带来很大的困难。同时，尽管实现了城镇化的空间形态，但当地农民的身份没有改变，生活习惯也没有改变，并没有享受到城市的文明生活方式，基础设施和社会公共服务设施建设还不到位，形成了"村村像城镇，镇镇像农村"的景观格局。

另外，珠江三角洲都市经济区的人文环境也有待改善。珠江三角洲强大的经济规模和就业机会吸引了全国各地的劳动力在此集聚，外来人口的数量相当可观。大量的外来人口给珠江三角洲创造了巨大的财富，拉动了珠江三角洲的消费需求，促进了第三产业的快速发展，同时也带来一系列社会问题。例如，有的地方社会治安混乱，偷、抢、拐、骗等违法行为多，让来到珠江三角洲的参观者、投资者缺少安全感，一定程度上损害了区域的整体形象。如何改善珠江三角洲的人文环境，加强社会治安管理，增强外来者的安全感和归属感，使珠江三角洲真正成为"投资的乐土、生活的天堂"，也是当前面临的一个突出问题。

第十一章　珠江三角洲都市经济区空间组织的优化与调控

第一节　都市经济区合理的空间组织模式

一、空间组织合理化的基本目标

1. 土地利用集约化

人多地少是我国的基本国情，必须集约利用土地，提高土地利用效率，缓解人地关系的突出矛盾。而都市经济区是人口-产业高度集聚的区域，更应该重视土地的合理利用，实现土地利用的集约化和高效化。但就珠江三角洲的实际情况来看，尽管受地形条件的限制，本地的可利用土地面积有限，但在开发区仍存在大面积的闲置土地，土地粗放经营和浪费的现象还十分严重，还有很大的提升空间，应该通过规划调控和政策引导，加强内部挖潜，不断提高土地利用效率。

2. 交通体系网络化

都市经济区是人流、物流、资金流和信息流高度集中的地方，各种"流"的空间流动性很强，需要发达的交通网络做支撑。一方面是加强都市经济区内部各个城市核心节点之间的空间联系，构建方便快捷的联系通道，逐步从高速公路网向城际轨道交通网转变。另一方面是加强城市核心节点与周边不同地域类型以及中小城镇的交通联系，建设不同等级的公路体系，增强城市核心节点的辐射带动作用。拓展主要城市核心节点的国际航空联系，加强国际贸易和经济联系，提升"门户城市"的国际竞争力。

3. 人居环境宜居化

今后，作为优化开发地区，都市经济区将承载更大规模的人口总量，吸纳越来越多的人口集聚。一方面，都市经济区应该加强基础设施建设，增加城市人口容量，提高人口承载力。另一方面，应该不断改善人居环境质量。人口的增加不能以环境质量的恶化为代价，应该是城镇人口的增加和人居环境的不断改善同步进行，逐步实现都市经济区内部公共服务设施的均等化，建设环境优美、绿色生态的宜居社区，不断提升都市经济区的人居环境质量。

4. 经济结构高级化

生产功能是都市经济区的重要职能，但都市经济区不是一般的生产中心，应该成为高新技术产业集聚的中心、技术创新的中心、更广大区域经济发展的引擎。经济结构的合理化包括产业结构的合理化、技术结构的合理化和产业空间结构的合理化。都市经济区应该占领产业发展的技术高地，加快自主创新，并发展一系列上下游关联的产业，形成相对完整配套体系，不断增加产品的附加值和提高产品质量，不断提升产品的市场竞争力。

5. 区域分工合理化

都市经济区是一种比较综合的地域生产综合体，各种地域类型之间发生着各种各样的产业联系和功能联系。因此，都市经济区内部的各个城市不再是独立的主体，而是都市经济区的一个有机组成部分。每个城市核心节点应该树立一种整体观和大区域观，站在更高的区域层次上进行自身的功能定位，积极推进专业化分工和上下游的产业联系，避免产业的低水平重构和恶性竞争，逐步实现互补协作、错位发展，不断推进都市经济区的分工协作和协调发展。

6. 空间组合最优化

积极引导各种地域类型的空间分布，加快产业集群，实现规模经济和范围经济。调整不同地域类型的空间分布与优化组合，从大区域着眼统筹考虑，重视经济效益、社会效益和生态效益的最大化，逐步从追求局部最优转向整体最优，不断优化都市经济区的地域空间结构，提高空间资源的有效利用。不仅要重视综合交通走廊的发展，也要重视生态走廊的保护与建设，逐步完善环城绿化带和城市绿地系统建设，促进经济社会和自然环境的协同发展。

7. 运行效率高效化

以运行效率高效化作为都市经济区地域空间组织的最终目标。各种地域类型的空间分布和空间组织，不是单纯地关注某个单体或某种地域类型的空间优化，而是重视都市经济区各种地域类型的优化组合，能够实现各种要素流的顺畅流动，充分发挥各种地域类型的功能联系，刺激每一种地域类型的发展活力，提高都市经济区总体的运行效率，增强都市经济区的综合竞争力。

二、合理空间组织形式的探索

都市经济区凭借庞大的经济实力和区域竞争力在全球经济体系中占有非常重要的地位。随着经济全球化和区域经济一体化的深入推进，区域内部和区域之间的经济联系越来越密切，区域之间的竞争也越来越激烈。我国当前正处于社会经济的重要转型时期，人口和产业的空间集聚和区位转移非常频繁，地域空间结构的变动和调整也非常明显。从珠江三角洲都市经济区的实证分析中可以看出，处于成长期的都市经济区的地域空间结构还不尽合理，地域类型的空间组合比较混乱，在地域空间组织过程中还存在一系列的问题。因此，探索都市经济区地域空间结构合理的空间组织形式，优化地域类型的空间组合，提升都市经济区的空间效率，及早确定都市经济区的地域功能分区与空间发展方向，以满足都市经济区空间优化与整合的现实需求，具有非常重要的意义。

通过对珠江三角洲地域类型分布、地域空间结构和地域功能结构的深入分析，以珠江三角洲都市经济区地域空间组织中存在的各种问题为导向，借鉴已有的各种经典空间组织模式，如 Mcgee 的城乡一体化空间组织模式和 Circa 的都市区的空间组织模式（见图 11-1），按照都市经济区地域空间组织合理化的基本目标，以都市经济区 8 种主要的地域类型为空间组合单元，抽象出一种合理的适合中国实际的都市经济区空间组织的优化模型（见图 11-2）。总体思路是将都市经济区的空间范围抽象为一般的圆形区域，各个不同的城市核心节点散布在圆形区域内部，其中影响力最大、实力最强的"门户城市"位居区域的中心，与不同的城市核心节点通过交通干道连接，然后再安排不同地域类型的优化组合模式。

从城市核心节点的空间分布看，基本满足中心地理论，主要的城市核心节点呈现正六边形的空间分布。考虑到不同核心节点发展基础不同，自然环境也相差很大，因此形成了不同规模等级的城市核心节点。处于山区的城市核心节点交通联系不便，发展空间受到较大的限制，因此城市规模较小，如图 11-2 中的东部节点。其他处于平原地区的城市核心节点因为交通联系强度的不同也有规模大小的差异。在中心的"门户城市"周围，也出现了呈六边形分布的卫星城市，但由于发展基础的差异也呈现不同的等级规模，与"门户城市"的联系强度和一体化程度也有所差异。

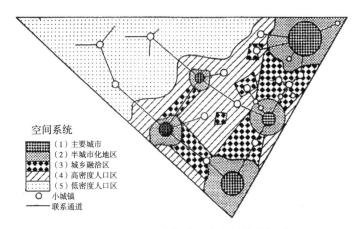

图 11-1　亚洲国家都市区空间结构的假说

资料来源：GIRCA.1990.Spatial configuration of a hypothetical Asian country［J］.Asian GeoGrapher,15(2).

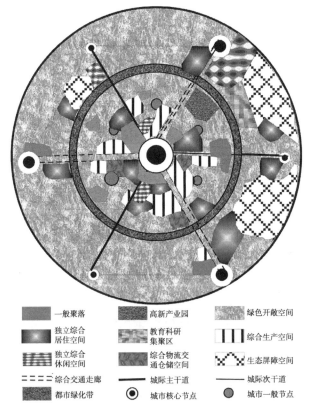

图 11-2　都市经济区空间组织优化模型

从空间分布看，综合交通走廊与各个城市核心节点的等级规模相一致，也呈现出一定的等级分异。由于各种社会经济条件和自然基础的发展限制，各个城市核心节点与"门户城市"联系的主干道也不可能全部发育成为综合交通走廊。而是在经济联系密切、交通干道发达的城市之间形成 2—3 个综合交通走廊，图中的西部走廊和东南部走廊发育比较成熟，东北部综合交通走廊正在成长之中。其他地区与"门户城市"之间的联系可能只是一些高速公路组成的主干道或次干道。也就是说，今后在都市经济区综合交通走廊的规划和培育过程中，应该有主有次，重点发展交通联系密切、经济联系强度大的干线，而不是全面铺开。

从综合生产空间的空间分布看，应该呈现出专业化的分工和集群化的分布特征。从图 11-2 中的分布看，主要集中分布于"门户城市"的西北部和东南部。为了便于人员往来和货物运输，综合生产空间沿主要交通走廊空间展布的特征比较明显。它的另外一个特征是临近综合物流交通仓储空间布局，以便于货物的存储和流通，具有较好的空间组合特征。

从独立综合的居住空间的分布看，临近城市核心节点布局的特征明显，也具有比较明显的交通导向性，多临近城市的主干道两侧分布。受郊区化和机动化的影响，在中心门户城市绿带的外围，也分布着一定比例的独立综合居住空间。这部分独立综合居住空间主要分布于高速公路的出入口或生态环境良好的地区。

从综合物流交通仓储空间的空间分布看，一方面要服务于城市核心节点，另一方面要服务于综合生产空间。因此，其空间分布的合理化应该考虑三个方面的因素：一是临近城市核心节点布局，方便进出城市核心节点的人员和物质流动；二是临近综合生产空间布局，方便原材料和商品的进出；三是要考虑临近交通主干道，具有较便捷的交通运输网络。

从独立综合休闲空间的空间分布看，具有一定的资源约束性和区位选择性。休闲空间应该以本身的区位条件和资源禀赋为基础，同时考虑方便满足城市居民的休闲需要。因此，其空间布局一方面是临近城市核心节点分布，另一方面是结合当地的环境优势，临近环境优美的山区布局，特别是运动休闲型的活动更是如此。另外，也要考虑交通的便捷性，保持与城市核心节点的方便联系。

从绿色开敞空间的空间分布看，由于包括了面积广大的农田，其分布具有一定的遍在性特征，在一定程度上成为都市经济区其他地域类型分布的"基质"。为了保障城市核心节点的环境质量，在其周围特别是"门户"城市周围最好有一个宽度在 2km 以上的绿化带，防止中心城区的过度蔓延。但就城市绿地和城市广场的分布来看，应该进一步提高其在城市核心节点中的比重，优化中心城区人居环境。

从生态屏障空间的空间分布看，其分布具有一定的先天性和固定性。大多数的生态屏障空间远离城市核心节点，一般多分布于城市核心节点绿化带的外围。鉴于生态屏障空间具有调节区域气候、改善环境质量的重要作用，在一些山地较少的都市经济区，应该人为地建设一定面积的生态林作为都市经济区的生态屏障空间，维护都市经济区的生态安全。

第二节　珠江三角洲都市经济区空间组织的优化思路与重大举措

一、树立科学的空间观，重视都市经济区的空间安全

长久以来，以经济建设为中心，抓经济，促生产，成为政府工作的中心任务。随着社会主义市场经济体制的确立，政府直接的经济管理功能不断削弱，服务功能不断增强，正在由直接的经济管理向间接的宏观调控转变。政府在做好服务工作的同时，需要逐步加强空间管理和空间引导工作，构建集约紧凑的地域空间结构。树立科学的空间观，应该充分认识空间的价值属性，空间也是一种稀缺的公共资源，应该重视空间的合理利用，同时应该重视空间安全。

随着全国主体功能区划的出台和实施，国家对于空间资源的管理力度将不断加强。作为优化开发地区的都市经济区，更应该重视空间资源的优化配置和合理利用，提高土地利用效率，加强生态脆弱地区的环境保护工作，保护生态廊道，重视生态安全，为都市经济区的持续健康发展提供有力的生态保障。

二、加强空间规划，提高都市经济区的空间运行效率

珠江三角洲都市经济区土地资源的粗放利用和混乱的发展格局，很大程度上是由于空间规划的缺位造成的。各个城市政府各自为政，缺少统一的对话和沟通，产业结构雷同，重复建设严重，造成部分地区低水平的恶性竞争。珠江三角洲都市经济区作为一个统一的有机整体，应该制定统一的都市经济区空间规划，协调各个城市各个部门的总体规划和专项规划，上下一盘棋，科学配置都市经济区内部的空间资源。在进行空间规划过程中，要树立空间开发和空间保护相结合

的规划思路，不仅要考虑人口的增长、城市面积的扩大、交通设施的拓展、城市发展轴的构建，也要考虑禁止开发区的设置、重要的生态修复工程、生态走廊的严格保护等内容。加强都市经济区的空间管理和优化调控，不断提高都市经济区内部各种活动的空间运行效率，提升都市经济区的总体实力。

三、强化政府合作，实现合理分工和基础设施的共建共享

珠江三角洲都市经济区内的各个城市应该加强政府的合作与对话，推进区域空间整合和经济协作，实现错位发展，共同提高经济实力。重大的基础设施建设应该通过联合论证，合作开发，共建共享，减轻单个政府的财政负担，增加基础设施的利用效率。随着经济联系的不断加强，快速通道建设成为当前比较急需解决的重要问题。随着环境污染的不断加重，各个城市政府的紧密合作和共同治理也提上日程。对于珠江三角洲都市经济区来说，珠江流域水污染的联合治理工程迫在眉睫。

四、优化资源配置，促进各种地域功能的优化组合

加强都市经济区的基础设施建设，促进区内各种生产要素的自由流动。都市经济区内部各个区域是一个有机联系的整体，不同的区域承担着不同的功能。通过政府的政策引导和规划调控等手段，可以引导各种地域类型各种生产活动的优化组合，加快同种生产活动的空间集聚，发挥集聚规模效益。优化各种资源的空间配置，促进各种地域功能的优化组合，逐步形成合理高效的都市经济区功能结构。

五、加快自主创新，提升区域经济的整体竞争力

都市经济区是我国人口-产业高度集聚的区域，是全国经济发展的重心和总引擎。但就目前都市经济区的发展现状看，综合竞争力还不够强，技术水平还不够高，技术外溢和辐射带动作用不强。因此，都市经济区应该积极吸引国内外的优秀人才，大力推进城市核心节点的技术创新，加快科研成果向应用产品的成果转化进程，不断提升产品质量，增加产品在国际市场的竞争力，不断增强都市经济区的区域影响和全球影响。

六、推进环境保护，保障都市经济区环境质量和生态安全

珠江三角洲快速的工业化进程给当地的资源环境造成严重的压力。大规模的工业化大生产造成了比较严重的环境污染，工业粉尘浓度居高不下，水体污染屡见不鲜，水土流失愈演愈烈，生态破坏警钟长鸣，整体的环境质量不容乐观。今后应加强环境保护工作，强化大气、污水及生态环境的综合治理，每年拨付一定的环保基金，支持都市经济区的环境保护工作。特别要重视一些生态脆弱地区的生态修复工程，加强水源涵养地的封山育林工程建设，不断提升区域的环境质量，保障都市经济区的生态安全。

第三节　珠江三角洲都市经济区空间优化的政策措施

一、加快体制创新

目前，珠江三角洲都市经济区的城镇化水平已达到 80％以上，今后一段时间，主要任务应该转向全面提高城市发展质量的核心，提高城镇集聚区和农村散居区的集约利用水平。因此，要加快珠江三角洲都市经济区的制度创新，逐步调整城乡关系，促进经济要素向城镇集聚，走内涵集约式的发展之路。积极引导人口、产业向城镇集聚，通过改革户籍、土地、产业等体制，不断完善地域功能与区域分工，改善城市环境，提高城市的整体素质和吸引力，最终实现产业结构、资源配置、基础设施、科教文卫、生活环境、城市管理和精神文明等方面全方位的现代化发展，并带动农业和农村的现代化。

二、改革户籍、就业、教育制度，完善社会保障体系

人口流动是城镇化的实现机制，只有社会流动程度高的城市才能在激烈的国际、国内竞争中保持旺盛的竞争力。实现流动化社会必须在制度创新和服务设施建设两个方面进行努力。一方面，珠江三角洲各城市（镇）要加快户籍制度改革步伐，淡化土地的生存保障功能，逐步切断离农人口对所拥有土地的依赖性，配套完善其他相关政策；同时大力完善城市功能，加强城市教育、文化、医疗等公共设施建设，大力吸引各方人才，鼓励和引导更多农村居民进入小城镇就业和居住并真正成为城市人。另一方面，加快城镇住房、就业和教育体制的配套改

革。经批准在城市（镇）落户的人员，在子女入学、劳动就业等方面与原城市居民享受同等待遇，履行同等义务，解决进城农民和外来人口的实际问题。与此同时，应使公营单位和民营单位享受同等的人员保障政策，大力吸引人才，确保全社会共同进步。

三、改革土地使用制度

建立合理的土地使用制度是调整城乡关系、适应生产力发展的重要环节，同时也是引导农民进城并解决进城农民双重身份、提高土地使用效率的突破点。

建立异地开发、补充耕地制度，推行较大范围内保证耕地总量动态平衡的土地置换政策，形成一个既保持耕地总量平衡，又能保证城镇发展用地的土地供应体系。要完善城镇建设用地专用指标政策，实行指标"总量控制、封闭运行、台账管理、统计单列、年度检查、到期归还"。建立建设用地折抵和奖励指标政策，对按规划集中迁建的农村居民点和工业企业的已退宅还田、退建还耕的土地，经整理、复垦后，可以进行折抵和奖励。所获得的折抵和奖励指标可在省内有偿流通使用，并在用地指标分配和用地审批上实行倾斜政策。

明晰土地产权关系，在坚持土地有偿使用和严格用途管制的前提下，促进土地使用者通过土地市场依法进行土地使用权的转换和交易。土地流转可以采用不同形式，包括承包土地的转让、转包、互换、入股、反租倒包等。总之，要通过各种有效办法使建设用地向中心城镇集中，鼓励其发展壮大。同时要根据各地存量土地、闲置土地情况，大力盘活存量土地，切实做好土地盘整，走内涵挖潜的可持续发展之路。

落实《中华人民共和国城市规划法》和《中华人民共和国土地管理法》的要求，切实加强规划管理，非农建设仅可在规划允许开发的地段进行。要将土地利用规划和城市总体规划结合起来，制订详细的年度土地开发计划并具体落实到空间。否则，区域内土地原则上都不可进行非农建设，以此抑制非农建设空间的分散和无序扩张，保证集约发展思路和规划思想的贯彻。

四、因势利导进行行政区划调整

珠江三角洲都市经济区的城镇集聚区和农村散居区已连成一片，乡村工业化和乡村城镇化水平非常高，如东莞市厚街镇、虎门镇等常住人口都达到 50 万以上，已经达到大城市的发展规模，但仍是乡镇建制，严重制约了城市发展质量和城市管理水平。要根据现实发展需要对现行行政区划进行调整和重组，合理界定各级政府行使行政权力的空间和内容，并打破现存种种阻碍经济一体化和城镇化发展的"看不见的墙"，适应珠江三角洲地域功能优化和协调发展大局。

大力培育中心城市，强化城市带动作用。根据现实及发展需要，对部分城市进行适当合并，强化城市的集聚效益和服务功能。大力发展中心镇，充分体现集聚效益。要贯彻"合理布局、科学规划、扩张为主、新建为辅、政府推动、市场运作"的小城镇建设方针，通过相应财政、税收、用地配给、空间整合和行政区划调整等政策措施，重点培育一批区位好、综合实力强的县城和重点中心镇发展，并引导分散的乡镇企业向中心城镇集中，提高其工业化、城镇化的水平和质量，使之承担起县级城市所具备的部分职能，带动区域内各镇和广大农村地区向城镇化方向发展。

五、整合城乡建设布局

加强政府导向作用和协调功能，科学规划，突出重点，打破体制和政策壁垒，正确引导资金、人口等生产要素向城镇集中，大力推广"园区"建设的模式，引导城镇集聚发展。在城镇地域，要清晰界定城镇规模和建设区范围，逐步将现有农村居民点和非农建设项目统一纳入城镇建设区范畴。要尽快改变村镇住宅建设无序的局面，引导村民建房从单家独院的形式向联体式、集合公寓式转变，实现"村民上楼"和"住宅进区"。要严格限制乡镇企业的零星布点，通过规划管制和优惠政策，积极引导乡镇企业向开发区和城镇工业小区集中，形成产业集聚，共享城市资源。开发区和工业小区应强化硬件建设和产业集聚机制建设，完善专门性基础设施建设、人才和熟练劳动力培养、产业组织建设、创业支持体系建设等一系列内容，并促进开发区和工业小区与城镇及周边地区的分工协作、联动发展。

尽快实施珠江三角洲都市经济区地域功能分区，加强对各类功能分区的建设引导，提升政府对空间资源的管治能力，合理整合城乡功能和空间关系。在城镇集聚区，要将面向中低收入家庭的住房建设、危房改造和城市生活污水、垃圾处理等必要市政基础设施建设以及文化设施建设作为重点，改善人居环境，完善城市综合服务功能；在农村散居区，要通过撤村并点，减少分散的自然村落数量，大力推行"退建还耕、退山还林、退田还湖"，促进农业产业化、规模化经营，重造山水田园美景，并在大范围内对山、水、田、林、路进行综合规划，实现生产基础设施和生活环境装备的一体化；按照区域绿地和环城绿带规划指引的要求，开展试点探索，典型引路，并尽快把区域绿地和环城绿带规划指引的主要原则上升为地方性法规，在各个部门、各级政府和广大人民群众的大力支持和配合下，统筹规划，协调部署，加大规划管理力度，不断把区域绿地和环城绿带的规划建设工作推向深入。

六、加大环境整治力度

垃圾、废水等废弃物的无害化、减量化和资源化，是城市现代化的标志之一。必须通过经济的、法律的、行政的手段，多管齐下，加强废弃物等的回收利用和处理处置工作。实施有偿收集制度。尽快制订珠江三角洲都市经济区环境废物回收利用和处理处置的经济激励政策，完善废物回收利用和处理处置的市场体制。要广泛推行城镇一般废弃物的有偿收集制度，通过市场化手段减轻垃圾、污水处理设施的建设和营运成本压力，并逐步引入定额制和比例型相结合的办法，促进家庭废弃物排放量减少。

鼓励废弃物的再使用和再生使用。建立资源废弃物的回收、流通渠道。依靠科技进步，推广新产品、新技术的使用，扩大废弃物的分类收集和处理，稳定推进废弃物的再使用和再生使用。

完善区域性的环境整治规划。加快编制区域性的环境整治规划，科学制定环境整治的目标、任务、措施和手段，对处理处置设施及场所进行科学布局。根据人口分布、功能分区及各地的经济发展水平，进行分区管制，如绝对保护圈、严格控制圈、相对控制圈等，按照不同区位，实行对应的环境保护标准。鼓励相邻城镇共建废弃物处理设施。垃圾的焚烧填埋场及污水处理设施的选址和建设，要尽力避免对周围环境的负面冲击。

建立珠江三角洲环保监测网和环保区域协调机制。区域经济发达地区和次发达地区之间、流域上游地区和下游地区之间、非农建设地区和生态保护地区之间，应从社会公平的角度出发，逐步形成相互之间自然资源、劳动力资源、土地和资金的调节和互补机制，并在经济发展和社会分配过程中充分体现对生态保护地区的合理补偿。

第十二章　主要结论与研究展望

第一节　主要结论

随着社会经济的不断发展，人口和产业空间集聚的态势越来越明显，城市密集地区的研究蔚然兴起。从学术界到各级政府，都越来越关注城市密集地区的规划和发展。都市经济区是城市密集地区的一种主要类型，伴随着新一轮全国国土规划的启动和全国主体功能区划的实施，都市经济区的相关研究成为当前研究的一大热点。本研究以珠江三角洲都市经济区作为主要的案例区，运用现代遥感和GIS分析技术，全面借鉴国内外相关研究成果，对珠江三角洲的地域类型构成及空间组织进行了系统深入的研究。在探讨都市经济区基本理论的基础上，重点分析了珠江三角洲都市经济区的总体特征、地域构成、各种地域类型的空间分布特征、空间相互关系、地域空间结构的形成机理及演化趋势等方面，并结合珠江三角洲地域空间组织中存在的主要问题，提出了都市经济区地域空间组织优化的模型及主要的优化措施。具体而言，本书的研究包括以下结论。

（1）都市经济区是在经济全球化背景下结合新时期国土规划和主体功能区划的国家战略需求而产生的，更注重区域的功能分异和空间联系，可以从理论和实践方面指导区域的良性协调发展。概括而言，都市经济区是一个复杂的开放的区域系统。既是多级城市等级有序的有机组合，又是多种密切相关的经济活动在区域内的空间叠加，也是自然要素和社会人文要素的高度复合。按照功能主导性原则、结构相似性原则、规模等级性原则和容易识别性原则进行全面考虑，综合分析不同地域的主体功能及空间分布特征，可以将都市经济区内部划分为8种主要的地域类型，分别是：城市核心节点、综合交通走廊、综合生产空间、综合物流交通仓储空间、独立综合居住空间、独立综合休闲空间、绿色开敞空间和生态屏障空间。

（2）都市经济区是在长期的历史发展中逐步形成的，根据不同阶段的发育程度和空间形态，可以将都市经济区的形成和演化过程分为四个阶段：独立发育阶段、近域扩散阶段、轴辐发育阶段和网络化发育阶段。随着都市经济区逐步发育成熟，交通体系的网络化布局越来越明显，各个城市节点的经济联系越来越密切，空间协作能力增强，呈现出集中连片的分布格局，逐步形成圈层分布的空间结构、等级分化的规模结构、协调互补的功能结构，成为高集聚、高效率、高水平的城镇化地区。都市经济区是一个有机的系统，具有自身的空间自组织机制，不断促进各种地域类型的空间竞争和协同发展，逐步实现地域空间组织的有序化。它受到环境本底的天然约束并存在内在的机理和演化动力。从空间作用的主体看，都市经济区地域空间结构的形成主要受企业产业的区位选择与空间集聚、市场力量的推动引导和区域政府的规划调控三个方面的影响。

（3）改革开放以后，珠江三角洲地区保持持续快速的发展态势，已经成为经济实力雄厚、发育程度较好的都市经济区之一，在我国的区域经济格局中占据非常重要的地位。从总体的空间形态看，珠江三角洲的核心区主要分布于珠江口两岸，已经出现集中连片的发展态势。外围地区的发展有些破碎，城镇化地区与农业地区交错分布，布局混杂。核心区和外围地区具有明显的空间差异，表现为明显的圈层结构。

（4）改革开放30多年来，珠江三角洲都市经济区的经济规模、城镇形态和地域功能都发生了剧烈了变化。从5期的遥感影像解译结果看，城镇集聚区的面积由改革开放前不足300km² 扩展到2008年的2949km²，扩展了近10倍。而农村散居区的面积也由1980年代的1574km² 增加到2008年的2075km²，乡村城镇化进程不断加快。工矿产业区的面积由20世纪80年代的337km² 增长到2008年的2852km²，增长到近8.5倍，乡村工业化呈现面状蔓延的演化态势。与城镇集聚区和产业区的急剧扩张相对应，珠江三角洲都市经济区的农田耕作区面积急剧减少，2005年与20世纪80年代相比减少了一半，仅剩下54.21万公顷，其中旱田减少的速率和幅度更大。另外，以林地和草地为主的生态屏障区与绿化休闲区也呈现不同幅度的减少态势。

（5）珠江三角洲都市经济区各种地域类型的空间分布具有较强的规律性和空间相关性，基本表现为各种地域类型的向心型分布、交通导向型分布、各地域类型的集聚分布以及空间分布的路径依赖性等方面。各种地域类型空间分布格局的形成，是社会–经济–生态系统中多种因素共同作用的结果。经济的、社会的、自然的、历史的各种因素相互影响，交互作用，使珠江三角洲都市经济区基本形成了"一环、两片、三轴"的空间形态，呈现出"两片集聚、三轴拓展、多极辐射"的空间演化格局。依托广佛都市圈的外环线形成的集聚片区和深圳、东莞城市核心节点形成的集聚片区，吸引珠江三角洲人口-产业的进一步集聚，不断促进珠江三角洲的结构分异和空间整合。在两个集聚区的基础上，沿着三条主要的发展轴进行空间拓展和人口-产业的集聚与扩散，向外拓展都市经济区的各项功能。另外，每个城市核心节点都是区域中的一个增长极，作为一个增长核心辐射带动周边地区的发展，呈现多极辐射的空间格局。

（6）珠江三角洲都市经济区地域空间结构的形成，具有内在的演化机理。既有空间自组织的自然驱动，也有制度、规划调控、行为偏好等空间他组织的多种驱动力量，共同促进了珠江三角洲网络化的空间组织形态。具体的形成机理包括自然条件的天然约束、路径依赖和区位选择的优化配置、地价的引导与调控、规划调控与政策引导、劳动地域分工及合作、居住偏好以及居民的区位选择等方面。同时总结都市经济区地域功能演化的主要驱动力，认为以经济效益最大化为导向的经济驱动力是推动都市经济区地域功能演化的主要动力，政策引导与规划调控是引导地域功能结构优化的主要动力。在这些机制的共同作用下，随着工业化和城镇化进程的快速推进，珠江三角洲都市经济区将呈现出空间上都市连绵化的发展态势。城市核心节点的集群化分布比较明显，总体上呈现一种组团化、协作化的结构形态，不断推动都市经济区空间结构的有序化和等级规模结构的合理化。珠江三角洲都市经济区经过多年的发展与整合，地域功能的专业化分工已经比较成熟，区域内部的功能结构也逐步趋向合理化，功能互补性不断增强。

（7）从不同地域类型的空间分布及地域组合看，珠江三角洲总体的空间分布比较混乱，各种地域类型的分布错综复杂，犬牙交错。圈地现象比较突出，存在相当数量的空地，土地利用比较粗放。珠江三角洲主要是以生产功能和流通功能为主体，创新功能和辐射带动功能还比较弱，腹地范围十分有限，不利于整个地区提高经济运行效率和综合竞争力。产业结构雷同的现象仍然十分严重，缺少合理的区域分工，造成无谓的内耗和恶性竞争，没有形成发展的合力。区域生态格局受到较大的破坏，环境问题比较突出。尽管实现了城镇化的空间形态，但当地农民的身份没有改变，生活习惯也没有改变，并没有享受到城市的文明生活方式，基础设施和社会公共服务设施建设还不到位，形成了"村村像城镇，镇镇像农村"的景观格局，区域整体形象有待进一步提升。

（8）今后应不断加强珠江三角洲都市经济区的空间管理和优化调控，逐步实现土地利用集约化、交通体系网络化、人居环境宜居化、经济结构高级化、区域分工合理化、空间组合最优化和运行效率高效化。为了构建集约紧凑的地域空间结构，应该树立科学的空间观，特别要充分认识到空间的价值属性，空间也是一种稀缺的公共资源，应该重视空间的合理利用，同时应该重视空间安全。树立科学的空间观，重视都市经济区的空间安全；加强空间规划，提高都市经济区的空间运行效率；强化政府合作，实现合理分工和基础设施的共建共享；优化资源配置，促进各种地域功能的优化组合；加快自主创新，提升都市经济区的整体竞争力；推进环境保护，保障都市经济区环境质量和生态安全。

第二节　研究不足与展望

一、研究不足

（1）本书运用遥感和 GIS 方法对各种地域功能的发展演化进行了室内判读，但由于不同时段的数据分辨率、分类以及时段的影响，对地域斑块的判别有一定的误差，准确性和典型性受到一定制约。

（2）本书的研究重点放在了各种地域功能的空间演化上面，主要解决了空间层面的问题，由于受数据获得的限制，没有和微观统计单元（乡镇、街道）的统计资料结合起来，因此对两者之间的经济联系强度分析略显不足。

（3）由于受时间和篇幅的限制，本研究对各种地域功能形成演化的驱动力以及生态环境效应研究不够深入，将成为今后进一步加强研究的重要方向。

二、有待进一步探讨的问题

1. 研究方法的适用性问题

地域空间结构是地理学研究的重要领域。深入剖析某个地域的空间构成特征和分布规律，准确把握地域空间结构，是进行空间管理和区域调控的基本依据。以往使用的数理统计方法（如主成分分析、聚类分析等）一般以区县为基本单元，研究尺度过大，不能反映县域内部各种社会经济活动真实的空间分布情况，各种空间分布示意图和定性分析更是缺少规范性，只能概略地反映该区域的大体情况。就目前来看，对于地域类型的识别还没有很成熟的研究方法。本书尝试借鉴遥感和 GIS 技术进行地域类型的识别，力图真实地刻画各种地域类型的实际空间分布特征，为地域类型的研究提供了新的思路，增强了地域类型研究的准确性和科学性，从这个角度讲，本书的研究方法具有很大的创新性，对于地域类型的研究具有重要的推动作用。

但是，由于本书以珠江三角洲作为研究对象，研究范围很大，造成图像处理和类型识别的工作量非常大。粗略算来，本书集中处理图像花费的时间大概有四个多月，付出了比较多的时间成本和研究精力。对于大尺度的地域空间结构，是否有更加方便快捷的研究方法，有待进一步探索。如果是中小尺度的研究，选择一个城市或其中的一个市辖区，运用这种空间识别方法还是可行的，也是比较准确的。

2. 地域类型的划分方法问题

进行都市经济区地域类型及地域空间结构的研究，首先应该弄清楚都市经济区应该包括哪些主要的地域类型，在做研究的初期这也是困扰笔者的一大问题。随着对相关文献的查阅和深入地思考，参照城市土地利用类型分类进行了一个初步的分类，进一步征询导师和研究组其他老师的意见，才最后确定了文中的 8 种类型。应该说，从大的地域功能上看，这 8 种地域类型基本包括了都市经济区内部所有的地域功能。但在实际识别中遇到一些问题，如果使用遥感软件进行自动分类，只能分出建成区和农田、水田、林地等自然地物，对于建成区内部的生产空间、居住空间、物流仓储空间等是无法识别的，必须进行人工识别。更难处理的问题是珠江三角洲地区很多乡镇的居住和工业生产是混杂在一起的，对这些地区很难划分出明确的界线，因此图上的判别与真实的空间分布可能存在一定的偏差。划分方法能否进一步科学化和定量化，是一个值得探讨的命题。

3. 都市经济区的边界确定

都市经济区具有动态性的发展特征，空间范围也是动态的，但对于一定的发展阶段来说，边界范围还是相对稳定的。都市经济区的边界确定也是一个重要的科学问题。由于本书以都市经济区的内部地域构成作为主要的研究对象，边界范围不是必须解决的问题，加上图像的处理量较大，在时间和精力上不允许考虑更多的研究内容。因此，本书仍然以官方公认的传统的珠江三角洲的 9 个地级市加上香港、澳门特别行政区作为珠江三角洲都市经济区的边界范围。在今后的研究工作中，可以借鉴重力模型、空间相互作用模型、断裂点模型等判别方法，对珠江三角洲都市经济区的边界范围作一个系统的分析和确定。

4. 都市经济区的形成过程及演化机理研究

过程研究对于了解事物的演化特征和演化规律具有非常重要的作用。本书以珠江三角洲为研究对象，着重探讨了都市经济区的空间分布格局及整体的空间演化过程，但对各种地域类型的分析仅限于 2007 年的时间断面。对于都市经济区各种地域类型的空间演变过程缺少纵断面的分析和对比研究，不能准确把握各种地域类型的空间演变过程和演变规律。今后在数据可获得和时间允许的情况下，应该选取不同的时间断面进行系统地对比研究，全面掌握都市经济区各种地域类型的演化过程。以便准确地把握地域类型的演化态势，有的放矢地进行空间管理和优化调控。本书对都市经济区地域空间结构的演化机理进行了初步的研究，但尚显薄弱，不够系统深入。特别是把都市经济区作为一个有机的整体，其内在的形成机理如何，各种力量的作用强度有多大，需要把握哪些主要的因素进行空间管理和调控，都是有待进一步研究的重要课题。

5. 都市经济区的功能结构及相互作用机制研究

都市经济区是一个紧密联系的有机整体，不同的地域类型具有不同的地域功能，协调互补，交错分布。但到目前为止，对于都市经济区功能结构的研究还不够深入，还不能准确把握如何才是合理的功能结构，更不能明确各种地域类型的重要性和相互作用强度。比如，为了保证都市经济区的良性运转，需要多大比例的生产空间，需要多少的生态屏障空间，需要多少的绿色开敞空间。保证多大比例的生态屏障空间，保护好哪些生态屏障空间才能保证都市经济区的生态安全？如此等等，一系列的问题还有待进行深入的研究，方能揭示都市经济区的功能类型及重要程度，才能科学地加以重点保护和优化调控，不断促进都市经济区地域空间结构的合理化。

本书的出版并不意味着结束，恰恰是一个新的开始，对于以上讨论中关于都市经济区的诸多问题，将成为今后科研工作进一步努力的方向。也希望本书能够起到抛砖引玉的作用，引起更多的共鸣和注意力，能够出现更多关于都市经济区的研究成果，丰富都市经济区及区域空间结构的理论研究，同时也更好地指导我国的空间管理实践，促进我国都市经济区的可持续发展。

三、研究展望

在经济全球化与信息化时代背景下，都市经济区作为国家参与全球竞争与国际分工的全新地域单元，其发展正在深刻地影响着我国的国际竞争力。中国的都市经济区是中国未来经济发展格局中最具活力和潜力的核心地区，是我国主体功能区划中的重点开发区和优化开发区，在全国生产力布局格局中起着战略支撑点和增长极点的作用。正由于如此，我国"十二五"规划明确提出，实施主体功能区战略，促进区域协调发展。以都市经济区为代表的优化开发区和重点开发区将成为新时期我国区域经济发展的关键引擎，优化都市经济区的空间布局，提升都市经济区的整体功能成为今后一段时期国家、地方政府和广大学者共同关注的核心问题之一。

都市经济区已经成为我国经济发展的重要引擎，在今后相当长的时期内，承担着引领中国区域经济发展的重任。今后应重点关注以下方面的问题：①如何发挥都市经济区的辐射带动作用，加大整合力度，形成突出特色、优势互补、密切合作、共同发展的区域经济协调格局；②如何利用现有产业优势打造都市经济区的特色产业集群；③如何利用政策导向加快经济结构调整和产业布局优化，提升产业等级，提高区域经济竞争力；④如何打破行政壁垒，加快都市经济区的体制创新和政府职能转变，打造效能政府，优化发展环境的政策导向；⑤如何实现都市经济区的人口产业集聚与生态环境的协调发展。

都市经济区高密度的聚集导致高强度的相互作用，拉动都市经济区高速成长的同时，将造成高风险的生态环境威胁，这又使都市经济区成为我国一系列生态环境问题高度集中且激化的敏感地区。如何应对未来大规模人口和产业向都市经济区进一步集聚导致的资源环境挑战？如何实现都市经济区生态环境承载力与社会经济的协调发展？如何科学测算都市经济区生态环境容量？这些都是急需重视和研究的课题。这些问题的解决，对推动我国都市经济区又好又快地健康发展，建设资源节约型、环境友好型、生态型和低碳型的都市经济区等都具有十分重要的现实意义。

参考文献

一、中文参考文献

富田和晓.1995.大都市圈的结构演化[M].东京:古今书院:14-79.

安筱鹏.2003.城市区域协调发展的制度变迁与组织创新[D].大连:东北财经大学.

白廷斌.2000.滇西北旅游业地域发展类型划分研究[J].地域研究与开发,19(4):83-86.

夏征农,等.1979.辞海[M].上海:上海辞书出版社:4106-4265.

曹传新.2004.大都市区形成演化机理与调控研究[D].长春:东北师范大学.

曹传新,韩守庆,李诚固,包红玉.2005.长春大都市区形成发育结构特征和空间发展形态调控.东
　　北师大学报:自然科学版,37(2):117-121.

陈平.2002.劳动分工的起源与制约[J].经济学(1):15.

陈田.1987.中国城市经济影响区域系统的初步分析[J].地理学报(4294):308-318.

陈雯,等.2001.苏锡常地区的产业选择与空间组织[J].经济地理(21)6:679-684.

陈秀山.2005.区域经济基础理论[M].武汉:武汉大学出版社:10-82.

陈修颖.2005.区域空间重组:理论与实证研究[D].南京:东南大学出版社:112-139.

丁万钧.2004.大都市区土地利用空间演化机理与可持续发展研究[D].长春:东北师范大学.

杜德斌,宁越敏.1999.论上海与长江三角洲城市带的协调发展[J].华东师范大学学报:哲学社会
　　科学版,4:88-90.

段进.2001.城市空间发展论[M].南京:江苏科学技术出版社:1-164.

樊杰,等.2001.中国西部开发战略创新的经济地理学理论基础[J].地理学报,56(6):711-721.

顾朝林.1987.地域城镇体系组织结构模式研究[J].城市规划汇刊(2):37-46.

顾朝林,等.1994.中国大城市空间增长形态[J].城市规划(5):45-50.

顾朝林,等.1993.中国大城市边缘区特性研究[J].地理学报,48(4):317-328.

顾朝林,张敏.2000.长江三角洲城市连绵区发展战略研究[J].城市研究,1:7-12.

顾朝林.2003.城镇化的国际研究[J].城市规划,6(27):19-24.

顾朝林,等.2005.全球化与重建国家城市体系设想[J].地理科学,6(25):641-653.

顾朝林.2006.中国城市发展的新趋势[J].城市规划,3(30):26-31.

胡必亮.1999.我们需要什么样的城镇化？[J].经济工作导刊,11:17-18.

胡序威.1998.沿海城镇密集地区空间集聚与扩散研究[J].城市规划(6):22.

胡序威,周一星,顾朝林.2000.中国沿海城镇密集地区空间集聚与扩散研究[M].北京:科学出版社:70-95.

胡序威.2006.中国区域规划的演变与展望[J].地理学报,6(61):585-592.

姜怀宇.2006.大都市区地域空间结构演化的微观动力研究[D].长春:东北师范大学.

金祥荣,朱希伟.2002.专业化产业区的起源与演化[J].经济研究(8):74-82.

李健,宁越敏,石崧.2006.长江三角洲城镇化发展与大都市圈圈层重构[J].城市规划学刊(3):16-21.

李罗力,郭万达,丁四保.2005.透视深港发展与大珠江三角洲融合[M].北京:中国经济出版社:105-106.

李培祥.2004.东北地区城市与区域相互作用机理及模式研究[D].长春:东北师范大学.

李瑞林,骆华松.2007.区域经济一体化:内涵、效应与实现途径[J].经济问题探索(1):52-57.

李世超.1989.关于城市带的研究[J].人文地理,4(1):34-44.

李王鸣,李疏贝.2005.杭州都市区新城发展特点与发展策略研究[J].浙江大学学报:理学版,1(32):108-115.

李晓文,等.2003.西北干旱区城市土地利用变化及其区域生态环境效应:以甘肃河西地区为例[J].第四纪研究,23(3):280-290.

林彰平.2002.基于GIS的东北农牧交错带土地利用变化的生态环境效应案例分析[J].地域研究与开发,21(4):51-54.

刘加顺.2005.都市圈的形成机理及协调发展研究[D].武汉:武汉理工大学.

刘君德,马祖琦.2003.都市区概念辨析与行政地域都市区类型划分[J].中国方域(4):2-4.

刘荣增.2003.城镇密集区发展演化机制与整合[M].北京:经济科学出版社:14-27.

刘盛和,陈田,蔡建明.2004.中国半城镇化现象及其研究重点[J].地理学报,59(增刊):101-108.

刘卫东,等.2003.中国西部开发重点区域规划前期研究[M].北京:商务印书馆:216-300.

宁越敏.2003.国外大都市区规划体系评述[J].世界地理研究,1(12):36-43.

陆大道.1995.区域发展及其空间结构[M].北京:科学出版社:98-103.

陆大道.2004.区域发展的理论与实践[M].北京:科学出版社:20-55.

陆大道.2002.国民经济战略性结构调整的区域响应[J].地域研究与开发,3(21):8-12.

陆大道.2005.关于东北振兴与可持续发展的若干建议[J].北方经济,4:5-11.

陆玉麒.2002.区域双核结构模式的形成机理[J].地理学报,1(57):85-95.

骆华松,等.1999.关于综合地理区划若干问题的探讨[J].地理科学,19(3):193-197.

罗海明,等.2005.美国大都市区界定指标体系新进展[J].国外城市规划,20(3):50-53.

吕拉昌.1998."两栖"发展战略与珠江三角洲的可持续发展[J].热带地理,18(2):147-150.

毛汉英.2005.武汉城市圈经济一体化的途径与对策[J].学习与实践,10:15-19.

明娟.2007.珠江三角洲制造业产业竞争力研究[D].广州:华南师范大学.

年福华,姚士谋,陈振光.2002.试论城市群区域内的网络化组织[J].地理科学,5(22):568-572.

宁越敏,等.1998.长江三角洲都市连绵区形成机制与跨区域规划研究[J].城市规划(1):1-16.

潘竞虎,刘菊玲.2005.黄河源区土地利用和景观格局变化及其生态环境效应[J].干旱区资源与环境,19(4):69-74.

彭震伟.1998.区域研究与区域规划[M].上海:同济大学出版社:25-52.

仇方道,伍光和.2003.甘肃省自然资源地域组合类型与开发模式研究[J].干旱区地理,26(4):329-333.

石培基.2000.甘川青交接区域民族经济地域类型及其分区发展模式研究[J].经济地理,20(7):20-25.

史培军.2004.土地利用/覆盖变化与生态安全响应机制[M].北京:科学出版社.

施倩.1997.上海大都市区的界定及其形成机制分析[J].现代城市研究(3):15-18.

石崧.2005.从劳动空间分工到大都市区空间组织[D].上海:华东师范大学:149-150.

沈道齐.1999.城镇化进程与城市可持续发展[R]//杨汝万,陆大道,沈建法.迈向21世纪的中国:城乡与区域发展.香港:香港中文大学亚太研究所:161-175.

史育龙,周一星.1997.关于大都市带(都市连绵区)研究的论争及近今进展的述评[J].国外城市规划,2.

宋家泰.1980.城市-区域与城市区域调查研究——城市发展的区域经济基础调查研究[J].地理学报,35(4):277-287.

孙加风,等.2006.哈尔滨都市圈资源型城市发展构想[J].规划师,4(22):17-21.

孙贤国,曹康琳,王鹏.1999.广东省耕地资源变化的地域类型研究[J].地理科学进展,18(2):186-191.

孙一飞.1995.城镇密集区的界定[J].经济地理,15(3):36-40.

汤茂林.2004.全球化时代城市与区域发展特征[J].中学地理教学参考,12:4-5.

陶希东.2005.跨省区域治理:中国跨省都市圈经济整合的新思路[J].地理科学,5(25):529-536.

田明,樊杰.2003.新产业区的形成机制及其与传统空间组织理论的关系[J].地理科学进展,2(22):186-194.

王国霞,蔡建明.2008.都市区空间范围的划分方法[J].经济地理,28(2):191-195.

王娇.2006.珠江三角洲地区城市建成区扩展时空过程及影响因素[D].北京:中科院遥感所.

王珏,叶涛.2004.中国都市区及都市连绵区划分探讨[J].地域研究与开发,23(3):13-16.

王开泳,陈田.2008.珠江三角洲都市经济区内部地域构成的判别与分析[J].地理学报,63(8):820-828.

王荣成.1999.东北区资源地域类型与区域成长模式[J].经济地理,19(1):94-100.

王士君.2001.城市相互作用关系的一种新模式[J].地理科学,6(21):558-563.

王维工.2004.长江三角洲经济区域发展结构及其系统学研究[D].上海:东华大学.

王玉宽,等.2005.对生态屏障概念内涵与价值的认识[J].山地学报,23(5):431-436.

乌钢.2007.基于GIS的东北农牧交错带土地利用变化的生态环境效应案例分析[J].陕西青年管理干部学院,20(2):11-14.

吴泓,陈修颖,顾朝林.2003.基于非场所理论的徐州都市圈发展研究[J],经济地理,6(23):766-770.

吴超.2005.城市区域协调发展研究[D].中山:广州大学.

吴云清,杨山.2002.都市发展区的范围界定在大城市规划中的应用——以南京市为例[J].城市规划,26(6):26-29.

谢涤湘,魏清泉,梁志伟.2005.城市边缘区绿色开敞空间的保护与利用研究[J].生态经济,11:37-41.

谢守红,宁越敏.2003.城镇化与郊区化:转型期都市空间变化的引擎:对广州的实证分析[J].城市规划,11(27):24-30.

谢守红.2003.大都市区空间组织的形成演化研究[D].上海:华东师范大学.

中国科学院地理科学与资源研究所,国土资源部规划司.新一轮全国国土规划前期研究[R].北京:中国科学研究院,2006.

徐海贤,顾朝林.2002.温州大都市区形成机制及其空间结构研究[J].人文地理,2(17):18-22.

徐梦洁,曲福田.2002.江苏省耕地资源利用的地域类型研究[J].农业系统科学与综合研究,18(3):161-164.

许学强.1992.珠江三角洲城镇化的回顾与前瞻[M]//中山大学珠江三角洲经济发展与管理研究中心.珠江三角洲经济发展回顾与前瞻.广州:中山大学出版社:15-28.

薛凤旋.2005.CEPA后的香港都会区发展策略[J].国外城市规划,2(20):66-70.

薛凤旋,郑艳婷.2005.我国都会经济区的形成及其界定[J].经济地理,25(6):827-833.

延昊,等.2004.风蚀对中国北方脆弱生态系统碳循环的影响[J].第四纪研究,24(6):672-677.

晏群.2006."都市圈"杂谈[J].城市,1:24-26.

杨风亭,等.2004.中国东南红壤丘陵区土地利用变化的生态环境效应研究进展[J].地理科学进展,23(5):43-55.

姚士谋.1992.中国的城市群[M].合肥:中国科技大学出版社:5-37.

于涛方.2004.基于行业门类人口的长江三角洲地区区域结构研究[J].中国人口科学,5:48-56.

于涛方,吴志强.2005.长江三角洲都市连绵区边界界定研究[J].长江流域资源与环境,14(7): 397-403.

于涛方.2005.京津冀全球城市区域边界研究[J].地理与地理信息科学,21(4):45-50.

于涛方,吴志强.2006.京津冀地区区域结构与重构[J].城市规划,30(9):36-41.

袁瑞娟,宁越敏.1999.全球化与发展中国家的城市发展[J].城市问题,5:8-12.

袁中友,杜继丰,王枫.2009.珠江三角洲地区耕地资源速减原因及其保护对策[J].安徽农业科 学,37(10)4581-4583.

岳文泽,徐建华,徐丽华.2006.基于遥感影像的城市土地利用生态环境效应研究:以城市热环境 和植被指数为例[J].生态学报,26(5):1450-1460.

张健.2008.安徽东部地区土地利用变化的生态环境效应评价[J].安徽农业大学学报,35(3):352-358.

张军涛,刘锋.2000.区域地理学[M].青岛:青岛出版社:30-47.

张晓明.2006.长江三角洲巨型城市区特征分析[J].地理学报,61(10):1025-1036.

张晓平,陆大道.2002.开发区土地开发的区域效应及协同机制分析[J].资源科学,5(24):32-38.

张晓平.2007.我国中部地区都市经济区空间组织体系研究[J].地理科学进展,26(6):57-67.

赵晓斌,陈振光,薛德敖.2002.全球化和当代中国大城市发展趋势[J].张雯,译.国外城市规划,5: 7-15.

甄峰,顾朝林.2000.广东省区域空间结构及其调控研究[J].人文地理,4(15):10-15.

甄峰,等.2000.改革开放以来广东省空间极化研究[J].地理科学,5(20)5:403-410.

郑度,傅小锋.1999.关于综合地理区划若干问题的探讨[J].地理科学,19(3):193-197.

周民良.2010.建言中国区域协调发展[N].科学时报,06-22(A3).

周平德.2002.珠江三角洲地区一体化交通运输网络发展构想[J].热带地理,22(4):209-303.

周淑贞.1997.气象学与气候学[M].北京:高等教育出版社.

周一星.1995.城市地理学[M].北京:商务印书馆:145-160.

周一星,张莉.2003.改革开放条件下的中国城市经济区[J].地理学报,2(58):271-284.

周一星.2003.认识上海,发展现代化国际大都市[J].现代城市研究,1:3-6.

周一星,等.2001.济宁-曲阜都市发展战略规划探讨[J].城市规划,12(25):7-13.

朱英明.2002.我国城市地域结构特征及发展趋势研究[J].南京社会科学,7:19-23.

朱英明.2006.中国城市群区集聚式城镇化发展研究[J].工业技术经济,1(25):2-4.

朱英明.2006.产业空间结构与地区产业增长研究:基于长江三角洲城市群制造业的研究[J].经 济地理,3(26):387-390.

二、英文参考文献

SCOTT A.2001.Global city-regions [M].New York:Oxford University Press.

KIPNIS B A.1997.Dynamics and potential of Israel's megalopolitan process[J].Urban Studies,34(3):489-501.

BEURS K M,HENEBRY G M.2004.Land surface phenogy,climatic variation,and institutional change:analyzing agriculture land cover change in Kazakhstan [J].Remote Sensing of Environment,89(4):497-509.

BRYANT C R,RUSSWURN L H,MCLELLAN A G.1982.The city's countryside:land and its management in the rural-urban fringe[M].New York:Longman Inc.

DAVIS C,SCHAUB T.2005.A transboundary study of urban sprawl in the Pacific Coast region of North America:the benefits of multiple measurement methods[J].International Journal of Applied Earth Observation and Geoinformation(7):268-283.

DANIEL T.MCGRAT H.2005.More evidence on the spatial scale of cities [J].Journal of Urban Economics,58:1-10.

DAVIES L.1997.Four world cities:a comparative study of London,Paris,New York and Tokyo[D].London:University College London,Comedian.

DIOXIDES C A.1970.Man's movements and his settlements[J].Ekistics,29:174.

FRIEDMAN J, WOLFF G. 1982. World city formation: an agenda for research and action [J]. International Journal of Urban and Regional Research,6(3):309-344.

FRIEDMAN J.1973.Urbanization, planning and national development[M].London:Sage Publlication:6-7.

GARREAU J.Edge city:life on the new frontier.New York:Doubleday,1991.

GOTTMANN J.1957.Megalopolis:or the urbanization of the northeastern Seaboard[J].Economy Geography,33:189-220.

HAGERSTRAND T.1968.Innovation diffusion as a spatial process[M].Chicago:University of Chicago Process:124-168.

HAGGETT P,CLIFF A D.1977.Locational models[M].London:Edward,Amold Ltd.:37-69.

HALL P.1996.Revisiting the non-place urban realm:have we come full circle? [J].International Planning Studies (3):7-15.

HALL P.1998.Globalization and the world cities[M]//FU-CHEN LO,YUE-MAN YEUNG.Globalization and the world of large cities.Tokyo:United Nations University Press:17-36.

HALL P.1999.Planning for the mega-city:a new eastern Asian urban form? [M]//BROTCHIE J,

NEWTON P,HALL P.East west perspectives on 21st century urban development:sustainable eastern and western cities in the new millennium.Aldershot:Ashgate:3-36.

HARVEY D.1995.Cities or urbanization? [J].City(1-2):38-61.

MCGEE.1987.Urbanisasi or kotadesasi? The emergence of new regions of economic interaction in asia [M].Honolulu:EWCEAPI.

MCGEE T G.1995.Metro fitting in emerging mega-urban region in ASEAN:an overview [C]// MEGEE T G,ROBINSON.The mega-urban regions of southeast Asia[C].Vancouver:UBC Press:3-26.

RONDINELLI D A.1985.Applied methods of regional analysis:the spatial dimensions of development policy.Bouider:West View Press:143-156.

SASSEN S.1991.The global city:New York,London,Tokyo.Princeton,NJ :Princeton University:21-46.

SHACHAR A.1994.Randstad Holland:a world city.Urban Studies,31(3):381-400.

ULLMAN E L.1957.American Commodity Flow[M].Seattle:University of Washington Press:60-73.

VICTOR F S.1996.Mega-city,extended metropolitan region,Desakota and exo-urbanization:an introduction[J].Asian Geographer,15(1-2):1-14.

WATTERS R F,MCGEE T.1997.Asia Pacific:new geographies of the pacific rim.London:Hurst and Company:29-45.

ZHOU Y X.1991.The metropolitan interlocking region in China:a preliminary hypothesis[M]//GINS N.The extended metropolis:settlement transition in Asia.Honolulu:University of Hawaii Press:89-111.

后 记

从 2002 年到华南师范大学地理科学学院攻读硕士研究生开始，我与珠江三角洲就结下了不解之缘。研究生阶段的第一篇论文，写的是珠江三角洲的区域合作问题。2006 年，我参与樊杰研究员主持的《广东省国土规划》的编制，对珠江三角洲进行了全面深入的实地调研，获得了很多第一手的数据和资料。此时恰好是国家主体功能区规划的编制时期，优化开发地区的功能识别与空间管制问题成为一项重要的研究课题。于是，2006 年底，博士论文开题，导师陈田研究员建议我做珠江三角洲地区的地域功能识别与空间组织研究。2008 年博士毕业后我继续在中国科学院地理科学与资源研究所从事博士后研究，继续选择了珠江三角洲都市经济区的地域功能演化作为我的研究报告。由此，这篇专著的主体内容已经基本成型。

我的学术生涯中第一本专著终于成稿，这本书凝练了我博士和博士后期间研究的主要成果。从博士论文启动研究到博士后出站报告，持续了 6 年，从酝酿出版到现在正式发行，又历经了四年，若不是恩师陈田研究员的几次督促，可能到现在还没有付梓出版。看着这本终于成稿的著作，心中感慨万千，涌动着千思万绪和不尽的感激。首先向一直关心、支持、指导和帮助我的恩师陈田研究员致以最衷心的感谢！

陈田老师是中国科学院地理科学与资源研究所城市与区域发展方面的资深专家，从攻读博士学位，到博士后研究，再到博士后出站加入陈田老师的科研团队，我一直在感恩陈老师对我无私的帮助和支持，跟随陈老师学习和工作是我一辈子的荣幸！一直以来，陈老师对我的科研和学术成长倾注了大量的心血，给予我大力的支持和莫大的帮助。陈老师敏锐的思维与渊博的知识让我如沐春风，醍醐灌顶。正是陈老师的言传身教和殷切希望，敦促我在中科院这个科学殿堂里不断努力，不断成长。再一次感谢陈老师的高瞻远瞩与准确把握，这是陈老师为我攻读博士学位时确定的研究方向，不仅完成了我的博士论文，也成全了我的博士后出站报告，做到现在仍感觉意犹未尽，还有很多的问题需要进一步的梳理和探讨，于是在 2014 年又成功申请了国家自然基金面上项目《珠江三角洲城市群生产空间演化、结构转型的机理与优化途径研究》。也正是这个研究方向，让我熟悉了该领域的研究前沿和科研规范，让我顺利获得了中国博士后科学基金和国家自然科学基金的资助，让我树立了科研的信心、激发了科研的激情。承蒙陈老师的厚爱与器重，让我顺利留在中科院地理资源所工作，这让我感到莫大的荣幸和不尽的感激！能够留在陈老师身边工作，继续聆听他的教诲和指导，我感到无限的兴奋和感恩！再次向陈老师致以崇高的敬意！感谢我的博士后合作导师孙晓敏研究员给我提供的读博士后的机会！不论从进站办各种手续，到我申请博士后基金时写专家推荐信，孙老师总是热情地为我提供必要的帮助和支持，在此向孙老师表示衷心的感谢！

进入地理资源所以来，得到诸多前辈和先生的提携、关照，在此表示衷心的感谢！他们是陆大道院士、毛汉英研究员、刘毅研究员、樊杰研究员、蔡建明研究员、高晓路研究员、刘卫东研究员、张文忠研究员、刘盛和研究员、牛亚菲研究员、王英杰研究员、钟林生研究员、刘家明研究员、任国柱副研究员等老师。感谢北京大学王恩涌教授、柴彦威教授、国土部国土经济研究院徐国弟研究员、北京师范大学张文新教授等专家对我专著写作和评审过程中给予的修改意见和建议。感谢各位老师一直以来对我的关心和支持，你们的支持是我不断进步的动力。

感谢中科院资源环境数据中心、中科院地球系统科学共享平台、"广东省国土规划"课题组为我提供的遥感影像资料，这些是我得以顺利完成出站报告的前提和保障。感谢孙威副研究员、杨飞副研究员、杜江副研究员在数据收集过程中提供的大力支持。感谢研究生师弟张腾、胡章在数据处理过程中提供的热心帮助。

感谢我的父母、爱人及亲朋好友对我科研和生活无微不至的关心和支持！

千里之行，始于足下！在新的平台、新的起点上，我将用不懈的努力和丰硕的成果回报各位老师、朋友和亲人对我的关心和支持！

王开泳

2015 年 3 月 27 日写于中科院天地科学园区